AF325765

TRAITÉ

DE MORALE

DE MALEBRANCHE

RÉIMPRIMÉ D'APRÈS L'ÉDITION DE 1707, AVEC LES VARIANTES
DES ÉDITIONS DE 1684 ET 1697,
ET AVEC UNE INTRODUCTION ET DES NOTES

PAR

HENRI JOLY

Professeur suppléant à la Faculté des lettres de Paris.

PARIS

ERNEST THORIN, ÉDITEUR

Libraire du Collège de France, de l'École normale supérieure,
des Écoles françaises d'Athènes et de Rome.
7, RUE DE MÉDICIS, 7

TRAITÉ DE MORALE

AUTRES OUVRAGES DE M. H. JOLY

L'Instinct, ses rapports avec la vie et avec l'intelligence, deuxième édition, ouvrage couronné par l'Académie française, un volume in-8°, Thorin (Prix : 7 fr. 50.)

L'Homme et l'animal, ouvrage couronné par l'Académie des sciences morales et politiques, 1 vol. in-8, Hachette.

L'Imagination, 1 vol. in-12, Hachette.

Cours de philosophie, septième édition, un volume in-12, Delalain.

Études sur les ouvrages philosophiques de l'enseignement classique, quatrième édition, un volume in-12, Delalain.

Éléments de morale, un volume in-12, Delalain.

IMPRIMERIE GÉNÉRALE DE CHATILLON-SUR-SEINE. — JEANNE ROBERT.

TRAITÉ
DE MORALE

DE MALEBRANCHE

RÉIMPRIMÉ D'APRÈS L'ÉDITION DE 1707, AVEC LES VARIANTES
DES ÉDITIONS DE 1684 ET 1697,
ET AVEC UNE INTRODUCTION ET DES NOTES

PAR

HENRI JOLY

Professeur suppléant à la Faculté des lettres de Paris.

PARIS
ERNEST THORIN, ÉDITEUR
Libraire du Collège de France, de l'École normale supérieure,
des Écoles françaises d'Athènes et de Rome.
7, RUE DE MÉDICIS, 7

—

1882
Tous droits réservés.

INTRODUCTION.

Dans une thèse des plus distinguées, soutenue en 1862 près de la Faculté des lettres de Paris, M. l'abbé Blampignon parlait dans les termes suivants du *Traité de Morale* de Malebranche :

« Écrit d'un style plus soutenu, plus sérieux, mais plus ému que celui de la *Recherche de la Vérité*, ce livre doit être regardé comme un des chefs-d'œuvre de cet auteur et comme un ouvrage excellent. Il est donc à regretter sincèrement que l'éditeur récent des œuvres de Malebranche ait laissé de côté ce beau travail devenu rare, tandis qu'il a réimprimé la *Recherche de la Vérité* dont on avait de nombreuses éditions. C'eût été un véritable service à rendre aux lettres et à la philosophie, que de donner un écrit dont les erreurs ne sont plus à craindre, et où l'on peut puiser de grandes et fructueuses leçons. »

L'importance philosophique du *Traité de Morale* de

Malebranche a reçu, depuis cette époque, une consécration en quelque sorte officielle et publique. Le *Traité de Morale* a figuré à mainte reprise, il figure en 1882 sur le programme de l'agrégation de philosophie, parmi les textes à expliquer. Si les candidats ont pu apprécier la valeur du livre, ils ont pu en constater aussi la rareté. Nous n'avons donc pas, ce nous semble, à justifier l'opportunité de la présente réimpression.

Nous avons eu sous les yeux et nous avons collationné avec soin, trois éditions :

1° La première édition : *Traité de Morale*, par l'auteur de la *Recherche de la Vérité*, en 2 parties : 237-218 pages. Chez Reinier Leers, Rotterdam, 1684.

2° *Traité de Morale*, nouvelle édition, augmentée dans le corps de l'ouvrage et d'un *Traité de l'amour de Dieu* à la fin, par le P. Malebranche, prêtre de l'Oratoire, 2 vol. in-12. A Lyon, chez Léonard Plaignard, 1697. Cette édition, imprimée par les soins de l'abbé de Guignes, est recommandée par Malebranche dans l'avertissement à la 5ᵉ édition, 1710, de la *Recherche de la Vérité*[1].

3° *Idem*, 1707. Cette dernière édition est aussi recommandée par Malebranche dans l'avertissement à l'édition de la *Recherche de la Vérité* de 1712. « Comme il s'est fait plusieurs éditions différentes de mes livres, dont la

---

1. *Bibliographie de Malebranche*, par M. l'abbé Blampignon, extrait de la bibliographie oratorienne.

plupart sont imparfaites et très peu correctes, et sur lesquelles néanmoins on a fait des traductions en langue
étrangère, je crois devoir avertir que de toutes celles qui
sont venues à ma connaissance, les plus exactes pour le
sens (car je ne parle pas des fautes qui ne le troublent
pas et que le lecteur peut corriger, comme celles de ponctuation et d'orthographe, et quelques autres) sont :...
Le *Traité de Morale* imprimé à Lyon en 1707. »

C'est cette édition de 1707 que nous réimprimons.
Mais nous donnons en variantes les leçons différentes
des éditions de 1684 et de 1697 : elles sont intéressantes,
car elles permettent de se rendre compte des scrupules
qu'éprouvaient chez Malebranche, le théologien, le philosophe et l'écrivain. Nous n'avons cru devoir respecter ni
l'orthographe, souvent hésitante, ni la ponctuation très
compliquée et fatigante par la multiplication des virgu-
les, qu'on trouve dans les éditions du temps.

Les différentes éditions qui ont servi de base à la
présente réimpression sont accompagnées de lettres d'en-
voi, d'avertissements et d'avis que nous n'avons pas
trouvé utile de reproduire en entier. Malebranche y exprime cette opinion (bien connue de ceux qui l'ont prati-
qué) que « n'ayant point une idée claire de l'âme, c'est
une nécessité que la plupart des termes de morale n'expriment que des sentiments confus. » Il y explique aussi
qu'ayant voulu s'adresser au commun des hommes et

mettre, comme il convient, son livre à leur portée, il n'a pas pu expliquer « trop scrupuleusement et trop rigoureusement les termes » dont il se sert. Nous n'avons pas besoin de faire observer à quel point cette crainte était exagérée. L'avertissement de 1697 se termine par l'analyse suivante :

« Ce traité est divisé en deux parties. Dans le premier, l'auteur prouve que *la vertu consiste précisément dans l'amour habituel et dominant de l'Ordre immuable*. Il explique ensuite les deux qualités principales qui sont nécessaires pour acquérir et conserver la vertu, savoir la *force* et la *liberté* de l'esprit. Après cela il fait connaître quelles sont les *causes occasionnelles de la lumière et des sentiments*, c'est-à-dire des secours actuels sans lesquels on ne peut acquérir l'amour de l'Ordre. Enfin il fait remarquer les causes *occasionnelles* de certains sentiments qui résistent à l'efficace de la Grâce, afin qu'on ait un soin particulier de les éviter. De sorte qu'il n'oublie rien de ce qu'il faut savoir en général pour devenir parfaitement homme de bien. Dans la seconde partie, il explique les devoirs selon la division ordinaire, mais d'une manière qui n'est pas commune. La nécessité de se faire entendre distinctement lui a fait éviter les noms des vertus et des vices qui, selon lui, ne réveillent souvent dans l'esprit que des sentiments confus et favorisent d'ailleurs des erreurs très dangereuses, à cause que

la corruption du siècle et les préjugés ont attaché de
fausses idées et tout à fait païennes à ces noms magnifiques, dont on se sert ordinairement sans se mettre en
peine de les expliquer. »

Nous demandons maintenant à dire quelques mots de
l'ouvrage et à le replacer dans le milieu philosophique
où il a paru. Il est assez de mode de dire : il manque
au Cartésianisme une morale. Tels sont même très exactement les mots par lesquels débute une thèse présentée
tout récemment à la Faculté des lettres de Paris. Il est
certain que Descartes se vante en quelque sorte de n'a-
voir point écrit sur la morale : « Je n'ai point cru, dit-
il, être obligé d'en écrire. » Et il ajoute : « Car pour ce
qui touche les mœurs, chacun abonde si fort en son sens,
qu'il se pourrait trouver autant de réformateurs que de
têtes, s'il était permis à d'autres qu'à ceux que Dieu a
établis pour souverains sur ses peuples, ou bien auxquels
il a donné assez de grâce ou de zèle pour être prophètes,
d'entreprendre d'y rien changer... [1] » Ce texte est inté-
ressant : car il exprime très bien la façon dont le dix-
septième siècle comprenait ce que nous appelons aujour-
d'hui le problème de la morale. On le divisait en deux
parties : on mettait d'un côté les relations extérieures
des hommes, tout ce qui concerne leurs intérêts tempo-

---

1. *Discours de la Méthode*, 6e partie.

rels, le droit et la justice ; on en faisait l'objet du Droit
naturel, et on estimait que la règle en devait être cher-
chée dans les lois établies par « le roi dans son royaume. »
On mettait de l'autre côté l'ensemble des actes dont l'autorité temporelle ne se préoccupe pas, mais dont l'individu doit compte à Dieu ; et l'on trouvait qu'ici la morale chrétienne avait tout prévu, tout réglé. Ainsi scin-
dée en deux parties presque étrangères l'une à l'autre
et dont aucune n'avait d'existence autonome, la morale
n'existait donc pas à l'état de science. Ceux mêmes qui,
en présence de la volonté divine interprétée tout à la fois
par leur conscience et par l'Eglise, apportaient dans
l'examen de leurs devoirs les scrupules les plus délicats,
ne pensaient point à discuter le fondement de leurs obligations, pas plus qu'ils ne discutaient le droit des princes
à régler souverainement les rapports de leurs sujets. Ils
s'appliquaient à chercher, pour eux et pour les autres,
les moyens les meilleurs de se mettre en état d'accomplir le devoir : ou bien ils étudiaient soigneusement les
cas particuliers, pour résoudre les difficultés pratiques
qui s'y rattachaient. De là l'importance considérable que
la direction de conscience et la casuistique avaient prise
au dix-septième siècle : mais encore une fois, on ne voit
pas que la morale y fût généralement considérée comme
une science à part, ni même comme une partie importante de la métaphysique.

Telle paraît au premier abord avoir été l'opinion de Descartes, d'après le texte que nous venons de citer. Mais Descartes prend soin de distinguer ce que « l'autorité peut sur ses actions, » de ce que « sa propre raison peut sur ses pensées ; » et s'il n'a pas écrit sur les mœurs, il a du moins, dit-il, tâché de régler les siennes par les raisons que lui fournissaient ses « notions spéculatives. » Qui croira devoir l'imiter le fera. C'est bien certainement là l'un de ces *biais* si familiers à l'auteur du *Discours de la Méthode* pour proposer une explication, quelquefois pour constituer une science entière, tout en protestant que c'est là une tentative purement personnelle, une hypothèse qu'on est libre de rejeter.

Quelles sont donc ces notions spéculatives par lesquelles Descartes veut régler ses mœurs ? On a dit qu'elles étaient toutes empruntées au stoïcisme ? Est-ce exact ?

Le point de départ de Descartes se compose en effet de trois maximes toutes semblables à celles des stoïciens. La première est que notre pensée seule est à nous et que seule elle dépend de nous ; la seconde, que cette pensée, quand elle voit clairement où est son bien, s'y porte infailliblement, et qu'il suffit par conséquent de bien juger pour bien faire ; la troisième est que, comme la pensée voit dans la science une suite continuelle de vérités qui se tiennent, ainsi la volonté aura d'autant plus de chance de bien agir qu'elle sera plus conséquente avec elle-même :

c'est le *cura ut constes tibi* de Sénèque et de tous les autres sages du Portique.

Mais la morale de Descartes ne se borne pas à ces
maximes. Déjà, cette idée fondamentale de la pensée [1]
maîtresse d'elle-même et régulatrice de ses démarches est
entendue chez lui dans un sens plus positif et plus actif
que ne l'entendaient Épictète et Marc-Aurèle. Il ne s'agit
pas pour lui de se réfugier dans l'impassibilité, de supporter tout et de s'abstenir de tout. Il s'agit de chercher
en toutes choses la vérité claire et distincte, et de la chercher par le travail suivi d'une pensée confiante en l'ef-
ficacité de ses efforts. C'est un devoir de chercher cette
vérité, parce que l'état de l'intelligence humaine n'est pas
toujours un état nettement tranché ou de science ou d'i-
gnorance, de science impeccable et sans mérite, ou d'i-
gnorance involontaire et innocente. Si l'on voyait *clairement* le mal, on ne le ferait pas. Mais il arrive qu'on le
voit confusément, ou qu'on se souvient de l'avoir vu tel
autrefois et qu'on ne le voit plus actuellement, c'est-à-
dire qu'on ne fait plus attention aux raisons qui le prouvent [2]. Cela suffit pour mal faire et pour en avoir la responsabilité. Par contre, c'est une bonne action de faire
attention et de se mettre en état de voir clairement et

1. « Travaillons donc à bien penser ; c'est là le fondement de la
morale. » (Pascal, *Pensées.*)
2. *Lettre* 48, tome IV, des œuvres philosophiques, édit. Garnier.

distinctement, ici le bien, là le mal, de telle sorte que notre volonté s'habitue à suivre toujours « la lumière de notre entendement. »

La pensée a donc des devoirs envers elle-même, parce qu'elle peut agir sur elle-même et qu'elle peut, par la lucidité acquise de ses idées, conduire dans le droit chemin la volonté qui lui est unie. Mais après avoir dit que la pensée ne dispose que d'elle, Descartes modifie ou étend singulièrement le sens de cette maxime. Pour les stoïciens, la pensée acceptait le monde tel qu'il était : pour Descartes, elle le conquiert, parce que nous en faisant connaître toutes les forces « comme nous sont connus les métiers de nos artisans, elle peut nous rendre comme maîtres et possesseurs de la nature. » Ainsi avec l'attention, mère des idées claires et distinctes et de la vertu, la science nous donnera la possession d'une foule de biens qui contribueront à la commodité de la vie ; et quiconque coopère à une telle œuvre, travaille au bien de l'humanité. Mais la science est encore d'une autre façon l'auxiliaire de la vertu. Grâce à l'unité des lois du monde, la connaissance du mécanisme universel doit nous révéler les secrets de la vie et les conditions de la santé. Or « l'esprit dépend si fort, dit Descartes, du tempérament et des dispositions des organes du corps, que, s'il est possible de trouver quelque moyen qui rende communément les hommes *plus sages* et plus habiles qu'ils n'ont été jusqu'ici, je crois que c'est dans la médecine qu'on doit le chercher [1]. »

C'est ainsi qu'en donnant une méthode « pour bien conduire sa raison et chercher la vérité dans les sciences, » Descartes a cru donner du même coup une morale ; car selon lui, cette méthode donne à la pensée : 1° le moyen de se conduire elle-même infailliblement par ses idées claires et distinctes ; 2° le moyen de gouverner par la science la nature physique, en vue de l'amélioration du sort de l'humanité ; 3° le moyen de rendre l'homme plus habile et plus sage par la connaissance et la pratique de la médecine.

Énoncés en quelques phrases très courtes, ces résultats n'attirèrent pas beaucoup l'attention : il est probable que ce qui fut pris au sérieux par tout le monde, c'est la déclaration par laquelle Descartes proteste que les Rois et les prophètes ont seuls qualité pour entreprendre de rien réformer dans la morale. Aussi quand Leibniz entreprit [2] de ramener le droit naturel, le droit politique, le droit des gens et la morale à des principes communs puisés dans la philosophie, son premier travail fut-il de combattre les théories négatives qui, séparant ces sciences les unes des autres, leur enlevaient par là même toute force

----

1. *Discours de la Méthode*, 6ᵉ partie.
2. En 1667 et 1688, dans ses ouvrages : *Nova methodus discendæ docendæque jurisprudentiæ*; et *Corporis juris reconcinnandi ratio*.

et toute dignité. On voit en effet qu'il attache une grande importance à réfuter les auteurs (tels que Grotius et Puffendorf) qui soutiennent : que le devoir n'est que la nécessité d'obéir à un supérieur, — que le droit naturel n'embrasse que les actes extérieurs, — qu'il n'intéresse que la vie présente, — que les préceptes de la morale dépendent de la pure et arbitraire volonté de Dieu, et que les hommes, par eux-mêmes et par les seules forces de la nature, sont incapables de vertu. — Il faut qu'il soit juste, de par les règles d'une justice préalable d'obéir aux ordres d'un supérieur, et il faut que ce supérieur lui-même commande des choses justes. « Or la justice suit certaines règles d'égalité et de proportion qui ne sont pas moins fondées dans la nature immuable des choses et dans les idées de l'entendement divin que les principes de l'arithmétique et de la géométrie. »

Cette affirmation de l'unité des sciences morales et des liens qui les rattachent à la philosophie ne suffit pas à Leibniz : et plus tard [1], dans la suite de ses écrits, il a donné çà et là les linéaments d'une synthèse où tout un système de morale est esquissé.

Leibniz ne condamne rien, ne néglige rien dans les tendances primitives de notre nature. En premier lieu, il

---

1. Voyez surtout ses derniers écrits dans le tome V, de l'édition Dutens, et dans le tome I de ses *Lettres et opuscules inédits*, par Foucher de Careil, un opuscule daté de 1708 (page 134.)

fait appel au sentiment naturel de bienveillance que les
hommes éprouvent les uns pour les autres, au souci
qu'ils ont de leur conservation et de leur bonheur, au
plaisir que leur causent le bon ordre et l'harmonie, au
déplaisir que leur donne le spectacle des violences, etc.;
car tous ces sentiments peuvent déjà servir à fonder une
certaine morale.

Après la sensibilité vient le calcul et la réflexion. Appliqué à la bonté naturelle pour la régler, le raisonnement produira la justice qui n'est que « la charité du
sage. » Il préservera aussi des écarts en inspirant des ha
bitudes d'ordre ; et la prudence, la prévoyance, l'ambition même pourront être aisément tournées au perfec-
tionnement moral de l'individu.

Enfin, la considération de Dieu met le comble à la morale, d'abord parce que Dieu proclamé, tout a enfin son
principe immuable ; parce que notre amour ne peut qu'ê-
tre élargi par l'idée des perfections divines auxquelles
tous les autres êtres, auxquelles nos ennemis, comme nos
amis, participent ; parce que l'existence de Dieu nous
donne la certitude que l'ordre universel n'est pas un
rêve, et qu'un jour ou l'autre, grâce à la Providence et
à l'immortalité de l'âme « tout droit passe en fait [1]. »

1. Toutes ces idées se trouvent réunies dans une appréciation que
Leibniz fait, sur la fin de sa carrière, de la morale de Shaftesbury,
« Shaftesbury, dit-il, a très bien fait voir que les affections que la
nature nous a données nous portent non seulement à chercher notre

C'est un lieu commun de dire que Malebranche est un intermédiaire entre Descartes et Spinoza. C'est une vérité moins répandue, mais non moins évidente, qu'il est, sur plus d'un point très important, un intermédiaire entre Descartes et Leibniz.

En morale, qu'a-t-il retenu de Descartes ?

Il en a retenu que la conduite de l'homme doit être gouvernée par des « notions spéculatives, » que c'est « la lumière et l'évidence » qui doivent régler ses mœurs comme ses opinions, ses résolutions comme ses jugements; que la recherche des idées claires et distinctes est donc le principe de la moralité comme elle est le principe de la science ; que pour acquérir de telles idées il faut avant tout pratiquer le doute méthodique, éviter la précipitation et la prévention, suspendre son jugement

propre bien, mais encore à trouver celui de nos relations et même de la société..., qu'on est heureux quand on agit selon ses inclinations naturelles. Il me semble que je concilierais cela fort aisément avec mon langage. En effet, nos affections naturelles font notre contentement; et plus on est dans le naturel, plus on est porté à trouver son plaisir dans le bien d'autrui, ce qui est le fond de la bienveillance universelle, de la charité, de la justice ; car la justice, dans le fond, n'est qu'une charité conforme à la sagesse.

» La divinité, ajoute-t-il cependant, n'a pas assez de place dans le cours de l'ouvrage. On peut dire qu'il y a un certain degré de bonne morale indépendante de la divinité ; mais que la considération de la providence de Dieu et de l'immortalité de l'âme porte la morale à son comble et fait que chez les sages, les qualités morales sont tout à fait réalisées et l'honnête identifié avec l'utile, sans qu'il y ait ni exception, ni échappatoire. »

et refuser son consentement, tant qu'on n'y est pas contraint par l'évidence.

La liberté d'esprit ainsi acquise prend chez Malebranche une importance morale considérable. Faire taire son imagination et ses passions et n'accorder son consentement qu'aux idées claires, c'est en effet le plus sûr moyen de s'abstenir des « biens particuliers, » qui nous « séduisent, » et d'éviter les jugements précipités, téméraires et faux que nous portons sur les autres hommes : c'est se mettre à l'abri de ces deux formes par excellence de l'immoralité, la concupiscence et l'injustice : car c'est se préserver des jugements qui nous portent vers les faux biens (faux par cela seul qu'ils sont particuliers et incomplets) et de ces jugements contraires à la charité, qui mettent la division, la haine et la guerre parmi les hommes.

Il y a là, nous dira Malebranche, des dangers d'autant plus redoutables que, comme l'a confirmé le mécanisme de Descartes, tout se tient dans la nature, qu'elle est gouvernée par des lois très simples, dont Dieu même ne peut, tant que dure l'ordre actuel du monde, arrêter les effets. Une fois donc que le mouvement est imprimé dans un certain sens aux esprits animaux, la passion suit fatalement son cours. La maladie n'est pas sans remède, assurément; mais une fois qu'elle a éclaté, il faut qu'elle se développe selon les lois de notre propre nature, et nous ne sommes jamais sûrs d'avoir la force de résister jusqu'au bout : c'est ainsi « qu'un regard indiscret est capable de nous précipiter dans les enfers. » Il faut donc se défier constamment et de ses sens et de la précipitation avec laquelle nous consentons à suivre les fantômes dont ils nous obsèdent.

N'est-ce pas là, dira-t-on, une morale bien négative? Mais il faut se rappeler que pour Malebranche, l'action positive, c'est Dieu qui l'exerce en nous. Qu'avons-nous donc à faire? Ne pas amortir, ne pas arrêter trop tôt, ne pas détourner et dévier l'action divine ! Car notre libre arbitre, c'est surtout ce misérable pouvoir de pécher par le consentement aux faux biens. Suspendons le plus que nous pouvons notre consentement, nous jouirons alors de la véritable liberté, car nous aurons préparé la place nette à l'action victorieuse d'une charité libératrice. C'est bien ici « la création continuée » de Descartes, mais complétée par cette création nouvelle qui nous « réforme, » nous voulons dire celle de la grâce.

En ceci déjà, Malebranche dépassait l'enseignement philosophique de Descartes ; mais voyons dans leur ensemble les progrès ou les changements qu'on peut lui attribuer.

Malebranche se plaint à mainte reprise [1] que la morale soit une science délaissée ou méconnue. Elle est mécon-

1. Il s'en était plaint déjà dans la *Recherche de la Vérité*, IV, II, 3.

nue à ce point, suivant lui, qu'elle « change selon les pays et les temps[1], » qu'elle change même d'un ordre religieux à un autre; et pourquoi? parce que « la paresse des inférieurs et l'orgueil de ceux qui commandent » conspirent pour mettre la vertu dans une aveugle obéissance. Ce à quoi Descartes feint de se résigner, comme on l'a vu, dans le Discours de la méthode, Malebranche le dénonce et le combat avec une vigueur métaphysique et une éloquence aussi admirables l'une que l'autre.

Mais asseoir la morale sur un fondement rationnel, c'est là chez Malebranche un travail qui fait partie d'une entreprise beaucoup plus vaste. La raison n'est pas seulement le principe de la morale; c'est aussi le principe de la religion : car la religion n'est qu'une forme secondaire et passagère (passagère autant et dans la même mesure que l'humanité terrestre) de la métaphysique. Malebranche professe donc sous mille formes différentes ce que Leibniz résumera dans cette courte formule : « La nature, dans ce qu'elle a de bon, est une grâce ordinaire de Dieu, comme la grâce acquise par Jésus-Christ est un surcroît extraordinaire de la nature. »

Dans cette synthèse universelle, le plaisir a aussi sa place. S'il n'est pas la fin de nos actions, il en est le motif naturel et « invincible. » D'ailleurs, le vouloir complet, absolu et éternel, c'est l'épurer, en le rapprochant

---

1. *Traité de Morale*, 1re partie II, 7.

jusqu'à le confondre avec lui, du souverain bien lui-même.

Par cette part faite au plaisir, Malebranche s'éloigne du stoïcisme sans aller vers Epicure. Il s'élève encore au-dessus du stoïcisme par sa distinction de l'ordre naturel et de l'ordre immuable dont nous parlerons tout à l'heure et par sa confiance dans la possibilité d'un redressement de la nature, mais par des voies autres que celles que Descartes indiquait. Celui-ci demandait surtout à la science l'amélioration du sort de l'homme et de sa constitution physique; son disciple demande à la grâce de réformer la nature déchue, et c'est cette œuvre de la grâce qui seule lui fait de l'optimisme une vérité.

Mais il est surtout un dernier point par lequel Malebranche s'éloigne de Descartes et devance Leibniz; c'est dans la reconnaissance d'un ordre immuable, indépendant de la pure volonté de Dieu, et auquel Dieu lui-même est soumis. Sans cet ordre éternel, il ne verrait ni science ni morale. C'est cet ordre qu'il va invoquer d'un bout à l'autre de son traité; c'est l'amour de cet ordre qu'il va ériger en vertu maîtresse et capitale.

A-t-il, comme Jouffroy le lui reproche, laissé dans le vague cette idée de l'ordre, ainsi que l'idée de perfection?

La perfection, c'est pour lui, comme pour Leibniz, comme pour tous les métaphysiciens, la quantité d'être ou d'essence. Il y a plus d'être et plus de perfection dans les esprits que dans les corps, dans l'esprit incréé que dans les esprits créés ; par suite, il y a plus de perfection à aimer ce qui a plus d'être qu'à aimer ce qui en a moins. Malebranche et Leibniz estiment que rien ne saurait être plus clair que ces principes.

Qu'est-ce maintenant qui constitue l'ordre? La hiérarchie des existences rangées d'après leur quantité respective d'être et d'essence, d'après leur perfection. Il n'est donc pas difficile de savoir ce que Dieu veut; car Dieu veut que le plus grand ordre possible soit réalisé. Donc dans ses desseins éternels, les corps sont faits pour les esprits, ce qui veut dire qu'ils sont faits pour les servir, puis pour les éprouver, pour leur donner les moyens de mériter une existence purement spirituelle. Les esprits, à leur tour sont faits pour Dieu : la vie présente est faite pour la vie future, la société temporelle pour la société éternelle qui la doit suivre ; et l'ordre exige que les intérêts de la vie actuelle soient subordonnés, sacrifiés, s'il le faut, aux intérêts de la vie future, laquelle est préparée pour la gloire de Dieu ou la manifestation définitive de ses adorables perfections. Quel que soit le trouble apporté dans la nature par les passions humaines et par *la chute*, voilà l'ordre immuable, l'ordre que Dieu veut, alors même qu'il renonce pour un temps à en assurer la réalisation.

Quant aux rapports de la morale de Malebranche avec celle de Spinoza, chacun la trouve aisément dans la ressemblance de leurs doctrines sur la liberté morale, que compromettent également la métaphysique de l'un et celle de l'autre. Chez Spinoza cette négation du libre arbitre est réfléchie et voulue. Malgré tout, il ne croit pas être inconséquent en donnant des préceptes de morale. C'est à celui qui a des pensées claires à faire connaître aux autres tout le bonheur et toute la perfection qu'il y trouve : son enseignement fera partie de cet enchaînement nécessaire des choses qui modifie continuellement l'état de l'humanité. Ainsi Epictète disait : « Si j'étais un rossignol, je ferais le métier d'un rossignol. Je suis un être raisonnable, il me faut chanter Dieu : voilà mon métier et je le fais. » Ainsi encore le janséniste, qui croyait à une prédestination absolue, n'en était pas moins empressé dans le travail de la conversion et de la direction des âmes. Je suis peut-être, se disait-il, un de ces moyens que la Providence s'est réservés pour opérer le salut de ce pécheur. Et il ajoutait avec une noble et touchante humilité : Que Dieu me fasse la grâce de n'en ressentir aucun orgueil ! car, une fois mon œuvre achevée, je serai peut-être brisé comme un instrument inutile.

Ces idées qui, malgré bien des différences, sont au fond des théories des Stoïciens, de Spinoza et des Jansénistes, sont-elles aussi au fond de la morale de Malebranche ? On est tenté de le croire, et, à coup sûr, il en a subi l'influence. Mais il faut observer ici deux choses : la première, c'est qu'il croyait fermement au libre arbitre, et qu'il se flattait même de le sauver des périls où le jetaient les autres théories ; la seconde, c'est qu'à la différence d'Epictète et de Spinoza, il croyait à un Dieu personnel, et qu'à la différence des jansénistes il croyait à un Dieu voulant sauver tous les hommes. Quel que fût donc, même pour lui, le mystère inévitable de ces problèmes, il avait la confiance raisonnée que tout homme peut, s'il le veut, faire son devoir et s'assurer par là le bonheur éternel. C'est, en dépit de ses inconséquences, ce qui donne à sa prédication morale un accent plus pressant, plus ému, plus persuasif, qu'à tous ceux dont nous venons de le rapprocher.

Henri JOLY.

TRAITÉ DE MORALE.

PREMIÈRE PARTIE.

DE LA VERTU [1].

CHAPITRE PREMIER.

La raison universelle est la Sagesse de Dieu même. Nous avons tous
par elle commerce avec Dieu. Le vrai et le faux, le juste et l'injuste est tel à l'égard de toutes les intelligences, et à l'égard de
Dieu même. Ce que c'est que la Vérité et l'Ordre, et ce qu'il faut
faire pour éviter l'erreur et le péché. Dieu est essentiellement juste.
Il aime ses créatures à proportion qu'elles sont aimables, ou
qu'elles lui ressemblent. Pour être heureux il faut être parfait. La
vertu ou la perfection de l'homme consiste dans la soumission à
l'Ordre immuable, et nullement à suivre l'Ordre de la nature. Erreur de quelques Philosophes anciens sur ce sujet, fondée sur
l'ignorance où ils étaient de la simplicité, et de l'immutabilité de
la conduite Divine.

I. La *Raison* [2] qui éclaire l'homme [3] est le *Verbe* ou la Sagesse
de Dieu même. Car toute créature est un Etre particulier, et

1. Cette division n'était pas indiquée dans l'édition de 1684.
2. Je préviens une fois pour-toutes que les mots en italiques sont ainsi imprimés
dans les éditions de 1697 et de 1707.
3. Var. La raison de l'homme. (1684.)

la raison qui éclaire l'esprit de [l'homme [1] est universelle [2].

II. Si mon propre *esprit* était ma *Raison*, ou ma lumière, mon esprit serait la Raison de toutes les intelligences : car je suis sûr que ma Raison ou la lumière qui m'éclaire est commune à toutes les intelligences [3]. Personne ne peut sentir ma propre *douleur* ; tout homme peut voir la *Vérité* que je contemple. C'est donc que ma *douleur* est une modification de ma propre substance, et que la *Vérité* est un bien commun à tous les esprits.

III. Ainsi par le moyen de la *Raison*, j'ai, ou je puis avoir quelque société avec Dieu, et avec tout ce qu'il y a d'intelligences ; puisque tous les esprits ont avec moi un bien commun ou une même loi [4], la *Raison*.

IV. Cette société spirituelle consiste *dans une participation de la même substance intelligible du Verbe, de laquelle tous les esprits peuvent se nourrir.* En contemplant cette Divine substance, je puis voir une partie de ce que Dieu *pense* ; car Dieu voit toutes les *vérités*, [5] et j'en puis voir quelques-unes. Je puis aussi découvrir quelque chose de ce que Dieu *veut* : car Dieu ne veut que selon l'*Ordre*, et l'Ordre ne m'est pas entièrement inconnu. Certainement Dieu aime les choses à proportion qu'elles sont aimables : et je puis découvrir qu'il y a des choses plus parfaites, plus estimables, plus aimables [6] les unes que les autres [7].

V. Il est vrai que je ne puis, en contemplant le Verbe, ou en consultant la Raison, m'assurer si Dieu produit quelque chose au dehors. Car nulle créature ne procède nécessairement du Verbe : le monde n'est point une émanation nécessaire de la Divinité : Dieu se suffit pleinement à lui-même. L'idée de l'Être

---

1. Var. Et la raison de l'homme. (1684.) — On voit par ces deux corrections jusqu'où vont les scrupules de Malebranche et sa crainte de paraître trop nécessaire à la nature humaine.

2. Voyez la 1re et la 2e des *Méditations chrétiennes* et l'*Éclaircissement sur la nature des idées*, dans la *Recherche de la vérité* ou dans les deux premiers *Entretiens sur la métaphysique.* (Note marginale de M.)

3. Var. Car je suis sûr que ma raison éclaire toutes les intelligences. (1684.) — Car je suis sûr que ma raison ou ma lumière éclaire toutes les intelligences. (1697.) On sait que cette expression, empruntée de saint Augustin, revient très souvent dans Malebranche. « L'homme ne peut être à lui-même sa propre lumière. »

4. Var. Les mots ; ou une même loi, ne sont pas dans l'édition de 1684.

5. Var. Car Dieu voit toute vérité. (1684.)

6. Var. Et par conséquent plus aimables. (1684.)

7. Voyez la 11e des *Méditations chrétiennes* qui a pour titre : On peut connaître quelque chose des desseins de Dieu en consultant la souveraine raison.

infiniment parfait se peut concevoir toute seule. Les créatures supposent donc en Dieu des décrets libres qui leur donnent l'être [1]. Ainsi, le Verbe précisément [2] en tant que Raison universelle des esprits ne renfermant point leur existence, on ne peut, en le contemplant, s'assurer de ce que Dieu fait. Mais supposé que Dieu agisse, je puis savoir quelque chose de la manière dont il agit, et m'assurer qu'il n'agit point de telle et de telle manière [3]. Car ce qui règle sa manière d'agir, sa Loi inviolable, c'est le *Verbe*, la Sagesse Éternelle, la Raison [4] qui me rend raisonnable, et que je puis en partie contempler selon mes désirs.

VI. En supposant que l'homme soit raisonnable, certainement on ne peut lui contester qu'il sache quelque chose de ce que Dieu pense, et de la manière dont Dieu agit. Car en contemplant la substance intelligible [5] du Verbe, qui seule me rend raisonnable, et tout ce qu'il y a d'intelligences, je vois clairement les *rapports de grandeur*, qui sont entre les idées intelligibles qu'il renferme ; et ces *rapports* sont les mêmes *vérités* éternelles que Dieu voit. Car Dieu voit aussi bien que moi, que 2 fois 2 font 4, et que les triangles qui ont même base et qui sont entre mêmes parallèles sont égaux. Je puis aussi découvrir, du moins confusément, les *rapports de perfection*, qui sont *l'Ordre* immuable que Dieu consulte quand il agit : Ordre qui doit aussi régler l'estime et l'amour de toutes les intelligences [6].

1. « Par volonté pratique, j'entends un décret, ou une volonté exécutrice d'un dessein arrêté, qui suppose en Dieu la connaissance et le choix des manières d'agir les plus dignes de lui. » (*Traité de la nature et de la grâce*, dernière édition. Rotterdam, 1703, p. 366.) Toutes choses, suivant Malebranche, ne supposent pas également de tels décrets. Par exemple, contrairement à l'opinion de Descartes, les vérités et les lois éternelles ne dépendent pas de la volonté de Dieu. (8e et 10e *Éclaircissements de la Recherche de la vérité*.) C'est uniquement la création des êtres soumis à ces lois qui en dépend. Cette distinction se retrouve très largement développée dans Leibniz. (Cf. plus bas même livre, ch. xx.)

2. Var. Le mot : précisément, n'est pas dans l'édition de 1684, pas plus que les mots qui vont suivre : en tant que raison universelle des esprits.

3. Var. D'une telle ou telle manière. (1684.)

4. Var. La raison universelle. (1684.)

5. Var. Intelligible, n'était pas dans l'édition de 1684.

6. *Voyez* sur cette question la 4e des *Méditations chrétiennes*, et particulièrement les passages suivants :

« 7. Les rapports de grandeur sont entre les idées des êtres de même nature, comme entre l'idée d'une toise et l'idée d'un pied. Les rapports de perfection sont entre les idées des êtres ou des manières d'être de différente nature, comme entre le corps et l'esprit, entre la rondeur et le plaisir. »

VII. De là il est évident qu'il y a du *vrai* [1] et du faux, du *juste* et de *l'injuste*, et cela à l'égard de toutes les intelligences : que ce qui est vrai à l'égard de l'homme est vrai à l'égard de l'Ange, et à l'égard de Dieu même : que ce qui est injustice ou déréglement à l'égard de l'homme est aussi tel à l'égard de Dieu même. Car tous les esprits contemplant la même substance intelligible, y découvrent nécessairement les mêmes rapports de *grandeur*, ou les mêmes vérités spéculatives. Ils y découvrent aussi les mêmes vérités de pratique, les mêmes lois, le même ordre, lorsqu'ils voient les rapports de *perfection* qui sont entre les êtres intelligibles que renferme cette même substance du Verbe ; substance [2] qui seule est l'objet immédiat de toutes nos connaissances.

VIII. Je dis, lorsqu'ils *voient* les rapports de *perfection* ou de *grandeur*, et non lorsqu'ils en *jugent* : Car la vérité seule ou les rapports réels se *voient*, et l'on ne doit *juger* que de ce que l'on voit. Lorsqu'on *juge* avant que de *voir*, ou de plus de choses qu'on n'en voit, on se trompe ; ou du moins on juge mal, quoiqu'il arrive par hasard qu'on ne se trompe pas. Car juger des choses par hasard, aussi bien que par passion ou par intérêt, c'est en mal juger, puisque ce n'est pas en juger par évidence et par lumière. C'est en juger par soi-même, et non par la *Raison*, ou selon les lois de la Raison universelle, Raison dis-je seule supérieure aux esprits, et qui seule a droit de prononcer sur les jugements qu'ils forment [3].

IX. Comme l'esprit de l'homme est fini, il ne voit pas tous les rapports qu'ont entre eux les objets de ses connaissances. Il peut donc se tromper en jugeant des rapports qu'il ne voit pas. Mais, *s'il ne jugeait précisément que de ce qu'il voit*, ce que sans doute il peut faire, certainement quoiqu'esprit fini, quoiqu'ignorant, quoique sujet à l'erreur par sa nature, il ne se tromperait jamais [4]. Car ce ne serait pas tant lui que la raison uni-

----

« 8. Les rapports de grandeur sont des vérités toutes pures, abstraites, métaphysiques ; et les rapports de perfection sont des vérités et en même temps des lois immuables et nécessaires ; ce sont les règles inviolables de tous les mouvements de l'esprit. Ainsi ces vérités sont l'ordre que Dieu même consulte dans toutes ses opérations. »

1. « Les vérités ne sont que des rapports, mais des rapports réels et intelligibles. » (*Ibid.*)

2. Ce mot n'était pas dans l'édition de 1684.

3. Var. Qui seule a droit de juger sur les jugements qu'ils prononcent. (1684.)

4. « Toutes les fois que je retiens tellement ma volonté dans les bornes de ma

verselle qui prononcerait en lui-même les jugements [1] qu'il formerait.

X. Mais Dieu est infaillible par sa nature : il ne peut être sujet à l'erreur ni au péché ; car il est à lui-même sa lumière et sa loi. La Raison lui est consubstantielle : il la connaît parfaitement, il l'aime invinciblement. Étant infini, il découvre tous les rapports que renferme la substance intelligible du Verbe. Il ne peut donc pas juger de ce qu'il ne voit point. Et, comme il s'aime invinciblement, il ne peut s'empêcher d'estimer et d'aimer les choses à proportion qu'elles sont estimables, à proportion qu'elles sont aimables, selon l'Ordre immuable de ses propres perfections, car les êtres ne sont plus ou moins parfaits que parce qu'ils participent plus ou moins aux perfections Divines [2].

XI. Apparemment les Anges et les Saints, quoique par leur nature sujets à l'erreur, ne se trompent jamais : car la moindre attention de l'esprit leur représente clairement les idées et leurs rapports. Ils ne jugent que de ce qu'ils voient. Ils suivent la lumière, et ne la précèdent pas. Ils obéissent à la loi, et ne s'élèvent pas. La Raison seule juge en eux souverainement et sans appel. Mais l'homme, tel que je m'éprouve, se trompe souvent, parce que le travail de l'attention le fatigue extrêmement ; et quoique son application soit forte et pénible, il ne voit d'ordinaire que confusément les objets, il n'aperçoit que confusément les idées [3]. Ainsi l'homme fatigué et peu éclairé se repose dans la vraisemblance, content pour quelque temps du faux bien dont il jouit. Et, parce qu'il s'en [4] dégoûte bientôt, il recommence ses recherches, jusqu'à ce que lassé et séduit de nouveau, il prenne quelque repos, pour recommencer faiblement [5] ses recherches difficiles [6].

connaissance, qu'elle ne fait aucun jugement que des choses qui lui sont clairement et distinctement représentées par l'entendement, il ne se peut faire que je me trompe. » (Descartes, 4e *méditation*, parag. 17.)

1. Var. Qui prononcerait en lui les mêmes jugements (1684).

2. Var. Toute cette fin de phrase, à partir des mots : selon l'ordre immuable..., ne se trouvait pas dans l'édition de 1684.

3. Var. Ce dernier membre de phrase : il n'aperçoit..., n'était ni dans l'édition de 1684, ni dans celle de 1697.

4. Var. Se dégoûte. (1684.)

5. Var. Froidement. (1697.)

6. « Il vaut infiniment mieux chercher avec inquiétude la vérité et le bonheur qu'on ne possède pas, que de demeurer dans un faux repos en se contentant des mensonges et des faux biens dont on se repait ordinairement. » (*Recherche de la vérité*, liv. IV, ch. III, sur la curiosité.)

XII. Puisque les vérités spéculatives et pratiques ne sont que des *rapports de grandeur et de perfection*, il est évident que la *fausseté* n'est rien de réel. Il est vrai que 2 fois 2 font 4, ou que 2 fois 2 ne font pas 5 : parce qu'il y a un rapport *d'égalité* entre 2 fois 2 et 4, et un *d'inégalité* entre 2 fois 2 et 5. Et celui qui voit ces rapports, voit des vérités, *parce que ces rapports sont réels*. Mais il est faux que 2 fois 2 soient 5, ou que 2 fois 2 ne soient pas 4 : parce qu'il n'y a point de rapport d'égalité entre 2 fois 2 et 5, ni de rapport d'inégalité entre 2 fois 2 et 4. Et celui qui voit, ou plutôt celui qui croit voir ces rapports, voit des faussetés. Il voit des rapports qui ne sont point. Il croit voir, mais effectivement il ne voit point. Car la vérité est intelligible, mais la fausseté par elle-même est absolument incompréhensible.

XIII. De même il est vrai qu'une bête est plus estimable qu'une pierre, et moins estimable qu'un homme, parce qu'il y a un plus grand rapport de perfection de la bête à la pierre, que de la pierre à la bête, et qu'il y a un moindre rapport de perfection entre la bête comparée à l'homme, qu'entre l'homme comparé à la bête. Et celui qui voit ces rapports de perfection, voit des vérités qui doivent régler son estime, et par conséquent cette espèce d'amour que l'estime détermine. Mais celui qui estime plus son cheval que son cocher, ou qui croit qu'une pierre en elle-même est plus estimable qu'une mouche ou que le plus petit des corps organisés, ne voit point ce que peut-être il pense voir [1]. Ce n'est point la Raison universelle, mais sa raison particulière qui le porte à juger comme il fait. Ce n'est point l'amour de l'Ordre, mais l'amour-propre, qui le porte à aimer comme il aime. Ce qu'il pense voir, n'est ni visible, ni intelligible ; c'est un faux rapport, un rapport imaginaire : et celui qui règle sur ce rapport, ou de semblables, son estime ou son amour, tombe nécessairement dans l'erreur et dans le dérèglement.

XIV. Puisque la *Vérité* et l'*Ordre* sont des rapports de grandeur et de perfection réels, immuables, nécessaires, rapports que renferme la substance du Verbe Divin ; celui qui voit ces rapports, voit ce que Dieu voit : celui qui règle son amour sur ces rapports, suit une loi que Dieu aime invinciblement. Il y a donc entre Dieu et lui une conformité parfaite d'esprit et

____

1. Comparez *Méditations chrétiennes*, xi.

de volonté. En un mot puisqu'il connaît et aime ce que Dieu connaît et ce qu'il aime, il est semblable à Dieu autant qu'il en est capable. Ainsi comme Dieu s'aime invinciblement, il ne peut qu'il n'estime et qu'il n'aime son image. Et comme il aime les choses à proportion qu'elles sont aimables, il ne peut qu'il ne la préfère à tous les êtres, qui par leur nature ou par leur corruption, sont bien éloignés de lui ressembler.

XV. L'homme est libre [1], je suppose les secours nécessaires ; il peut à l'égard de la Vérité, la rechercher, malgré la peine qu'il trouve à méditer. A l'égard de l'Ordre, il peut le suivre malgré les efforts de la concupiscence. Il peut sacrifier son repos à la vérité, et les plaisirs à l'Ordre : il peut aussi préférer son bonheur actuel à ses devoirs, et tomber dans l'erreur et dans le déréglement. Il peut en un mot mériter et démériter. Or Dieu est juste : il aime ses créatures à proportion qu'elles sont aimables, à proportion qu'elles lui ressemblent. Il veut donc que tout mérite soit récompensé et tout démérite puni : que celui qui a fait bon usage de sa liberté, et qui par là s'est en partie rendu parfait et semblable à Dieu, soit en partie heureux comme Dieu, et au contraire, etc.

XVI [2]. Dieu seul agit sur les créatures : du moins peut-il agir en elles, et en faire ce qu'il lui plaît. Il peut donc rendre les esprits heureux, ou malheureux : heureux par la jouissance des plaisirs, malheureux par la souffrance des douleurs. Il peut élever les justes et les parfaits au-dessus des autres. Il peut leur communiquer sa puissance en exécutant leurs désirs, et les établir ainsi causes occasionnelles pour agir par eux en mille manières. Dieu peut aussi abaisser les pécheurs et les soumettre à l'action des derniers des êtres ; l'expérience le fait assez connaître, car nous dépendons tous, à cause que nous sommes pécheurs [3], de l'action des objets sensibles.

XVII. Ainsi celui qui travaille à sa perfection, à se rendre semblable à Dieu, travaille à son bonheur, travaille à sa gran-

---

1. Voyez les trois discours du *Traité de la nature et de la grâce.* (Note marginale de M.) Voyez notamment la 1re partie du 3e discours. — Malebranche affirme ici très nettement la liberté morale. Mais chez lui, comme chez beaucoup d'autres philosophes, il faut distinguer les passages où il l'affirme et ceux où il en donne une explication qui la compromet ou la détruit.

2. Voyez l'éclaircissement sur la prétendue efficace des causes secondes en les 5e et 6e *Méditations chrétiennes.* (Note marginale de M.)

3. Var. Comme pécheurs. (1684.) La première rédaction semblait moins accuser et surtout étendre moins loin notre dépendance.

deur. S'il fait [1] ce qui dépend en quelque sorte de lui, c'est-à-dire s'il mérite en se rendant parfait, Dieu fera en lui ce qui n'en dépend en aucune manière, en le rendant heureux. Car Dieu aimant les êtres à proportion qu'ils sont aimables, et les plus parfaits étant les plus aimables, les plus parfaits seront les plus puissants, les plus heureux, les plus contents. Celui qui consulte sans cesse la Raison, celui qui aime l'Ordre, ayant part à la perfection de Dieu, aura donc part à son bonheur, à sa gloire, à sa grandeur.

XVIII. L'homme est capable de trois choses, de connaître, d'aimer, de sentir ; de connaître le vrai bien, de l'aimer, d'en jouir. Il dépend beaucoup de lui de connaître le bien, et de l'aimer ; et il ne dépend nullement de lui d'en jouir. Mais, Dieu étant juste, celui qui le connaît et l'aime, en jouira. Dieu étant juste, il est nécessaire qu'il fasse sentir le plaisir de la jouissance, et par là qu'il rende heureux celui, qui par son application pénible recherche la connaissance de la vérité, et qui par le bon usage de la liberté et par la force de son courage, se conforme à la loi, l'Ordre immuable [2], malgré les efforts de la concupiscence ; supportant les douleurs, méprisant les plaisirs, et rendant cet honneur à la Raison de la croire sur sa parole, et de se consoler sur ses promesses. Chose étrange, l'homme sait bien qu'il ne dépend point immédiatement de ses désirs de jouir du plaisir, ni d'éviter la douleur : il sent au contraire qu'il dépend de lui de bien penser et d'aimer de bonnes choses ; que la lumière de la vérité se répand en lui lorsqu'il le souhaite, et qu'il dépend de lui d'aimer et de suivre l'Ordre. (Je suppose encore un coup les secours nécessaires qui ne manquent à ceux qui ont la foi, que par leur négligence [3].) Et cependant l'homme ne cherche que le plaisir, et il néglige le principe de son bonheur éternel, la connaissance et l'amour semblables à la connaissance et à l'amour de Dieu, la connaissance de la vérité et l'amour de l'Ordre ; car comme j'ai déjà dit, celui-là connaît

---

1. Var. S'il fait en lui. (1684.)

2. Var. Et sa raison. (1684.) Cette correction rappelle celle que nous avons signalée à la première ligne du traité.

3. « On est en ce siècle si chagrin ou si délicat, qu'il y a des choses qu'il ne suffit pas de ne point dire, il faut assurer et même plus d'une fois qu'on ne les dit point. Qu'on me pardonne s'il semble que je me défie de l'équité de mes lecteurs. » (Note marginale de M.) On ne peut s'empêcher d'admirer, en souriant, la candeur de Malebranche, craignant qu'on ne l'accuse d'exagérer la force de la créature.

et aime, comme Dieu connaît et aime, qui connaît la Vérité et qui aime l'Ordre.

XIX. Voici donc le principal de nos devoirs, celui pour lequel Dieu nous a créés : l'amour duquel est la vertu mère, la vertu universelle, la vertu fondamentale : vertu qui nous rend justes [1] et parfaits, vertu qui nous rendra quelque jour heureux. Nous sommes raisonnables, notre vertu, notre perfection c'est d'aimer la Raison, ou plutôt c'est d'aimer l'Ordre. Car la connaissance des vérités spéculatives ou des rapports de grandeur ne règle point nos devoirs. C'est principalement la connaissance et l'amour des rapports de perfection ou des vérités pratiques, qui fait notre perfection. Appliquons-nous donc à connaître, à aimer, à suivre l'Ordre : travaillons à notre perfection. A l'égard de notre bonheur, laissons-le entre les mains de Dieu, dont il dépend uniquement. Dieu est juste, il récompense nécessairement la vertu. Tout le bonheur que nous aurons mérité, n'en doutons point, nous ne manquerons pas de le recevoir.

XX. C'est l'obéissance que l'on rend à l'Ordre, c'est la soumission à la Loi Divine qui est vertu en tout sens. La soumission à la nature, aux suites des décrets Divins [2] ou à la puissance de Dieu est plutôt nécessité que vertu. On peut suivre la nature et se dérégler, car maintenant [3] la nature est déréglée [4]. On peut au contraire résister à l'action de Dieu, sans contrevenir à ses ordres : car souvent l'action particulière de Dieu est tellement déterminée par les causes secondes ou occasionnelles, qu'en un sens elle n'est point conforme à l'Ordre [5]. Il est vrai que Dieu ne veut que selon l'Ordre : mais souvent il agit en quelque manière [6] contre l'Ordre. Car l'Ordre même voulant que Dieu, comme cause générale, agisse d'une manière uniforme et con-

1. Les théologiens entendent le plus souvent par ce mot un homme qui a passé de l'état de péché à l'état de grâce.

2. Var. La soumission aux décrets divins. (1684.) Malebranche a voulu expliquer brièvement, dans sa 2ᵉ édition, que les décrets divins dont il est ici question sont ceux qui ont constitué la nature. Cf. plus haut, paragr. 5 : « Les créatures supposent donc en Dieu des décrets libres qui leur donnent l'être. »

3. Var. Ce mot : maintenant, n'était pas dans l'édition de 1684.

4. Ainsi le corps n'est plus subordonné à l'âme comme l'ordre voulait qu'il le fût. La chute a introduit du désordre dans le plan divin, mais la Rédemption et la grâce nous aident à rétablir l'ordre. Voyez le 4ᵉ des *Entretiens métaphysiques*.

5. Voyez la 7ᵉ et la 8ᵉ des *Méditations chrétiennes*. (Note marginale de M.)

6. Var. Les mots : en quelque manière, n'étaient pas dans l'édition de 1684.

stante, en conséquence des lois générales qu'il a établies, il produit des effets contraires à l'Ordre. Il forme des monstres, et comme dit un prophète, il sert maintenant à l'injustice des hommes [1], à cause de la simplicité des voies par lesquelles il exécute ses desseins. De sorte que celui qui prétendrait obéir à Dieu en se soumettant à sa puissance, en suivant et respectant la nature [2], blesserait l'Ordre, et tomberait à tous moments dans la désobéissance.

XXI. Si Dieu remuait les corps par des volontés particulières, ce serait un crime que d'éviter par la fuite les ruines d'une maison qui s'écroule : car on ne peut sans injustice refuser de rendre à Dieu la vie qu'il nous a donnée, lorsqu'il la redemande. Ce serait insulter à la sagesse de Dieu, que de corriger le cours des rivières, et de les conduire dans des lieux qui manquent d'eau : il faudrait suivre la nature et demeurer en repos. Mais, Dieu agissant en conséquence des lois générales qu'il a établies, on corrige son ouvrage, sans blesser sa sagesse : on résiste à son action, sans résister à sa volonté : parce qu'il ne veut pas positivement et directement tout ce qu'il fait. Certainement il ne veut point [3] les actions injustes, les meurtres par exemple, quoiqu'il remue le bras de ceux qui les commettent [4]; et quoiqu'il n'y ait que lui qui répande les pluies, il est permis à tout homme de se mettre à couvert, lorsqu'il pleut. Car Dieu ne remue notre bras qu'en conséquence [5] des lois générales de l'union de l'âme et du corps; lois qu'il n'a pas établies afin que les hommes s'entretuassent [6]. Il ne répand la pluie que par une suite nécessaire des lois du mouvement; lois qu'il n'a pas faites, afin que tel en fût tout percé [7], mais pour de plus grands desseins, plus dignes de sa sagesse et de sa bonté. S'il pleut sur les hommes, s'il pleut dans la mer et sur les sablons, c'est que Dieu ne doit pas changer l'uniformité

1. Var. Et sert maintenant à... (1697.) *Isaïe*, XLIII, 24. (Note marginale de M.)

2. On pourrait ajouter : et en approuvant tous les événements de l'Histoire. Il est regrettable que Malebranche n'ait pas pas suivi ainsi la comparaison, nous y eussions gagné une page éloquente.

3. Var. Il ne veut point, par exemple, directement les actions injustes. (1684 et 1697.)

4. Var. Quoiqu'il n'y ait que lui qui donne le mouvement à ceux qui les commettent. (1684.)

5. Var. Car Dieu ne répand la pluie que par une suite nécessaire. (1684.)

6. Var. Afin que tel en fût tout percé. (1684.)

7. Var. Tout ce commencement de phrase manque dans l'édition de 1684.

de sa conduite, à cause qu'il en arrive des suites ou inutiles ou fâcheuses [1].

XXII. Il n'en est pas de Dieu comme des hommes, de la cause générale comme des causes particulières. Lorsqu'on résiste à l'action des hommes, on les offense : car, comme ils n'agissent que par des volontés particulières, on ne peut résister à leur action sans résister à leurs desseins. Mais lorsqu'on résiste à l'action de Dieu, on ne l'offense nullement, et souvent même on favorise ses desseins; parce que Dieu suivant constamment les lois générales qu'il s'est prescrites, la combinaison des effets, qui en sont des suites nécessaires, ne peut pas toujours être conforme à l'ordre, ni propre à l'exécution du plus excellent ouvrage [2]. Ainsi il est permis aux hommes d'empêcher les effets naturels, non seulement lorsque ces effets peuvent leur donner la mort, mais même lorsqu'ils les incommodent ou qu'ils leur déplaisent. Notre devoir consiste donc à nous soumettre à la Loi de Dieu et à suivre l'Ordre : ce nous sera une nécessité de nous soumettre à sa puissance absolue. Nous pouvons connaître l'Ordre par l'union avec le Verbe Éternel, avec la Raison universelle. Il peut donc être notre loi, il peut nous conduire [3]. Mais les Décrets Divins nous sont absolument inconnus, n'en faisons donc point notre règle. Laissons aux sages de la Grèce et aux Stoïciens [4] cette vertu chimérique *de suivre Dieu ou la nature*. Pour nous, consultons la Raison, aimons et suivons l'Ordre en toutes choses. Car c'est véritablement suivre Dieu, que de se soumettre à la loi qu'il aime invinciblement, et qu'il suit inviolablement [5].

XXIII. Néanmoins, quoique l'ordre de la nature ne soit point précisément notre loi, et que la soumission à cet ordre ne soit nullement une vertu, il faut observer que souvent on doit y avoir égard. Mais c'est toujours parce que l'ordre immuable et

---

1. « Dieu ayant prévu tout ce qui devait suivre des lois naturelles, avant même leur établissement, il ne devait pas les établir, s'il devait les renverser. » (*Traité de la nature et de la grâce*, édition citée p. 37.)

2. Var. A l'exécution de son ouvrage. (1684.)

3. Var. Nous pouvons connaître l'ordre par l'union avec le Verbe. L'ordre immuable peut donc être notre loi, il peut nous conduire. (1684.)

4. « Ne demande jamais que les choses soient comme tu veux; tâche de les vouloir comme elles sont, et sans peine tu couleras ta vie. — Ne souhaite de voir arriver que ce qui arrive, de ne voir vainqueurs que ceux qui sont vainqueurs en effet, et ainsi rien ne te troublera. » (Épictète, *Manuel*, VIII et XXXIII.)

5. Var. Ces cinq derniers mots n'étaient pas dans l'édition de 1684.

nécessaire [1] le demande, et non point parce que l'ordre de la
nature est un effet de la puissance de Dieu. Un homme qui est
dans la persécution, ou plutôt qui souffre les douleurs de la
goutte, est obligé de souffrir avec patience et avec humilité,
parce qu'étant pécheur, l'Ordre immuable [2] veut qu'il souffre,
et pour d'autres raisons qu'il n'est pas nécessaire de dire ici.
Mais si l'homme n'était point pécheur, et que l'Ordre [3] ne de-
mandât point qu'il souffrît pour mériter sa récompense, certainement il pourrait, et devrait même chercher ses aises, et
fuir toute sorte d'incommodités, quoique persécuté, s'il était
possible dans cette supposition [4], par la rigueur des saisons et
par les misères que le péché a introduites dans le monde. Et
même l'homme [5], quoique pécheur, peut se mettre à couvert
de la pluie et du vent, et éviter l'action d'un Dieu vengeur :
parce que l'Ordre veut que l'homme conserve sa force et sa
santé, et principalement la liberté de son esprit pour méditer
ses devoirs et rechercher la vérité; et que la pluie et le vent
étant des suites des lois générales de l'ordre de la nature, il ne
paraît pas clairement que Dieu veuille positivement qu'on
souffre cette incommodité particulière. Car ce serait un crime
énorme que d'éviter la pluie dans le temps que Dieu ferait
pleuvoir exprès pour nous mouiller et pour nous punir : de
même que de manger un fruit, ç'a été un crime épouvantable
au premier homme, à cause de la défense expresse et de la
désobéissance formelle. Mais, si la vertu consistait précisément
à vivre dans l'état où l'on se trouve en conséquence de l'ordre
de la nature, celui qui naît au milieu des plaisirs et dans l'a-
bondance, serait vertueux sans peine : la nature lui étant heureusement favorable, il la suivrait avec plaisir. Cependant la
vertu doit présentement être pénible, afin qu'elle soit généreuse
et méritoire. L'homme doit se sacrifier soi-même pour posséder
Dieu : le plaisir est la récompense du mérite, il n'en peut être
le principe, comme je le ferai voir dans la suite [6]. En un mot la

1. Var. Les mots : et nécessaire, n'étaient pas dans l'édition de 1684.
2. Var. Le mot : immuable, n'était pas dans l'édition de 1684.
3. Var. L'ordre immuable. (1684.)
4. Var. Les mots : dans cette supposition, n'étaient pas dans l'édition de 1684.
5. Var. Et l'homme même. (1684.)
6. Malebranche distingue ici le principe et la récompense (nous dirions la sanc-
tion). Plus loin (ch. VIII) il distinguera le motif et la fin. Le plaisir qui est indiqué
ici comme la récompense, sera donné comme étant le motif inévitable de nos actes

Vérité même nous apprend que tel pour être parfait, doit vendre son bien, et le distribuer aux pauvres, ce qui est changer d'état et de condition. La perfection ou la vertu ne consiste donc pas à suivre l'ordre de la nature, mais à se soumettre en toutes choses à l'Ordre immuable et nécessaire, loi inviolable de toutes les intelligences et de Dieu même [1].

(car nous voulons invinciblement être heureux). En même temps, la perfection dans l'ordre, qui est ici le principe du mérite, sera donnée comme la fin suprême des actes humains. Les mots différeront légèrement : le sens de la pensée restera le même.

1. Var. Les mots : et de Dieu même, n'étaient pas dans l'édition de 1684.

CHAPITRE DEUXIÈME.

Il n'y a point d'autre vertu que l'amour de l'Ordre[1]. Sans cet amour
toutes les vertus sont fausses. Il ne faut pas confondre les devoirs
avec la vertu. On peut sans vertu s'acquitter de ses devoirs. C'est
faute de consulter la Raison, qu'on approuve et qu'on suit des coutumes damnables. La foi sert ou conduit à la Raison, car la Raison est la loi souveraine et universelle[2] de toutes les intelligences.

I. L'Amour de l'Ordre n'est pas seulement la principale des
vertus Morales, c'est l'unique vertu : c'est la vertu mère, fondamentale, universelle ; Vertu qui seule rend vertueuses les habitudes ou les dispositions des esprits. Celui qui donne son
bien aux pauvres ou par vanité, ou par une compassion naturelle, n'est point libéral, parce que ce n'est point la Raison
qui le conduit, ni l'ordre qui le règle ; ce n'est qu'orgueil, ou
que disposition de machine[3]. Les officiers, qui s'exposent volontairement aux dangers, ne sont point généreux, si c'est
l'ambition qui les anime ; ni les soldats, si c'est l'abondance
des esprits et la fermentation du sang[4]. Cette prétendue noble
ardeur n'est que vanité ou jeu de machine : il ne faut souvent
qu'un peu de vin pour en produire beaucoup. Celui qui souffre
les outrages qu'on lui fait, n'est souvent ni modéré ni patient[5].
C'est sa paresse qui le rend immobile, et sa fierté ridicule et

---

1. Var. Et de la Raison. (1684.)
2. Var. Les mots : et universelle, n'étaient pas dans l'édition de 1684.
3. Var. Ou que machine. (1684.) — Sous une rédaction comme sous l'autre, il
n'en faut pas moins remarquer cette expression si cartésienne.
4. Même observation à faire ici.
5. A rapprocher de La Rochefoucauld

stoïcienne [1] qui le console, et qui le met en idée au-dessus de
ses ennemis : ce n'est encore que disposition de machine, di-
sette d'esprits, froideur de sang, mélancolie [2]. Il en est de même
de toutes les vertus. Si l'amour de l'Ordre n'en est le principe,
elles sont fausses et vaines, indignes en toutes manières d'une
nature raisonnable, qui porte l'image de Dieu même, et qui
par la Raison [3] a société avec lui. Elles tirent leur origine de
la disposition du corps [4]. L'Esprit-Saint ne les forme point : et
quiconque en fait l'objet de ses désirs et le sujet de sa gloire, a
l'âme basse, l'esprit petit, le cœur corrompu. Mais, quoiqu'en
pense une imagination révoltée, ce n'est ni bassesse, ni servitude que de se soumettre à la loi de Dieu même. Rien n'est
plus juste que de se conformer à l'Ordre. Rien n'est plus grand
que d'obéir à Dieu. Rien n'est plus généreux que de suivre
constamment, fidèlement, inviolablement le parti de la Raison ;
non seulement lorsqu'on le peut suivre avec honneur, mais
principalement lorsque les circonstances des temps et des lieux
sont telles, qu'on ne le peut suivre que couvert de confusion
et de honte [5]. Car celui qui passe pour fou en suivant la Raison, l'aime véritablement [6]. Mais, celui qui ne suit l'Ordre que
lorsqu'il brille aux yeux du monde, ne recherche que la gloire ;
et quoique alors il paraisse lui-même tout éclatant aux yeux
des hommes, il est en abomination devant Dieu.

II. Je ne sais si je me trompe, mais il me semble qu'il y a
bien des gens qui ne connaissent guère la véritable vertu : et
que ceux mêmes qui ont écrit sur la Morale, n'ont pas toujours
parlé fort clairement et fort juste. Certainement tous ces grands
noms qu'on donne aux vertus et aux vices, réveillent plutôt
dans l'esprit des sentiments confus que des idées claires. Mais,

1. Comparer, *Recherche de la vérité*, liv. IV, ch. II. — « Ainsi les stoïciens n'ont
pas raison, et peut-être se raillent-ils de nous, lorsqu'ils nous prêchent de n'être
point affligés de la mort d'un père, de la perte de nos biens, d'un exil, d'une pri-
son et de choses semblables, et de ne point nous réjouir dans l'heureux succès de
nos affaires... » Tout le passage est à lire.

2. Var. Et peut-être sur le tout quelque trait contagieux d'une imagination dominante. (1684.) On se demande pourquoi Malebranche a supprimé dans la 2e édition une phrase où une partie de ses idées se trouvait résumée avec une si piquante
vivacité.

3. Les mots : par la Raison, n'étaient pas dans l'édition de 1684.

4. Var. Elles ne tirent que du corps leur origine. (1684.)

5. N'est-ce pas une allusion à toutes les critiques auxquelles Malebranche était
si sensible, aux censures dont il a été l'objet ?

6. Var. Aime la Raison plus que lui-même. (1684.)

comme ces sentiments touchent l'âme, et que les idées abstraites, quoique claires en elles-mêmes, ne répandent la lumière que dans les esprits attentifs, les hommes demeurent presque toujours très contents de ces mots qui flattent les sens et les passions, et qui laissent l'esprit dans les ténèbres. Ils s'imaginent qu'un discours est d'autant plus solide qu'il frappe plus vivement l'imagination, et ils regardent comme des spectres ou des illusions ces raisonnements exacts, qui disparaissent dès que l'attention nous manque : semblables aux enfants, qui jugeant des objets par l'impression qu'ils font sur leurs sens, s'imaginent qu'il y a plus de matière dans la glace que dans l'eau, et dans l'or et les métaux pesants et durs que dans l'air qui les environne sans se faire presque sentir.

III. D'ailleurs tout ce qui est familier ne surprend point, on ne s'en défie point [1], on ne l'examine point. On croit toujours bien concevoir ce qu'on a dit, ou ce qu'on a ouï dire plusieurs fois, quoiqu'on ne l'ait jamais examiné. Mais les vérités les plus solides et les plus claires donnent toujours de la défiance lorsqu'elles sont nouvelles [2]. Ainsi, un mot obscur et confus paraît clair, quelque équivoque qu'il soit, pourvu que l'usage l'autorise ; et un terme qui ne renferme aucune équivoque, paraît obscur et dangereux, lorsqu'on ne l'a pas ouï dire à des personnes pour lesquelles on a de l'amitié ou de l'estime. Cela est cause que les termes de Morale sont les plus obscurs et les plus confus ; et ceux-là principalement qu'on regarde comme les plus clairs, à cause qu'ils sont les plus communs. Tout le monde par exemple s'imagine entendre bien la signification de ces termes, *aimer, craindre, honorer, charité, humilité, générosité, orgueil, envie, amour-propre.* Et si on voulait même attacher des idées claires à ces termes, et à tous les noms qu'on donne aux vertus et aux vices, outre que cela suppose plus de connaissance qu'on ne croit, on prendrait assurément la voie la plus confuse et la plus embarrassée de traiter la Morale. Car on verra dans la suite que pour bien définir ces termes, il faut déjà comprendre clairement les principes de cette science, et même être savant dans la connaissance de l'homme.

IV. Un des plus grands défauts qui se remarque dans les livres de morale de certains Philosophes, c'est qu'ils confon-

1. Var. Les mots : on ne s'en défie point, n'étaient pas dans l'édition de 1684.
2. Voyez la *Recherche de la vérité*, livre IV, *des Inclinations*, ch. ii.

dent les devoirs avec les vertus, ou qu'ils donnent des noms de
vertus aux simples devoirs : de sorte que, quoiqu'il n'y ait proprement qu'une vertu, l'amour de l'Ordre, ils en produisent
une infinité. Cela met la confusion partout, et embarrasse tellement cette science, qu'il est assez difficile de bien comprendre
ce qu'il faut faire pour être parfaitement homme de bien.

V. Il est visible que la vertu doit rendre vertueux celui qui
la possède ; et cependant un homme peut s'acquitter de ses devoirs, faire avec facilité des actions d'humilité, de générosité,
de libéralité, sans avoir aucune de ces vertus. La disposition à
s'acquitter de tel de ces devoirs n'est donc pas proprement
vertu, sans l'amour de l'Ordre. Lorsqu'on s'acquitte de ses devoirs, on est vertueux aux yeux des hommes : lorsqu'on fait
part de son bien à son ami, on paraît libéral et généreux.
Mais on n'est pas toujours tel qu'on paraît : et celui qui ne
manque jamais aux devoirs extérieurs de l'amitié, que l'Ordre,
qui seul est notre loi inviolable [1], ne l'en empêche, quoiqu'il
paraisse quelquefois ami infidèle, il est plus véritable et plus
fidèle ami, ou du moins il est plus vertueux et plus aimable
que ces amis emportés, qui sacrifient aux passions de leurs
amis leurs parents, leur vie, leur salut éternel.

VI. Il ne faut donc pas confondre la vertu avec les devoirs
par la conformité des noms. Cela trompe les hommes. Il y en a
qui s'imaginent suivre la vertu, quoiqu'ils ne suivent que le
penchant naturel [2] qu'ils ont à remplir [3] certains devoirs ; et
comme ce n'est nullement la Raison qui les conduit, ils sont
effectivement vicieux dans l'excès, lorsqu'ils pensent être des
Héros en vertu. Mais la plupart, trompés par cette même confusion de termes et par la magnificence des noms, se confient
en eux-mêmes, s'estiment sans sujet, et jugent souvent très
mal des personnes les plus vertueuses : parce qu'il ne se peut
pas faire que les gens de bien suivent longtemps ce que l'Ordre
leur prescrit, sans manquer selon les apparences à quelque
devoir essentiel. Car enfin pour être prudent, honnête, charitable aux yeux des hommes, il faut quelquefois louer le vice,
ou presque toujours se taire, lorsqu'on l'entend louer. Pour
être estimé libéral, il faut être prodigue. Si l'on n'est téméraire,

1. Var. Que l'ordre inviolable. (1684.)
2. Il faut faire attention ici au sens théologique du mot.
3. Var. Rendre. (1684 et 1697.)

on ne passe guère pour vaillant homme; et celui qui n'est point superstitieux ou crédule [1], quelque piété qu'il ait, passera sans doute pour un libertin dans les esprits superstitieux ou trop crédules [2].

VII. Certainement, la Raison universelle est toujours la même: l'Ordre est immuable; et cependant la Morale change selon les pays, et selon les temps [3]. C'est vertu chez les Allemands que de savoir boire: on ne peut avoir de commerce avec eux si l'on ne s'enivre. Ce n'est point la Raison, c'est le vin qui lie les sociétés, qui termine les accommodements, qui fait les contrats. C'est générosité parmi la noblesse, que de répandre le sang de celui qui leur a fait quelque injure. Le duel a été longtemps une action permise; et comme si la Raison n'était pas digne de régler nos différends, on les terminait par la force: on préférait à la loi de Dieu même, la loi des brutes, ou le sort. Et il ne faut pas s'imaginer que cette coutume ne fut en usage que parmi des gens de guerre, elle était presque générale; et si les Ecclésiastiques ne se battaient pas, par respect pour leur caractère, ils avaient de braves champions qui les représentaient, et qui soutenaient leur bon droit en versant le sang des parties. Ils s'imaginaient même que Dieu approuvait leur conduite; et, soit qu'on terminât les différends par le duel [4], ou par sort, ils ne doutaient point que Dieu ne présidât au jugement, et qu'il ne donnât gain de cause à celui qui avait raison. Car, supposé que Dieu agisse par des volontés particulières, ce que croit le commun du monde, quelle impiété que de craindre [5], ou qu'il favorise l'injustice, ou que sa providence ne s'étende pas à toutes choses.

VIII. Mais sans aller chercher des coutumes damnables dans les siècles passés, que chacun juge à la lumière de la Raison des coutumes qui s'observent maintenant parmi nous, ou plutôt qu'on fasse seulement attention à la conduite de ceux

---

1. Var. Et celui qui n'est ni superstitieux ni crédule. (1684.)

2. Var. Dans l'esprit des autres. (1684.) Malebranche a trouvé cette expression trop générale, l'addition qu'il y a faite en atténue l'amertume. Sa théorie des voies générales de la Providence devait le faire paraître en effet, aux yeux de beaucoup de gens, comme « trop peu superstitieux et trop peu crédule. »

3. « Il n'y a point de science qui ait tant de rapport à nous que la morale... Cependant il y a six mille ans qu'il y a des hommes, et cette science est encore fort imparfaite. » (*Recherche de la vérité*, l. IV., c. III.)

4. Var. Par le fer. (1684.)

5. Var. Que de croire. (1684.)

mêmes qui sont établis pour conduire les autres. Sans doute
on trouvera souvent que chacun a sa Morale particulière, sa
dévotion propre, sa vertu favorite [1] : que tel ne parle que de
pénitence et de mortification : tel n'estime que les devoirs de
charité : tel autre enfin que l'étude et la prière. Mais d'où peut
venir cette diversité, si la Raison de l'homme est toujours la
même? C'est sans doute qu'on cesse de la consulter, c'est qu'on
se laisse conduire à l'imagination son ennemie. C'est qu'au lieu
de regarder l'Ordre immuable comme sa loi inviolable et naturelle, on se forme des idées de vertu conformes du moins en
quelque chose à ses inclinations. Car il y a des vertus, ou plutôt des devoirs qui ont rapport à nos humeurs : des vertus
éclatantes, propres aux âmes fières et hautaines ; des vertus
basses et humiliantes, propres à des esprits timides et craintifs ;
des vertus molles, pour ainsi dire, et qui s'accommodent bien
avec la paresse et l'inaction.

IX. Il est vrai qu'on demeure assez d'accord que l'Ordre est
la loi inviolable des esprits, et que rien n'est réglé s'il n'y est
conforme. Mais on soutient un peu trop que les esprits sont incapables de consulter cette loi ; et quoiqu'elle soit gravée dans
le cœur de l'homme, et qu'il ne faille que rentrer en soi-même
pour s'en instruire, on pense, comme les Juifs grossiers et charnels, qu'il est aussi difficile de la découvrir que de monter
dans les cieux ou descendre dans les enfers, comme parle l'É-
criture [2].

X. J'avoue néanmoins que l'Ordre immuable n'est pas de facile accès : il habite en nous, mais nous sommes toujours répandus au dehors. Nos sens répandent notre âme dans [3] toutes
les parties de notre corps ; et notre imagination et nos passions
la répandent dans tous les objets qui nous environnent, et souvent même dans un monde qui n'a pas plus de réalité que les
espaces imaginaires : cela est incontestable. Mais il faut tâcher
de faire taire ses sens, son imagination et ses passions, et ne
pas s'imaginer qu'on puisse être raisonnable sans consulter la
Raison [4]. L'Ordre, qui doit nous réformer, est une forme trop

---

1. C'était là sans doute un résultat de la multiplicité excessive des ordres religieux. Malebranche n'en avait que plus raison en proclamant la nécessité de la
philosophie devant cette variété d'interprétations et de pratiques.

2. *Deutéron.*, xxx, 12. (Note marginale de M.)

3. Nos sens unissent notre âme à... (1684.)

4. Ces mots rappellent ceux de Fénelon : « Comme si nous portions en dedans
de nous un principe plus raisonnable que la raison même. »

abstraite pour servir de modèle aux esprits grossiers. Je le veux.
Qu'on lui donne donc du corps, qu'on le rende sensible, qu'on
le revête en plusieurs manières pour le rendre aimable à des
hommes charnels : qu'on l'incarne, pour ainsi dire [1], mais qu'il
soit toujours reconnaissable. Qu'on accoutume les hommes à
discerner la vraie vertu du vice, des vertus apparentes, des simples devoirs, dont on peut souvent s'acquitter sans vertu; et
qu'on ne leur propose pas des fantômes et des idoles, qui atti-
rent leur admiration et leurs respects par l'éclat sensible et ma-
jestueux qui les environne. Car enfin si la Raison ne nous conduit pas, si l'amour de l'Ordre ne nous anime pas, quelque fidèles que nous soyons dans nos devoirs, nous ne serons jamais
solidement vertueux.

XI. Mais, dit-on, la Raison est corrompue : elle est sujette à
l'erreur, il faut qu'elle soit soumise à la foi. La philosophie
n'est que la servante. Il faut se défier de ses lumières. Perpé-
tuelles équivoques. L'homme n'est point à lui-même sa Raison
et sa lumière [2]. La Religion, c'est la vraie philosophie. Ce n'est
pas, je l'avoue, la philosophie des païens, ni celle des discou-
reurs, qui disent ce qu'ils ne conçoivent pas, qui parlent aux
autres avant que la Vérité leur ait parlé à eux-mêmes. La Raison dont je parle est infaillible, immuable, incorruptible [3]. Elle
doit toujours être la maîtresse : Dieu même la suit. En un mot,
il ne faut jamais fermer les yeux à la lumière : mais il faut s'accoutumer à la discerner des ténèbres ou des fausses lueurs,
des sentiments confus, des idées sensibles, qui paraissent lumières vives et éclatantes à ceux qui ne sont pas accoutumés à
discerner le vrai du vraisemblable, l'évidence de l'instinct, la
Raison de l'imagination son ennemie. L'évidence, l'intelligence
est préférable à la foi [4]. Car la foi passera, mais l'intelligence subsistera éternellement [5]. La foi est véritablement un grand bien,
mais c'est qu'elle conduit à l'intelligence; et que même sans elle

1. « La lumière qui éclaire tous les hommes luisait dans leurs ténèbres sans les
dissiper, ils ne pouvaient même la regarder; il fallait que la lumière intelligible se
voilât et se rendît visible, il fallait que le Verbe se fît chair, et que la sagesse cachée et inaccessible aux hommes charnels les instruisît d'une manière charnelle,
carnaliter dit saint Bernard. » (*Recherche de la vérité*, l. IV, ch. III.)

2. Var. L'homme n'est point sa lumière à soi-même. (1684.)

3. Var. La Raison est immuable, incorruptible, infaillible. (1684.)

4. Var. Certainement l'intelligence est préférable à la foi. (1684.)

5. Aug., *De lib. arb.*, l. II, ch. II. (Note marginale de M.)

on ne peut mériter l'intelligence de certaines vérités nécessaires, essentielles, sans lesquelles on ne peut acquérir ni la solide
vertu, ni la félicité éternelle. Néanmoins la foi sans intelligence,
je ne parle pas ici des mystères, [1] dont on ne peut avoir d'idée
claire; la foi, dis-je, sans aucune lumière, si cela est possible,
ne peut rendre solidement vertueux. C'est la lumière qui per-
fectionne l'esprit et le cœur : et si la foi n'éclairait l'homme et
ne le conduisait à quelque intelligence de la vérité et à la connaissance de ses devoirs, assurément elle n'aurait pas les effets
qu'on lui attribue. Mais la foi est un terme aussi équivoque
que celui de Raison, de philosophie, de science humaine [2].

XII. Je demeure donc d'accord que ceux qui n'ont point assez de lumière pour se conduire, peuvent acquérir la vertu,
aussi bien que ceux qui savent le mieux [3] rentrer en eux-mêmes
pour consulter la Raison et contempler la beauté de l'Ordre;
parce que la grâce de sentiment ou la délectation prévenante
peut suppléer à la lumière [4] et les tenir fortement attachés à
leur devoir. Mais je soutiens premièrement que, toutes choses
égales, celui qui rentre le plus en lui-même, et qui écoute la
vérité intérieure dans un plus grand silence de ses sens, de son
imagination et de ses passions, est le plus solidement vertueux.
En second lieu, je soutiens [5] que l'amour de l'Ordre qui a pour
principe plus de raison que de foi, je veux dire plus de lumière
que de sentiment [6], est plus solide, plus méritoire, plus estimable qu'un autre amour que je lui suppose égal. Car dans le

1. Var. Cette virgule a été ajoutée à la 2e édition. Malebranche a craint de faire
une distinction entre les mystères.

2. Var. De sciences humaines. (1684.)

3. Var. Les mots : le mieux, n'étaient pas dans l'éd. de 1684.

4. Sur la grâce de lumière et la grâce de sentiment, Voyez le *Traité de la nature
et de la grâce* et les chapitres v et suivants du présent Traité.

5. Var. En second lieu, que l'amour... (1684 et 1697.)

6. Var. Que de plaisir. (1684 et 1697.) « Je ne sais que deux principes qui déterminent directement et par eux-mêmes les mouvements de notre amour; la lumière
et le plaisir. La lumière qui nous découvre nos divers biens, le plaisir qui nous les
fait goûter. » (*Traité de la nature et de la grâce*, 2e discours, 2e partie, édit. citée
p. 158.) Le plaisir dont il est question ici est évidemment le plaisir de sentiment
produit par la *délectation* victorieuse de la grâce. — Comparer le passage de Pascal, sur l'*Art de persuader* : « Je sais qu'il (Dieu) a voulu qu'elles (les vérités divines) entrent du cœur dans l'esprit, et non pas de l'esprit dans le cœur, pour humilier cette superbe puissance du raisonnement, qui prétend devoir être juge des
choses que la volonté choisit, et pour guérir cette volonté infirme, qui s'est toute
corrompue par ses sales attachements. »

fond le vrai bien de l'esprit devrait s'aimer par Raison, et nullement par l'instinct du plaisir. Mais l'état où le péché nous a réduits rend la grâce de la délectation nécessaire pour contrebalancer l'effort continuel de notre concupiscence. Enfin je soutiens que celui qui ne rentrerait jamais en lui-même, je dis jamais [1], sa foi prétendue lui serait entièrement inutile. Car le Verbe ne s'est rendu sensible et visible que pour rendre la vérité intelligible [2]. La Raison ne s'est incarnée que pour conduire par les sens les hommes à la Raison; et celui qui ferait même et souffrirait ce qu'a fait et souffert Jésus-Christ, ne serait ni raisonnable ni Chrétien, s'il ne le faisait dans l'esprit de Jésus-Christ, esprit d'Ordre et de Raison. Mais cela n'est nullement à craindre : car c'est une chose absolument impossible, que l'homme soit réellement séparé de la Raison, qu'il ne rentre jamais en lui-même pour la consulter. Car, quoique bien des gens ne sachent peut-être point ce que c'est de que rentrer en eux-mêmes, il n'est pas possible qu'ils n'y rentrent, ou qu'ils n'écoutent quelquefois la voix de la vérité, malgré le bruit continuel de leurs sens et de leurs passions. Il n'est pas possible qu'ils n'aient quelque idée et quelque amour de l'Ordre, ce que certainement ils ne peuvent avoir que de celui qui habite en eux, et qui les rend en cela justes [3] et raisonnables. Car nul homme n'est à lui-même ni le principe de son amour, ni l'esprit qui l'inspire, qui l'anime et qui le conduit [4].

XIII. Tout le monde se pique de Raison, et tout le monde y renonce : cela paraît se contredire, mais rien n'est plus vrai. Tout le monde se pique de Raison, parce que tout homme porte écrit dans le fond de son être que d'avoir part à la Raison, c'est un droit essentiel à notre nature. Mais tout le monde y renonce, parce que l'on ne peut s'unir à la Raison, et recevoir d'elle la lumière et l'intelligence, sans une espèce de travail fort désolant, à cause qu'il n'a rien qui flatte les sens. Ainsi les hommes voulant invinciblement être heureux, ils laissent là [5] le travail de l'attention, qui les rend actuellement malheureux. Mais

1. Var. Enfin, je soutiens que celui qui ne rentrerait jamais, je dis jamais, en lui-même. (1684.)

2. Aug., *Confess.*, l. II, ch. VIII. (Note marginale de M.)

3. Ce mot est pris dans son sens ordinaire ou philosophique.

4. C'est pour cela, veut dire ici Malebranche, que nous ne pouvons manquer complètement ni de raison ni d'amour, puisque c'est l'action divine qui est en nous le principe, sans cesse agissant, de l'un et de l'autre.

5. Ils laissent tous. (1684.)

s'ils le laissent, ils prétendent ordinairemant que c'est par Raison. Le voluptueux croit devoir préférer les plaisirs actuels à une vue sèche et abstraite de la vérité, qui coûte néanmoins beaucoup de peine. L'ambitieux prétend que l'objet de la passion est quelque chose de réel, et que les biens intelligibles ne sont qu'illusions et que fantômes; car d'ordinaire on juge de la solidité des biens par l'impression qu'ils font sur l'imagination et sur les sens. Il y a même des personnes de piété, qui prouvent par Raison qu'il faut renoncer à la Raison, que ce n'est point la lumière, mais la foi seule qui doit nous conduire, et que l'obéissance aveugle est la principale vertu des Chrétiens. La paresse des inférieurs et leur esprit flatteur s'accommode souvent de cette vertu prétendue; et l'orgueil de ceux qui commandent en est toujours très content. De sorte qu'il se trouvera peut-être des gens qui seront scandalisés, que je fasse cet honneur à la Raison, de l'élever au-dessus de toutes les puissances, et qui s'imagineront que je me révolte contre les autorités légitimes, à cause que je prends son parti, et que je soutiens que c'est à elle à décider et à régner. Mais que les voluptueux suivent leurs sens : que les ambitieux se laissent emporter à leurs passions : que le commun des hommes vive d'opinion, ou se laisse aller où sa propre imagination le conduit. Pour nous, tâchons de faire cesser ce bruit confus, qu'excitent en nous les objets sensibles. Rentrons en nous-mêmes, consultons la Vérité intérieure. Mais prenons bien garde à ne pas confondre ses réponses avec les inspirations secrètes [1] de notre imagination corrompue. Car il vaut beaucoup mieux, il vaut infiniment mieux obéir aux passions de ceux qui ont droit de commander ou de conduire, que d'être uniquement son maître, suivre ses propres passions [2], s'aveugler volontairement en prenant dans l'erreur un air de confiance pareil à celui que la vue seule de la vérité doit donner. J'ai expliqué ailleurs les règles qu'il faut observer pour ne pas tomber dans ce défaut, mais j'en parlerai encore dans la suite; car sans cela on ne peut être vertueux solidement et par raison.

1. Var. Avec les inspirations malignes. (1684.)

2. Ce passage ne contredit en rien la belle page, si philosophique et si éloquente, qu'on vient de lire. Mais, du moment où on abandonne la raison et où l'on se soumet à la passion, alors, passions pour passions, il vaut encore mieux avoir le mérite de renoncer aux siennes et d'obéir à celles des supérieurs qui disposent d'une légitime autorité. Les passions personnelles d'ailleurs, sont incontestablement plus dangereuses, parce qu'on s'y abandonne toujours avec plus d'emportement ou de complaisance. Telle est la pensée de Malebranche.

CHAPITRE TROISIÈME.

L'amour de l'Ordre ne diffère point de la charité. Deux amours, l'un d'union, l'autre de bienveillance. Celui-là n'est dû qu'à la puissance, qu'à Dieu seul : celui-ci doit être proportionné au mérite personnel, comme nos devoirs au mérite relatif. L'amour-propre éclairé n'est point contraire à l'amour d'union. L'amour de l'Ordre est commun à tous les hommes. Espèces d'amour de l'Ordre, naturel, libre, actuel, habituel [1]. Il n'y a maintenant que celui qui est libre, habituel et dominant qui nous justifie [2]. Ainsi la vertu ne consiste que dans l'amour libre, habituel et dominant de l'Ordre immuable.

Quoique je n'aie point exprimé la principale des vertus ou la vertu mère par le nom authentique de *Charité*, il ne faut pas croire que je prétende proposer aux hommes d'autre vertu que celle que Jésus-Christ a canonisée [3] par ces paroles : *Toute la loi et les Prophètes dépendent de ces deux commandements* : Vous aimerez le Seigneur votre Dieu de tout votre cœur, et de toutes vos forces, et votre prochain comme vous-même [4] ; et dont saint Paul a fait l'éloge dans ce chapitre admirable de la première Épître aux Corinthiens, qui commence ainsi [5] : *Quand je parlerais toutes les langues, et même le langage des Anges, si je n'avais point la Charité, je ne serais que comme de l'airain sonnant ou une cymbale retentissante.* On parle diversement selon les personnes. L'Écriture, qui est faite pour tout le monde, n'ex-

---

1. Var. Naturel et libre, actuel et habituel. (1684.)
2. Var. Qui nous rende justes devant Dieu. (1684.)
3. Érigée en règle sacrée.
4. *Matth.*, xxii. (Note marginale de M.)
5. Ch. xiii. (*Id.*)

prime les vérités que par des termes que l'usage le plus commun autorise [1]. Mais celui qui veut convaincre et éclairer les personnes les plus entêtées, j'entends les prétendus esprits forts, et ceux qu'on appelle philosophes, gens qui trouvent des difficultés partout, il doit tâcher d'expliquer ses sentiments avec des termes qui soient, autant que cela se peut, exempts d'équivoque.

II. Ces paroles, *Vous aimerez Dieu de toutes vos forces, et votre prochain comme vous-même*, sont claires : mais c'est principalement à ceux qu'enseigne intérieurement l'onction de l'esprit ; car à l'égard des autres hommes, elles sont plus obscures qu'on ne s'imagine. Ce [2] mot *aimer* est équivoque : il signifie deux choses entre plusieurs autres, s'unir de volonté à quelque objet comme à son bien ou à la cause de son bonheur, et souhaiter à quelqu'un le bien dont il a besoin [3]. On peut aimer Dieu dans le premier sens, et son prochain dans le second. Mais ce serait impiété, ou du moins stupidité et ignorance, que d'aimer Dieu dans le second sens ; car il est essentiel à la divinité de se suffire à elle-même. *Vous êtes mon Dieu*, dit le Prophète, car vous n'avez pas besoin de mes biens [4]. Et ce serait une espèce d'idolâtrie que d'aimer son prochain dans le premier sens : car c'est en Dieu seul que se trouve la puissance d'agir dans les esprits et de les rendre heureux [5].

III. De même ce mot *Dieu* est équivoque, et infiniment plus qu'on ne croit : et tel s'imagine aimer Dieu, qui n'aime effectivement qu'un certain fantôme immense qu'il s'est formé. Il croit aimer Dieu en vivant dans le désordre, ou sans aimer l'Ordre sur toutes choses. Il se trompe. Bien loin d'aimer Dieu, il ne le connaît seulement pas. *Car celui qui dit qu'il connaît Dieu et n'observe pas ses commandements, est un menteur, et la vérité*

---

1. « Comme l'Écriture est faite pour tout le monde, pour les simples aussi bien que pour les savants, elle est pleine d'*Anthropologies*. » (*Traité de la nature et de la grâce*, 1er discours, éd. citée p. 92.)

2. Var. Le mot. (1684.)

3. Var. Ou souhaiter du bien à quelqu'un. (1684.)

4. Var. Toute cette fin de phrase, depuis les mots : car il est essentiel... n'était pas de l'éd. de 1684.

5. Même observation pour la fin de phrase, depuis les mots : car c'est en Dieu... Malebranche ne veut pas que nous considérions notre semblable comme pouvant être la *cause* de notre bonheur. Au sens absolu, il a raison. Il est vrai cependant que notre semblable contribue à notre bonheur. On peut comparer ces définitions avec celle de Leibniz : *Amare est delectari felicitate aliena.*

n'est point en lui : mais celui qui les observe, aime Dieu parfaite-
ment. VERE *in hoc Charitas Dei perfecta est :* dit saint Jean [1].
In hoc scimus, quoniam cognovimus eum si mandata ejus observe-
mus. C'est en cela que nous savons bien que nous connaissons Dieu,
si nous observons ses commandements.

IV. Vous aimerez Dieu *de toutes vos forces. Toutes* est assez
clair, mais *vos forces* peut donner sujet d'erreur à ceux qui
n'ont pas d'humilité, ou qui en ont une fausse. Les premiers
peuvent en tirer quelque sujet de vanité, et les autres d'une
négligence criminelle. *Et votre prochain comme vous-même,* Jésus-Christ nous apprend dans la parabole du Samaritain que
tous les hommes sont notre prochain. Ce terme *Prochain,* n'est
donc pas trop clair : aussi les Juifs grossiers et charnels [2] l'ont-
ils toujours pris dans un faux sens. *Comme vous même :* Certainement ceux qui aiment les vrais biens, sont les seuls qui ac-
complissent [3] ce commandement, en aimant leur prochain comme
eux-mêmes. Car un père qui aime son fils avec la dernière
tendresse, et qui lui procure avec soin tous les biens sensibles,
quelque amour qu'il ait pour lui, il est encore bien éloigné de
l'aimer comme Dieu veut qu'on aime son prochain.

V. Ces paroles, *Vous aimerez Dieu,* et le reste, peuvent donc
paraître obscures [4]. Mais ce n'est effectivement qu'à ceux [5] qui
veulent chicaner, ou qui ne rentrent point en eux-mêmes, pour
y voir ce commandement écrit de la main de Dieu. Elles ne
sont obscures [6] qu'à ceux que l'onction du Saint-Esprit n'a
point instruits, pour lesquels l'Ecriture sainte est un livre
fermé [7]. Car les personnes de piété les plus grossières et les plus
stupides entendent bien ce précepte. Ils savent que toute l'application de l'esprit et tous les mouvements du cœur doivent
tendre vers Dieu : qu'il ne faut s'occuper que de lui, autant
que cela est possible : que ce n'est point l'aimer véritablement
que de manquer de délicatesse sur son devoir ; et que blesser
l'Ordre de la justice, ou l'Ordre immuable, c'est offenser effec-

1. Ep. 1, ch. ii. (Note marginale de M.)
2. Var. Les mots : grossiers et charnels, n'étaient pas de l'éd. de 1684.
3. Var. Certainement il n'y a que ceux qui aiment les vrais biens qui accomplis-
sent. (1684.)
4. Var. Sont donc obscures. (1684.)
5. Var. Que pour ceux. (1684.)
6. Var. Ce n'est que pour ceux. (1684.)
7. *Ep. de saint Jean,* ch. ii. (Note marginale de M.)

tivement la Majesté Divine. Bien loin d'aimer les hommes comme capables de leur faire du bien, ils appréhendent l'approche des grands, et ne se plaisent que parmi ceux qui ont besoin de leur secours. Ils aiment les hommes, non comme leur bien, ni comme capables de jouir ensemble des biens qui passent, biens qui ne sont propres qu'à mettre la division partout : mais ils les aiment comme cohéritiers des vrais biens. Vrais biens parce qu'on les possède sans les partager, qu'on en jouit sans s'en dégoûter, qu'on les aime sans appréhender qu'ils s'échappent, comme les plaisirs de la vie présente. Le Père aime son fils : mais il aimerait mieux le voir contrefait, que de le voir déréglé. Il aimerait mieux le voir malade, le voir mort, le voir attaché au gibet, que de le voir mort aux yeux de celui qui n'a jamais eu de spectacle plus agréable que celui de son fils unique attaché en croix pour rétablir l'ordre dans l'univers. Les personnes de piété entendent bien la loi de Dieu, parce qu'ils sont instruits par le même esprit qui l'a dictée. Mais, comme je parle principalement aux Philosophes, et qu'il n'est point en mon pouvoir de donner cette onction sainte, qui répand la lumière dans les esprits, je crois devoir tâcher de prouver par raison, et expliquer autant que je pourrai par des termes clairs, des vérités dont ils ne sont peut-être pas assez convaincus.

VI. Je crois donc devoir dire que la charité justifiante [1], ou la vertu qui rend véritablement justes et vertueux ceux qui la possèdent, est proprement l'amour dominant de l'Ordre immuable. Mais il faut encore expliquer ces termes, afin de dissiper les obscurités qui accompagnent ordinairement les idées abstraites.

VII. J'ai déjà dit [2] *que l'ordre immuable ne consiste que dans les rapports de perfection, qui sont entre les idées intelligibles que renferme la substance du Verbe Éternel.* Or on ne doit estimer et aimer que la perfection. Donc l'estime et l'amour doivent être conformes à l'Ordre. Je veux dire qu'il doit y avoir même rapport entre deux amours qu'entre la perfection ou la réalité des objets qui les excitent ; car si la proportion [3] n'y est pas, ils

---

1. C'est-à-dire, en langage théologique, faisant passer l'homme de l'état de péché à l'état de grâce, le rendant agréable à Dieu et digne de la vie éternelle.
2. Ch. i. (Note marginale de M.)
3. Var. Si la même proportion. (1684.)

ne sont point conformes à l'Ordre. De là il est évident que la charité ou l'amour de Dieu est une suite de l'amour de l'Ordre; et qu'il faut estimer et aimer Dieu, non seulement plus que toutes choses, mais infiniment plus que toutes choses, parce qu'entre l'infini et le fini il ne peut y avoir de rapport fini.

VIII. Or il y a deux principales espèces d'amour, un amour de *bienveillance*, et un amour qu'on peut appeler *d'union*. Un brutal aime l'objet de sa passion d'un amour *d'union* : parce que regardant cet objet comme la cause de son bonheur, il souhaite d'y être uni, afin que cet objet [1] agisse en lui et le rende heureux. Il s'en approche par le mouvement de son cœur, ou par ses affections, aussi bien que par le mouvement de son corps. On aime les gens de mérite d'un amour de *bienveillance*, car on les aime dans le temps même qu'ils ne sont point en état de nous faire du bien : on les aime parce qu'ils ont plus de perfection et de vertu que les autres. Ainsi la puissance de nous faire du bien, ou cette espèce de perfection qui a rapport à notre bonheur; en un mot la *bonté* excite en nous l'amour *d'union*, et les autres perfections l'amour *d'estime et de bienveillance* [2]. Or Dieu seul est *bon*, il a seul la *puissance* [3] d'agir en nous. Il ne communique point réellement aux créatures cette perfection : il les établit seulement causes occasionnelles pour produire quelques effets, car la véritable puissance est incommunicable. Donc tout l'amour *d'union* doit tendre vers Dieu.

IX. On peut par exemple *s'approcher* [4] du feu, car le feu est la cause *occasionnelle* de la chaleur. Mais on ne peut point l'aimer d'un amour *d'union* sans blesser l'ordre, car le feu n'a nulle puissance, bien loin d'en avoir sur ce qui est en nous capable d'aimer. C'est la même chose des autres créatures, des Anges mêmes [5] et des démons : il ne les faut point aimer [6] d'un amour d'union; d'un amour qui honore la puissance : car toutes étant absolument impuissantes, il ne les faut nullement aimer. Quand je dis aimer, j'entends aussi craindre, j'entends haïr, j'entends que l'âme doit demeurer immobile en leur présence.

1. Var. Afin qu'il agisse en lui. (1684.)
2. Var. L'amour d'estime et de bienveillance. (1684.)
3. Var. Il a seul puissance. (1684.)
4. Var. *Approcher* son corps. (1684.)
5. Var. Des anges. (1697.)
6. Var. Il n'en faut aimer aucune. (1684.)

Que le corps par le mouvement local s'approche du feu ou évite une maison qui s'écroule : cela est permis. Mais que l'âme n'aime et ne craigne que Dieu seul, du moins d'un amour libre, d'un amour de choix, d'un amour de raison : car l'union de l'âme et du corps s'étant changée en dépendance, il n'est presque plus en notre pouvoir d'empêcher que les biens sensibles n'excitent en nous quelque amour pour eux. Les mouvements de l'âme répondent naturellement à ceux du corps : et l'objet qui nous met en fuite ou qui nous attire, nous inspire presque toujours ou de l'aversion ou de l'amour.

X. Il n'en est pas de même de l'amour d'estime ou de bienveillance, comme de l'amour d'union. Dieu est infiniment plus aimable de cette espèce d'amour que toutes ses créatures ensemble. Mais comme il leur a communiqué réellement quelque perfection ; comme il y en a qui sont capables de jouir avec nous d'un même bonheur [1], elles sont effectivement estimables et aimables. L'Ordre même demande qu'on les estime et qu'on les aime à proportion de la perfection, soit naturelle, soit morale, qu'elles possèdent, du moins autant que ces perfections nous sont connues [2]. Car de les estimer et de les aimer justement à proportion qu'elles sont aimables, cela est absolument impossible, puisque souvent leurs perfections nous sont inconnues, et que même nous ne connaissons jamais exactement les rapports qui sont entre les perfections, comme nous connaissons ceux qui sont entre les grandeurs, et que nous pouvons exprimer par des nombres, ou par des lignes incommensurables [3]. Néanmoins la foi diminue bien des difficultés sur cela. Car comme le fini par le rapport qu'il a avec l'infini, acquiert un prix infini, on voit bien qu'il faut aimer infiniment plus les créatures, qui ont, ou qui peuvent avoir beaucoup de rapport avec Dieu, que toutes celles qui ne sont point à son image, ou qui n'ont point comme nous [4] d'union ou de rapport avec lui. On voit bien toutes choses égales, qu'un juste, qu'un membre de Jésus-Christ est plus aimable de cette espèce d'amour, que mille impies ; et que Dieu juste juge de la valeur de ses créatures, pré-

1. Var. Comme elles sont capables de bonheur. (1684.)
2. Var. A proportion de la perfection qu'elles possèdent et que nous connaissons en elles. (1684.)
3. Var. Car nous ne pouvons les exprimer ni par des nombres, ni par des lignes incommensurables. (1684.)
4. Var. Ou qui n'ont point immédiatement. (1684.)

2.

fère un de ses enfants adoptifs à toutes les nations de la terre.

XI. Il est certain que c'est l'amour d'estime ou de bienveillance qui doit régler les devoirs. Mais il ne faut pas pourtant s'imaginer qu'on doive toujours rendre plus de devoirs aux justes qu'aux pécheurs, aux fidèles qu'aux hérétiques et qu'aux païens mêmes. Car il faut prendre garde qu'il y a des perfections de plusieurs sortes : des perfections personnelles ou absolues, et des perfections relatives. Les perfections personnelles doivent être l'objet immédiat de l'amour d'estime et de bienveillance : mais les perfections relatives ne sont pas dignes de cet amour ni d'aucun autre ; c'est seulement l'objet auquel ces perfections se rapportent[1]. Il faut aimer et honorer le mérite partout où on le trouve : car le mérite est une perfection personnelle, qui doit régler l'amour d'estime et de bienveillance. Mais il ne doit pas toujours régler la grandeur et la qualité des devoirs. Il faut au contraire rendre beaucoup de devoirs à son Prince, à son père, à tous ceux qui ont l'autorité : car l'autorité est nécessaire pour conserver dans les états l'ordre, qui est la chose du monde la plus estimable. Mais l'honneur qu'on leur rend, l'amour qu'on leur porte, doit se terminer à Dieu seul ; *Sicut Domino et non homínibus*, dit S. Paul[2]. *C'est à Dieu et non à des hommes* que se rapporte l'honneur qu'on rend à la puissance, car la puissance d'agir ne se trouve qu'en Dieu. De même si un homme a des talents naturels, utiles à la conversion des autres, quand il n'aurait ni vertu, ni mérite, on doit l'aimer d'un amour d'estime qui se rapporte ailleurs, et lui rendre à lui-même bien plus de devoirs, qu'à tel qui a beaucoup de mérite personnel et ne peut être utile à personne. Mais je m'expliquerai ailleurs plus au long. Je ne dis ceci que pour empêcher que l'esprit du lecteur n'aille sans y penser où je ne veux pas le conduire.

XII. L'amour-propre, ennemi irréconciliable de la vertu ou de l'amour dominant de l'Ordre immuable, peut s'accommoder avec l'amour d'union, qui répond et qui rend honneur à la puissance capable d'agir en nous : car il suffit pour cela que cet amour-propre soit éclairé. L'homme veut invinciblement être heureux : il voit clairement que Dieu seul peut le rendre heureux. Cela supposé, et le reste exclu dont je ne parle pas,

1. Var. Ont rapport. (1684.)
2. *Eph.* vi, 7. (Note marginale de M.)

il est évident qu'il peut désirer d'être uni à Dieu. Car pour ôter toute équivoque, je ne parle pas d'un homme qui sait que Dieu ne récompense que le mérite, et qui n'en trouve aucun en soi. Je parle d'un homme qui ne fait attention qu'à la puissance et à la bonté de Dieu, ou à qui le témoignage de sa conscience et sa foi lui donnent pour ainsi dire libre accès pour s'approcher de Dieu et se joindre à lui.

XIII. Mais il n'en est pas de même de l'amour d'estime ou de bienveillance qu'on doit se porter à soi-même : l'amour-propre le dérègle presque toujours. L'Ordre immuable de la justice veut que la récompense soit proportionnée au mérite, le bonheur à la vertu, à la perfection de l'esprit [1] ; et l'amour-propre ne souffre pas volontiers [2] de bornes à son bonheur et à sa gloire. Quelque éclairé que soit cet amour [3], s'il n'est juste, il est nécessairement contraire à l'Ordre, et il ne peut être juste sans diminuer ou sans se détruire. Néanmoins lorsque l'amour-propre est éclairé [4], lorsqu'il est réglé, lorsqu'il est d'accord avec l'amour de l'ordre [5], on est dans la plus grande perfection dont on soit capable. Car certainement un homme qui se met toujours dans le rang qui lui convient, qui ne veut être heureux qu'autant qu'il mérite de l'être, qui cherche son bonheur dans la justice qu'il attend du juste juge, qui vit de sa foi et demeure content, ferme et patient dans l'espérance et l'avant-goût des vrais biens : celui-là, dis-je, est solidement homme de bien, quoique ce soit l'amour qu'il a pour lui-même qui soit le principe naturel, mais réglé et corrigé par la grâce, de l'amour de l'Ordre sur toutes choses.

XIV. Il ne faut pas s'imaginer que l'amour de l'Ordre soit semblable à ces vertus, ou plutôt à ces dispositions particulières qu'on peut perdre ou acquérir. Car l'Ordre immuable [6] n'est point une créature particulière [7] qu'on puisse commencer ou cesser entièrement [8] d'aimer. Il est en Dieu et il s'imprime sans

---

1. Var. Le bonheur à la perfection de l'esprit acquise par le bon usage de la liberté. (1684.)

2. Var. Ne peut souffrir. (1684.)

3. Var. Quelque éclairé qu'il soit. (1684.)

4. Var. Éclairé et juste. (1684.)

5. Var. Soit qu'il soit détruit ou confondu avec l'amour de l'ordre. (1684.)

6. Var. Car l'ordre. (1684.)

7. Chap. précéd. (Note marginale de M.)

8. Var. On cesser. (1684.)

cesse en nous. C'est une loi écrite en caractères ineffaçables. C'est le Verbe Divin, objet naturel et nécessaire de toutes les pensées et de tous les mouvements des esprits [1]. On peut commencer ou cesser d'aimer une créature, car l'homme n'est pas fait pour elles. Mais on ne peut entièrement renoncer à la Raison, on ne peut cesser d'aimer l'Ordre : car l'homme est fait pour vivre de raison, pour vivre selon l'Ordre. Ainsi l'amour de l'Ordre règne naturellement partout où l'amour-propre ne lui est point contraire. Il règne même souvent quoique l'amour-propre ou la concupiscence lui résiste, je ne dis pas seulement dans les Justes, dans ceux où il règne [2] absolument, mais même dans les méchants, où l'amour-propre est souverain. Car la beauté de la justice touche souvent les injustes mêmes, de manière que l'amour-propre trouve son compte à se conformer à l'Ordre [3].

XV. Certainement l'homme ne voit que parce que Dieu l'éclaire : il ne veut que parce que Dieu l'anime ou le fait aimer [4]. Or Dieu n'éclaire que par son Verbe, il n'anime [5] que par l'amour qu'il se porte à lui-même. Car Dieu ne peut pas éclairer l'homme par une fausse raison, ni lui imprimer un amour contraire au sien. Toute la lumière vient donc du Verbe, tout le mouvement vient donc de l'Esprit saint ; puisque enfin Dieu seul agit, et qu'il n'agit que par la sagesse qui l'éclaire et par l'amour qu'il se porte à lui-même. Donc, tant que l'homme pensera, tant qu'il aimera, il ne sera point séparé de la Raison, il ne sera point sans amour pour l'Ordre [6]. Car, pour tomber dans l'erreur, il faut mal user de la Raison, mais il en faut user ; puisque celui qui ne voit rien ne peut juger de rien, ne peut tomber dans l'erreur. De même pour aimer le mal, il faut aimer le bien : car on ne peut aimer le mal, que parce qu'on le regarde comme un bien, que par l'impression naturelle qu'on

1. Var. C'est le Verbe, objet naturel de tous les mouvements des esprits. (1684.)
2. Var. Dans les justes où il règne. (1684.)
3. Var. Cette dernière phrase n'était pas dans l'éd. de 1684. Elle est accompagnée, dans les éditions de Lyon, d'un renvoi marginal à S. Aug., *De Trin.*, l. XIV, c. XV.
4. Var. On l'agite. (1684.)
5. Var. Il n'agite. (1684.)
6. C'est dans ce reste indéfectible de raison et d'amour de l'ordre que Malebranche voit la réalité du libre arbitre : si faible qu'il soit chez beaucoup d'hommes, il le juge suffisant pour établir la responsabilité, le mérite et le démérite, car il permet de faire effort pour demander, mériter et obtenir une liberté plus grande.

a pour le bien [1]. Ainsi l'amour-propre n'anéantit pas l'amour
de l'Ordre : il ne fait que le corrompre en rapportant à soi-
même ce qui n'y a point de rapport [2] nécessaire, ou plutôt en
faisant préférer le bonheur actuel à la perfection de son être, à
la vertu, et à la félicité future qui en sera la récompense. Car
l'homme, soit qu'il aime les objets par rapport à soi ou autrement, il aime toujours ceux qui sont ou qui paraissent les
meilleurs : parce que l'amour de l'Ordre ou des biens à proportion de leur perfection ou de leur bonté, est un amour naturel et inviolable [3].

XVI. Je dis ceci principalement afin que les méchants sachent du moins qu'ils sont tels, et que les justes se défient de
leur vertu. Car, comme les hommes, quelque misérables qu'ils
soient, sentent en eux-mêmes quelque droiture, ou qu'ils ont
quelque amour naturel pour l'Ordre, ils s'imaginent avoir véritablement de la vertu. Mais, pour posséder la vertu, il ne suffit pas d'aimer l'Ordre d'un amour naturel, il faut encor l'aimer
d'un amour libre, éclairé, raisonnable. Mais de plus il ne suffit
pas de l'aimer, lorsqu'il s'accommode actuellement avec notre
amour-propre [4]; il faut lui sacrifier tout ce qu'il exige de
nous [5], notre bonheur actuel, et s'il le demandait ainsi, notre
être propre : car la vertu ne consiste que dans l'amour dominant de l'Ordre immuable. Notre cœur n'est parfaitement bien
réglé [6], que lorsqu'il est disposé à se conformer à l'Ordre en
toutes choses ; et celui, qui voudrait que dans quelques occasions l'Ordre se conformât à ses inclinations particulières, aurait en cela l'esprit faux et le cœur corrompu. Il n'y a point
d'homme, quelque méchant qu'il soit, qui ne trouve quelquefois dans l'Ordre une beauté qui le charme. Apparemment les
démons mêmes ont encore quelque amour [7] pour l'ordre. Ils
sont prêts à s'y conformer, lorsqu'il n'exige rien qui soit contraire à leur amour-propre; et peut-être y en a-t-il qui lui offri-

<hr>

1. Var. Cette fin de phrase, depuis les mots : que par l'impression naturelle,
n'était pas dans l'édition de 1684.
2. Var. Ici s'arrêtait la phrase dans l'édition de 1684.
3. Var. Et invincible. (1684.)
4. Var. Mais pour posséder la vertu, il ne suffit pas d'aimer l'ordre d'un amour
naturel. (1684.)
5. Var. Il faut lui sacrifier toutes choses. (1684.)
6. Var. Notre cœur n'est réglé. (1684.)
7. Var. Ont quelque amour. (1684.)

raient volontiers quelque léger sacrifice. Ils ne sont pas tous
également méchants : ils ne sont donc pas tous également opposés à l'Ordre. Judas était un misérable que l'avarice domi-
nait : néanmoins on peut croire, que pour délivrer de la mort
le meilleur de ses amis, il aurait bien sacrifié quelque peu d'argent. Il vendit le Sauveur pour trente deniers : mais peut-être
qu'il ne l'aurait pas livré si la somme eût été plus petite. Pour
être vertueux, il ne suffit donc pas d'aimer l'ordre : il faut l'aimer plus que toutes choses ; il faut avoir une résolution ferme
de le suivre partout, quoi qu'il en coûte. Il faut être prêt à lui
sacrifier, non quelques petits plaisirs, ou quelques légères douleurs, mais son bonheur, sa réputation, la vie présente [1], dans
l'espérance de recevoir de Dieu une récompense digne de lui.

XVII. Je crois même devoir ajouter à tout cela qu'une simple
résolution, quelque forte qu'elle soit, de suivre l'Ordre en toutes choses, ne justifie pas devant Dieu. Car Dieu, juste Juge des
dispositions des esprits, ne juge pas une âme sur des mouvements actuels et passagers : il la juge sur ce qu'il trouve en
elle de stable et de permanent. Les actes passent : et celui qui
se trouvant tout ému de la beauté de l'Ordre, prend une sainte
résolution de lui sacrifier toutes choses, doit encore craindre
pour lui-même. Car il n'arrive presque jamais qu'un acte seul
forme la plus grande des habitudes, et que le mouvement actuel de l'esprit détruise une disposition invétérée d'obéir aux
mouvements [2] de l'amour-propre. Au contraire les habitudes
sont stables ; et quoique le juste tombe sept fois [3], qu'il se
console : Dieu connaît le fond de son cœur. Mais qu'il prenne
garde que la concupiscence ne le séduise [4] et ne le corrompe,
et que les objets sensibles, faisant à tous moments des impres-
sions dangereuses sur son imagination, elle ne se révolte quelque jour ouvertement contre les lois sévères qui la désolent.
Car l'habitude [5] de la charité est bien plus délicate, bien plus
difficile à acquérir et à conserver que les habitudes criminelles ; parce qu'un [6] seul acte délibéré, un seul péché mortel la

1. Var. Son bonheur, sa réputation, son être propre (1684). Malebranche a
trouvé, non sans raison, que cette dernière expression était excessive.
2. Var. Aux inclinations. (1684.)
3. Var. Sept fois le jour. (1684.)
4. Séduire (*se ducere*), mener hors des chemins de la vérité et du devoir.
5. Var. Car il faut bien remarquer que l'habitude... (1684.)
6. Var. Car. (1684.)

dissipe toujours. Dont la raison principale est que nous ne pouvons point aimer Dieu sans le secours de la grâce, auquel secours il est juste que nous perdions droit par notre infidélité volontaire; et que d'ailleurs la concupiscence ne nous quitte point quoique nous lui résistions volontairement [1]. Un homme est juste devant Dieu, lorsque son cœur est véritablement plus disposé à aimer le bien que le mal d'un amour libre et raisonnable, soit que cette disposition soit acquise par des actes d'amour libres et raisonnables, ou autrement. Mais, comme on ne sent pas ses habitudes [2], comme on ne connaît que ce qui se passe actuellement dans l'âme, et que la charité ne se fait pas sentir comme la concupiscence, qui est souvent excitée, on ne peut s'assurer de l'état où l'on est. Ainsi on doit toujours se défier de soi-même, sans se décourager, et travailler jusqu'à la mort à détruire l'amour-propre ou la concupiscence qui se renouvelle sans cesse, et à fortifier l'amour de l'Ordre qui s'affaiblit ou se corrompt, dès qu'on ne veille point sur soi-même.

XVIII. Il faut bien remarquer pour la suite, qu'il y a des actes d'amour de deux sortes; des actes d'amour naturels ou purement volontaires, et des actes libres. Tout plaisir produit immanquablement dans l'âme le mouvement naturel de l'amour, ou fait que l'on aime d'un amour naturel, nécessaire, ou purement volontaire, l'objet qui cause ou qui semble causer ce plaisir. Mais tout plaisir ne produit pas l'amour libre : car l'amour libre ne se conforme pas toujours à l'amour naturel. Cet amour ne dépend pas uniquement du plaisir : il dépend de la Raison, de la liberté, de la force qu'a l'âme de résister au mouvement qui la presse. C'est le consentement de la volonté qui fait la différence essentielle de cette espèce d'amour. Or ces deux actes différents d'amour forment des habitudes, chacun de leur espèce. L'amour naturel laisse dans l'âme une disposition d'amour naturel : l'amour de choix laisse une habitude d'amour de choix. Car quand on a souvent consenti à l'amour d'un bien, on a une pente ou facilité à y consentir de nouveau.

XIX. On doit donc remarquer que toute disposition d'amour, soit naturel, soit libre, corrompt l'âme, et la rend digne de la

1. Var. Toute cette phrase depuis : dont la raison principale, n'était ni de l'édition de 1684, ni de celle de 1697.

2. Var. Ces mots : comme on ne sent pas ses habitudes, n'étaient pas dans l'édition de 1684.

haine de Dieu, si son objet est la créature; et la rend juste et agréable à Dieu, si c'est le Créateur : pourvu néanmoins que la disposition d'amour naturel soit seule dans le cœur. Car s'il y a dans un cœur deux amours habituels de différente espèce, Dieu n'a point d'égard à l'amour naturel, mais à l'amour libre.

XX. Par exemple, un enfant qui vient au monde est pécheur et digne de la colère de Dieu, parce que Dieu aime l'Ordre, et que le cœur de cet enfant est déréglé, ou tourné vers les corps, par une disposition habituelle d'un amour naturel, nécessaire, ou purement volontaire, qu'il tire [1] de ses parents sans consentement de sa part. Adam, au premier instant de sa création, était juste, parce que son cœur était disposé à aimer Dieu, quoique alors il n'eût point encore acquis l'habitude de consentir à cet amour. La disposition ou l'habitude naturelle, lorsqu'elle est seule, corrompt donc ou justifie l'âme. Car lorsqu'il n'y a dans un cœur qu'un amour habituel, et que cet amour est bon, il n'y a rien que d'aimable aux yeux de celui qui aime l'ordre : et c'est le contraire si cet amour est mauvais. Mais lorsqu'il y a deux habitudes d'amour de différente espèce, Dieu n'a d'égard qu'à celle qui est libre. Apparemment les justes ont beaucoup plus de facilité et de disposition naturelle à aimer les corps qu'à aimer les vrais biens. Les plaisirs sensibles étant presque continuels, et la délectation prévenante de la grâce étant beaucoup plus rare, ils sont plus disposés, de cette espèce d'habitude qui est une suite naturelle du plaisir, à aimer les objets sensibles que les vrais biens. Cela est évident par ce qui leur arrive durant le sommeil, ou lorsqu'ils ne sont point sur leurs gardes et qu'ils agissent sans réflexion; car ils suivent alors presque toujours les mouvements de la concupiscence. Or ces dérèglements ne les corrompent point, et Dieu ne les regarde point comme des pécheurs, [2] parce que l'habitude de la vertu n'en est point changée [3]; les actes qui ne sont point libres ne pouvant changer les habitudes libres, mais seulement les habitudes de même espèce. Il est donc visible par tout ce que nous avons dit, *que l'amour de l'Ordre qui nous justifie devant Dieu, doit être un*

---

1. Voyez le chap. VII du 2e vol. de la *Recherche de la vérité*, et l'éclaircissement sur ce même chapitre. (Note marginale de M.)

2. Var. Le membre de phrase : et Dieu..., n'était ni de l'édition de 1684, ni de celle de 1697.

3. Var. N'est point changée. (1684.)

amour habituel, libre et dominant [1] *de l'ordre immuable.* Ainsi, lorsque je parlerai dans la suite de l'amour de l'Ordre, j'entendrai ordinairement cet amour habituel, et non point l'amour actuel, ni l'habituel naturel [2], ni l'amour qui n'est point dominant, ni aucun autre mouvement, ou disposition de l'âme.

1. Libre, c'est-à-dire raisonné, éclairé, un amour « de choix » : dominant, c'est-à-dire ayant sur la décision et sur l'action une influence plus grande que tout autre motif : car les motifs se mêlent les uns aux autres, et l'amour-propre concourt presque toujours avec l'amour de l'ordre, mais il faut que ce dernier soit *dominant*.

2. Par opposition à l'habituel *acquis* par l'obéissance constante à la Raison et par la recherche persévérante de l'ordre immuable.

CHAPITRE QUATRIÈME.

Deux vérités fondamentales de ce traité. La première : les actes produisent les habitudes, et les habitudes les actes. La seconde : l'âme ne produit pas toujours les actes de son habitude dominante. Ainsi le pécheur peut ne point commettre tel péché, et le juste peut perdre la charité : parce qu'il n'y a point de pécheur sans amour pour l'ordre, ni de juste sans amour-propre. On ne peut devenir juste devant Dieu par les forces du libre arbitre. En général moyens pour acquérir et conserver la charité. Ordre que je suivrai dans l'explication de ces moyens.

I. Pour expliquer nettement les moyens d'acquérir et de conserver l'amour dominant de l'Ordre immuable, il faut supposer deux vérités fondamentales de la première partie de ce traité. La première, qu'ordinairement les vertus s'acquièrent et se fortifient par les actes. La seconde, que lorsqu'on agit, on ne produit pas toujours les actes de la vertu qui domine : ce que je dis de la vertu, je l'entends de toutes les habitudes bonnes ou mauvaises, et même des passions qui nous sont naturelles.

II. Tous les hommes sont assez convaincus par leur propre expérience, que les actes forment et conservent les habitudes qui ont quelque rapport au corps. Par exemple, tout le monde demeure d'accord que l'on peut acquérir par des actes l'habitude de danser, de jouer des instruments, de parler une langue. Plusieurs sont persuadés qu'à force de boire on devient ivrogne, que le commerce des femmes rend mou et efféminé, et qu'avec des gens de guerre on devient ordinairement vaillant ou brutal. Mais il y a peu de gens qui fassent sérieusement réflexion,

que l'âme même par ses propres actes prend des habitudes,
dont elle ne peut pas facilement se défaire. Un Mathématicien
s'imagine aisément qu'il dépend de lui de ne point aimer les
Mathématiques et d'en abandonner l'étude. Un ambitieux se
persuade follement qu'il n'est point esclave de sa passion ; et
chacun croit, quoique misérablement asservi à quelque mau-
vaise habitude, qu'il ne dépend que de lui de rompre tout d'un
coup les liens qui le captivent. C'est même sur ce principe qu'on
remet toujours à se convertir. Car, comme pour se convertir, il
ne faut que mépriser des biens qu'on reconnaît vains et méprisables, et aimer Dieu, qui certainement mérite seul d'être aimé,
chacun se persuade qu'il a, et qu'il aura toujours assez de raison et de force pour former et pour exécuter un dessein si juste
et si raisonnable.

III. De plus, comme la volonté n'est jamais forcée, on s'imagine que tout ce qu'on veut, on le veut précisément parce
qu'on le veut. On ne pense point que nos volontés s'excitent en
nous en conséquence de nos dispositions intérieures; parce
qu'en effet ces dispositions étant des modifications de notre
être propre, qui nous sont inconnues, elles nous font vouloir
de manière qu'il semble que cela ne dépende que de nous :
car nous voulons si gaiement, que nous croyons que rien ne
nous oblige à vouloir. Il est vrai qu'alors rien ne nous oblige
à vouloir, que nous-mêmes. Mais notre nous-même n'est point
notre être purement naturel, ou parfaitement libre pour le bien
et pour le mal : c'est notre être disposé à l'un ou à l'autre par
des modifications qui le corrompent ou le perfectionnent, et
qui nous rendent aux yeux de Dieu ou justes ou pécheurs.
Et ce sont ces dispositions-là qu'il faut ou augmenter ou détruire par les actes [1], qui sont les causes naturelles des habitudes.

IV. Mais pour cela il faut encore supposer cette autre vérité
importante, que l'âme ne produit pas toujours les actes de l'habitude qui domine en elle. Car il est évident que si celui dont
la disposition dominante est l'avarice, n'agissait jamais que par
quelque mouvement d'avarice, bien loin de devenir libéral, son
vice augmenterait sans cesse; selon le principe que nous venons d'exposer, que les actes produisent et fortifient les habitudes. Il faut même qu'il soit au pouvoir de l'homme corrompu

---

1. Var. Cette virgule n'était pas dans l'édition de 1684.

de produire des actes de vertu, afin qu'il puisse se défaire de
ses mauvaises habitudes, et devenir homme de bien : mais
cette proposition doit être expliquée.

V. Je dis donc à l'égard des habitudes particulières, premièrement qu'un avare, par exemple, peut agir par un mouvement d'ambition : et cela n'est ni difficile à croire, ni difficile
à prouver. Je dis en second lieu qu'un avare peut même faire
une action contraire à l'avarice qui le domine. Car un avare
peut aussi être ambitieux. Cela supposé, si la passion pour les
richesses n'est point excitée, et que son ambition le soit ; ou si
son avarice est moins excitée que son ambition dans une proportion réciproque de la force de ces deux passions, il est certain que l'avare fera une action de libéralité, si dans ce moment il se détermine à agir, ce qui certainement est en son
pouvoir. Car enfin on ne peut vouloir que le bien, et dans ce
moment l'avare trouvera meilleur de faire cette action de libéralité que de ne la pas faire, et de sacrifier [1] l'amour qu'il a
pour l'argent à celui qu'il a pour la gloire. Ainsi il est évident
que le pécheur peut, par des raisons d'amour-propre, ne pas
suivre tel mouvement de ses passions qu'on voudra déterminer,
s'il peut réveiller quelques passions contraires, et suspendre
jusque-là le consentement de sa volonté. Mais cela ne suffit
pas encore pour faire comprendre que celui qui pèche peut ne
point pécher, que le pécheur peut se défaire de ses mauvaises
habitudes, et le juste perdre la charité.

VI. En effet il n'en est pas des habitudes particulières de
l'avarice ou de la libéralité, comme de l'amour de l'Ordre ou
de l'amour-propre : et quoiqu'on demeure peut-être d'accord
qu'un avare peut faire une action de libéralité, on me contes-
tera sans doute qu'un païen puisse faire une action conforme
à l'Ordre, et par amour pour l'Ordre. Mais pour moi je ne veux
point contester. Je vas tâcher d'expliquer nettement ma pensée. Que chacun suive ce que l'évidence de la Raison et l'autorité de la foi l'obligent à croire, et m'abandonne moi, s'il reconnaît que je m'écarte [2] du chemin qui me doit conduire dans
la recherche de la vérité.

VII. Si les pécheurs ou les païens n'avaient nul amour pour
l'Ordre, ils seraient incorrigibles en toutes manières : si les

1. Var. Il sacrifiera. (1684.)
2. Var. Si je m'écarte. (1684.)

justes n'avaient plus d'amour-propre, ils seraient impeccables.
Car les actes forment et conservent les habitudes selon le principe que je viens d'expliquer. Or le pécheur [1] n'a que de l'a-
mour-propre, on le suppose. Il ne peut donc agir que par
amour-propre. Toutes ses actions augmentent donc la corruption de son cœur. Le juste au contraire n'a de l'amour que
pour l'ordre, on le suppose. Il ne peut donc agir que par amour
pour l'Ordre. Toutes ses actions augmentent donc sa vertu.
Le pécheur est donc incorrigible, et le juste impeccable, dans
la supposition que le pécheur ou le païen n'a que de l'amour-
propre, et le juste que de l'amour pour l'Ordre. Mais je crois
avoir suffisamment prouvé dans le chapitre précédent, que
dans les plus grands pécheurs il y a toujours quelque disposition à aimer l'ordre ; et je ne pense pas qu'on puisse douter
que les plus gens de bien ne conservent toujours quelque reste [2]
de l'amour-propre.

VIII. Il est vrai qu'un païen ne peut jamais acquérir la charité [3], ni faire d'action qui mérite les secours nécessaires pour
acquérir la charité ou l'amour dominant [4] de l'Ordre immuable : mais il peut faire des actions conformes à l'ordre des
actions bonnes et méritoires. Car un païen a toujours quelque
idée de l'ordre [5]. Cette idée est ineffaçable. Un païen a toujours
quelque amour pour l'ordre [6]. Cet amour est naturel et immortel. Or tout amour est agissant, lorsqu'il est excité [7]. Donc si l'a-
mour-propre ne s'oppose à l'action de l'amour pour l'Ordre,
l'amour de l'Ordre excité produira ses actes et agira. Et même,
quoique l'amour-propre s'oppose à l'amour de l'Ordre, si l'a-
mour de l'Ordre est plus excité que l'amour-propre, en propor-

1. Var. Le pécheur. (1684.)

2. Var. Quelques restes. (1684.)

3. Ce mot de charité est pris ici, comme en beaucoup d'autres endroits, dans son
sens théologique. Cf. Pascal. « La distance infinie des corps aux esprits figure la
distance infiniment plus infinie des esprits à la charité, car elle est surnaturelle. »
(Éd. Havet, XVII, 1.) « On n'entre dans la vérité que par la charité, » dit encore
Pascal. (*Art de persuader*.) Mais il faut remarquer l'étroite union des idées métaphysiques et des idées théologiques dans Malebranche. Pour lui, la charité n'est pas
seulement d'une façon générale l'amour de Dieu et l'obéissance à sa volonté, c'est
l'amour dominant de l'*ordre immuable*.

4. Var. Pour acquérir l'amour dominant... (1684.)

5. Ch. I. (Note marginale de M.)

6. Ch. III. (*Id.*)

7. Cette phrase est un des nombreux exemples de la confusion de l'amour et de
la volonté dans Malebranche.

tion réciproque de la grandeur de ces deux amours habituels et de leur mouvement actuel, l'amour pour l'Ordre surmontera l'amour-propre, si dans ce moment on se détermine à agir.

IX. [1] On conduit par exemple un innocent au supplice. L'Ordre le défend, un païen le sait, et peut en disant une parole empêcher ce désordre. La mort ou la vie de cet homme ne touche point à son amour-propre, je le suppose. Certainement il empêchera, ou du moins il aura assez de force et de raison pour parler et empêcher ce désordre. Pour moi je ne doute nullement qu'il ne l'empêchât dans la supposition telle que je la fais, car naturellement tous les hommes aiment l'Ordre : et ils y sont tellement unis, qu'on ne peut blesser l'Ordre sans les offenser eux-mêmes en quelque manière [2]. Les mêmes choses supposées, quoique cet homme soit avare, si sa passion est un peu endormie, ou quoique excitée, si on ne lui demande qu'un sou par exemple pour délivrer cet homme de la mort, certainement il fera, ou du moins il pourra faire une action opposée à son amour-propre ; parce qu'effectivement elle lui est peu opposée, et que l'ordre qu'il est disposé naturellement à aimer serait extrêmement blessé, s'il ne faisait pas ce petit sacrifice.

X. Or ces actions sont bonnes, parce qu'elles sont conformes à l'Ordre ; et elles sont méritoires, parce qu'elles sont accompagnées du sacrifice qu'on fait de l'amour-propre à l'amour de l'Ordre. Mais ces actions ne sont point méritoires des vrais biens, ni de rien qui conduise à leur possession : parce qu'outre qu'elles ne sont que de légers sacrifices, elles procèdent [3] d'un cœur corrompu, d'un cœur où l'amour-propre aveugle et déréglé [4] est absolument le maître [5].

XI. On ne peut avoir droit aux vrais biens, qu'on ne soit

---

1. Voyez le ch. vi, art. 15 et 16 ci-dessous. (Note marginale de M.)

2. Ils ne souffrent donc de cette violation de l'ordre qu'en tant qu'elle les affecte eux-mêmes, en vertu de cette union. Voilà comment, dans la nature païenne et dans la nature déchue qui redevient païenne, l'amour-propre se mêle à tout et corrompt tout, même les sacrifices partiels et momentanés qu'il paraît faire à l'ordre. Ce point de vue est absolument le même que celui de La Rochefoucauld.

3. Var. Parce qu'elles ne sont que de légers sacrifices et qu'elles procèdent. (1684 et 1697.)

4. Var. Les mots : aveugle et déréglé, n'étaient ni de l'édition de 1684 ni de celle de 1697.

5. La première et la seconde partie de ce paragraphe semblent difficiles à concilier entre elles. Si l'amour-propre est absolument le maître dans de telles âmes, comment peut-il s'y sacrifier à l'amour de l'ordre ? Malebranche veut trop diminuer, dans la seconde partie, le mérite qu'il a reconnu dans la première.

juste aux yeux de Dieu : et l'on ne peut être juste devant Dieu,
qu'on n'ait plus de disposition à aimer l'Ordre que toute autre
chose, et que soi-même ; ou ce qui revient au même, qu'on ne
soit disposé [1] à ne s'aimer que selon l'Ordre, à ne vouloir être
heureux qu'autant qu'on le mérite [2]. Ainsi, quand même on
supposerait qu'un païen aimerait d'un amour actuel l'Ordre
plus que toutes choses, ce qui ne se peut faire que par le mouvement de la grâce ; Dieu qui ne juge pas l'âme sur ce qu'il
trouve en elle de passager, mais sur ses dispositions stables et
permanentes, ne pourrait pas la regarder comme juste et sainte.
Car un acte d'amour de Dieu sur toutes choses ne peut pas naturellement changer l'habitude invétérée de l'amour-propre.
Cela ne se peut sans l'usage des Sacrements que Jésus-Christ a
institués pour notre justification [3], pour donner à un seul acte
d'amour de Dieu la force d'en produire l'habitude, laquelle
seule donne droit aux vrais biens. Ainsi nul Philosophe, ni Socrate, ni Platon, ni Épictète, quelque éclairés qu'ils aient été sur
leurs devoirs, ni même ceux qu'on peut supposer avoir ré-
pandu leur sang pour l'Ordre de la justice, ne peuvent être
sauvés, s'ils n'ont reçu la grâce que la foi seule obtient : puisque Dieu juste juge ne les a pu juger que sur la disposition
permanente de leur volonté ; et que quand il serait naturellement possible de tendre le cou au bourreau par un mouvement
actuel d'amour pour la justice, cela seul ne changerait pas la
disposition naturelle et invétérée de l'amour-propre : disposition confirmée et augmentée à tous moments par le mouvement
de la concupiscence durant tout le cours de la vie.

XII. Néanmoins comme les païens conservent toujours
quelque amour pour l'Ordre, ils peuvent éviter le péché qu'ils
commettent, en réveillant cet amour, en évitant ce qui excite
l'amour-propre, et en ne consentant point avant que d'être
forcés à consentir, comme j'expliquerai dans la suite. Mais véritablement ils ne peuvent point accomplir les commandements
de Dieu. Ils ne peuvent aimer l'ordre plus qu'eux-mêmes en
toutes occasions. La Raison nous en doit convaincre ; et la foi
nous apprend qu'ils ne le peuvent jamais. Il n'y a que ceux
qui ont la foi qui le puissent : et même entre ceux-là, tous n'en

1. Var. On qu'on ne soit disposé. (1684.)
2. Var. Cette fin de phrase, depuis : à ne vouloir..., n'était pas dans l'édition
de 1684
3. J'expliquerai ceci dans le ch. VIII. (Note marginale de M.)

ont pas un égal pouvoir. Il n'y a que les justes à qui rien ne manque. Pour les autres, ils peuvent prier, s'ils connaissent leur faiblesse et s'ils veulent en être guéris [1]. Ils peuvent par le secours de leur foi, et en conséquence des promesses de Jésus-Christ, et non par la nécessité de l'Ordre immuable de la justice, mériter le pouvoir prochain d'observer en toutes occasions les commandements de Dieu [2].

XIII. Je reprends en peu de paroles les vérités essentielles que je viens de prouver, et qui sont nécessaires pour la suite. Les habitudes s'acquièrent et se fortifient par les actes. Or l'habitude qui domine, n'agit pas toujours : on peut faire des actes qui n'y ont nul rapport, et quelquefois qui lui sont opposés. L'homme peut donc changer d'habitudes.

XIV. De plus il n'y a point d'homme, quelque corrompu qu'il soit, qui n'ait quelque disposition à aimer l'Ordre. Tout homme libre et raisonnable peut donc se corriger, je ne dis pas se rendre juste [3].

XV. Mais en supposant les secours [4] de la grâce, tout homme peut se rendre juste. Car l'amour dominant de l'Ordre immuable qui nous justifie devant Dieu, est une disposition stable et permanente, c'est une habitude. Or on peut acquérir cette habitude par le secours de la grâce : non seulement parce qu'on peut par le moyen de la grâce actuelle former librement tant d'actes d'amour de l'Ordre sur toutes choses, ou de si fervents, que l'habitude en résultera; mais plus facilement et plus sûrement, parce qu'on peut s'approcher des Sacrements dans le

1. Var. Les mots : et s'ils veulent en être guéris, n'étaient pas dans l'édition de 1684.

2. Finalement, Malebranche semble bien damner tous les païens, y compris Socrate et Platon, qui évidemment n'ont pu « faire usage des sacrements institués par Jésus-Christ pour notre justification. » Cette doctrine est bien celle des jansénistes, aux yeux de qui Jésus-Christ n'était pas mort pour tous les hommes. Les théologiens orthodoxes enseignent : que la Rédemption est aussi ancienne que le péché d'Adam, qu'elle a commencé à produire ses effets au moment même de la condamnation du premier coupable, que par l'effet de cette Rédemption, les païens et les infidèles ont reçu et reçoivent encore « des grâces de salut » auxquelles il leur appartient de correspondre; enfin, que celui-là seul est vraiment hors des voies du salut qui y est par sa faute, *culpabiliter*. Malebranche corrigera plus tard la dureté de la doctrine janséniste, au moins en ce qui concerne les hommes nés après Jésus-Christ. Ici, et en ce qui concerne les païens, il est bien, ce semble, avec elle.

3. En d'autres termes, ce libre arbitre est suffisant pour rendre un homme quelconque humainement, naturellement vertueux ou coupable ; il ne suffit pas pour le *justifier*, au sens théologique (qui a été déjà plusieurs fois expliqué).

4. Var. Le secours. (1684.)

mouvement de cet amour, et que les Sacrements de la nouvelle alliance répandent dans les cœurs la charité justifiante.

XVI. Tout ce qu'il y a donc à faire pour acquérir et pour conserver l'amour dominant de l'Ordre immuable ou, pour abréger les termes, l'amour de l'Ordre, consiste à rechercher avec soin, quelles sont les choses qui réveillent cet amour et qui lui font produire ses actes, et quelles sont celles qui peuvent empêcher le mouvement actuel de l'amour-propre. Or je ne vois que deux principes qui déterminent le mouvement naturel de la volonté, et qui excitent les habitudes, savoir la lumière et le sentiment [1]. Sans l'un ou l'autre de ces deux principes il ne se forme point naturellement d'habitude, et celles qui sont formées demeurent sans action. Si l'on fait attention [2] au sentiment intérieur qu'on a de soi-même, on se persuadera facilement que la volonté n'aime jamais actuellement le bien, que la lumière ne le découvre, ou que le plaisir ne le rende présent à l'âme. Et si on consulte la raison, on reconnaîtra que cela doit être ainsi; car autrement l'auteur de la nature imprimerait dans la volonté des mouvements inutiles.

XVII. Il n'y a donc que la lumière et le plaisir qui excitent dans l'âme quelque mouvement actuel : la lumière qui lui découvre le bien qu'elle aime par une impression invincible; le plaisir qui l'assure qu'il est actuellement présent. Car jamais l'âme n'est mieux convaincue de la présence de son bien, que lorsqu'elle se trouve actuellement touchée du plaisir qui la rend heureuse. Cherchons maintenant les moyens par lesquels nous pouvons faire que la lumière se répande dans nos esprits, et que nos cœurs soient touchés par des sentiments propres à notre dessein, qui est d'exciter en nous des actes de l'amour de l'Ordre, et [3] de nous empêcher de former ceux de l'amour-propre; car il est évident que tous les préceptes de la Morale dépendent absolument de ces moyens. Voici l'ordre que je garderai dans cette recherche.

XVIII. J'examinerai d'abord les moyens que nous avons pour devenir éclairés sur nos devoirs. La lumière doit toujours passer la première, outre qu'il dépend beaucoup plus de nous de voir le bien que de le goûter. Car ordinairement nos volontés

---

1. V. plus haut ch. ii, 12, page 24, note 6.
2. Var. Si l'on prend la peine de consulter le. (1684.)
3. Var. Ou. (1684.)

sont les causes [1] occasionnelles directes et immédiates de nos connaissances, et elles ne le sont jamais de nos sentiments. Ensuite j'examinerai quelles sont les causes occasionnelles de nos sentiments, et le pouvoir que nous avons sur elles, afin que par leur moyen nous puissions déterminer l'Auteur de la grâce et de la nature à nous toucher, de manière que l'amour de l'Ordre se réveille et nous anime, et que l'amour-propre ou la concupiscence demeure sans mouvement.

XIX. Je commencerai par les sentiments que Dieu produit en conséquence de l'Ordre de la grâce, parce que ceux-là peuvent exciter en nous des actes d'amour de l'ordre, capables d'en former l'habitude. Ensuite je parlerai des sentiments que Dieu produit en nous en conséquence de l'ordre de la nature : sentiments qui ne peuvent qu'indirectement affaiblir nos mauvaises habitudes, et qu'il est presque toujours à propos d'éviter, pour conserver à l'âme le pouvoir et la liberté d'aimer les vrais biens, et de vivre selon l'Ordre. Car les diverses manières dont on se prive de ces sentiments sont une des principales parties de la Morale [2]; et la plupart des noms de vertu ne sont inventés que pour exprimer les dispositions qu'on acquiert à éviter ces sentiments, qui ébranlent et dérèglent l'âme [3].

---

1. Var. Sont causes. (1684.)

2. Var. La fin de phrase : qui ébranlent..., n'était pas de l'édition de 1684.

3. Car notre action personnelle ne consiste trop souvent, d'après Malebranche, qu'à affaiblir et à ralentir en nous l'action divine.

CHAPITRE CINQUIÈME.

De la force de l'esprit. Nos désirs sont les causes occasionnelles de nos connaissances. Il est difficile de contempler les idées abstraites, et la force de l'esprit consiste dans l'habitude qu'on a prise de supporter le travail de l'attention. Moyens pour acquérir cette force d'esprit. Il faut faire taire ses sens, son imagination et ses passions, régler ses études, ne méditer que sur des idées claires. Etc.

I. La foi et la raison nous assurent que Dieu seul est la cause véritable de toutes choses : mais l'expérience nous apprend qu'il n'agit que selon certaines lois qu'il s'est faites [1], et qu'il suit constamment. Par exemple c'est Dieu seul qui meut les corps : il faudrait peut-être bien du discours pour en convaincre certaines gens. Mais, cela supposé, comme ayant été prouvé ailleurs [2], il est évident par l'expérience, que Dieu ne meut les corps, que lorsqu'ils sont choqués. Ainsi on peut dire que le *choc* des corps est la cause *occasionnelle* qui détermine infailliblement l'efficace de la loi générale par laquelle Dieu produit dans son ouvrage mille mouvements divers.

II. Il n'y a aussi que Dieu qui répande la lumière dans les esprits : c'est une vérité que j'ai déjà suffisamment expliquée [3]. Mais il ne faut point chercher ailleurs qu'en nous-mêmes la cause *occasionnelle* qui le détermine à nous la communiquer. Dieu par une loi générale, qu'il suit constamment et dont il a

1. Var. Qu'il s'est fait. (1684.)

2. *Éclaircissements* sur le ch. III de la 2e partie du 6e livre de la *Recherche de la vérité*. (Note marginale de M.)

3. *Entretiens sur la métaphysique*, 7e Entretien. *Recherche de la vérité*, liv. III, partie 2. (Note marginale de M.)

prévu toutes les suites, a attaché la présence des idées à l'attention de l'esprit : car lorsqu'on est le maître de son attention, et
qu'on en fait usage, la lumière ne manque pas de se répandre
en nous à proportion de notre travail. Cela est si vrai, que
l'homme ingrat et stupide s'en fait un sujet de vanité : il s'i-
magine être la cause de ses connaissances, à cause de la fidélité
avec laquelle Dieu exauce ses désirs. Car, ayant un sentiment
intérieur de son attention, et n'ayant aucune connaissance de
l'opération de Dieu en lui [1], il regarde l'effort de ses désirs, qui
devrait le convaincre de son impuissance, comme la cause véritable des idées qui accompagnent cet effort.

III. Or Dieu a dû établir en nous les causes *occasionnelles* de
nos connaissances pour bien des raisons, dont la principale est,
que sans cela nous n'eussions pas été les maîtres de nos volontés. Car, comme nos volontés doivent être éclairées pour être
excitées, s'il n'était nullement en notre puissance de penser, il
n'y serait pas de vouloir. Nous ne serions donc point libres d'une
parfaite liberté, ni par conséquent en état de mériter les vrais
biens pour lesquels nous sommes faits.

IV. L'attention de l'esprit est donc une prière naturelle, par
laquelle nous obtenons que la Raison nous éclaire. Mais depuis
le péché l'esprit se trouve souvent dans des sécheresses effroyables. Il ne peut prier : le travail de l'attention le fatigue et le
désole. En effet ce travail est grand d'abord, et la récompense
fort médiocre ; et d'ailleurs on se sent à tous moments sollicité
et pressé, agité par l'imagination et les passions, dont il doux
de suivre l'inspiration et les mouvements [2]. Cependant c'est une
nécessité ; il faut invoquer la Raison pour en être éclairé. Il
n'y a point d'autre voie pour obtenir la lumière et l'intelligence
que le travail de l'attention. La foi est un don de Dieu, qui ne
se mérite point : mais l'intelligence ne se donne ordinairement
qu'aux mérites. La foi est pure grâce en tous sens : mais l'intelligence de la vérité est tellement grâce, qu'il faut la mériter
par le travail ou la coopération à la grâce.

V. Or ceux qui sont faits à ce travail, et qui sont toujours at-

---

1. Les mots : en lui, n'étaient ni de l'édition de 1684 ni de celle de 1697.

2. Non seulement à cause des satisfactions où elles tendent, mais parce que leur
mouvement même et leur agitation nous remplissent d'une certaine joie, confuse
et mélangée, mais assez vive pour que notre âme s'y complaise. On retrouve cette
idée dans Pascal ; on la retrouve surtout dans le 3e livre de la *Recherche de la vérité*, et dans mainte autre page de Malebranche.

tentifs à la vérité qui les doit conduire, ont une disposition qui mériterait sans doute un nom plus magnifique que ceux qu'on donne aux vertus les plus éclatantes. Mais, quoique cette habitude ou cette vertu soit inséparable de l'amour de l'Ordre, elle est si peu connue parmi nous, que je ne sais si nous lui avons fait l'honneur de lui donner un nom particulier. Qu'il me soit donc permis de la désigner par le nom équivoque de *force d'esprit*.

VI. Pour acquérir cette véritable *force* par laquelle l'esprit supporte le travail de l'attention, il faut commencer de bonne heure à travailler. Car naturellement on ne peut acquérir les habitudes que par les actes : on ne peut se fortifier que par l'exercice. Mais c'est peut-être la difficulté que de commencer. On se souvient qu'on a commencé, et qu'on a été obligé de cesser. De là on se décourage : on se croit inhabile à la méditation : on renonce à la Raison. Si cela est, quoiqu'on dise pour justifier sa paresse et sa négligence, on renonce à la vertu, du moins en partie. Car, sans le travail de l'attention, on ne comprendra jamais la grandeur de la Religion, la sainteté de la Morale, la petitesse de tout ce qui n'est pas Dieu, le ridicule des passions et toutes ses misères intérieures. Sans ce travail, l'âme vivra dans l'aveuglement et dans le désordre, puisqu'il n'y a point naturellement d'autre voie pour obtenir la lumière qui doit nous conduire. On sera éternellement dans l'inquiétude et dans un embarras étrange : car on craint tout lorsqu'on marche dans les ténèbres et qu'on se croit environné de précipices. Il est vrai que la foi conduit et soutient, mais c'est parce qu'elle produit toujours quelque lumière par l'attention qu'elle excite en nous : car il n'y a que la lumière qui puisse bien rassurer les esprits, lorsqu'ils ont autant d'ennemis à craindre que nous en avons.

VII. Que faire donc pour commencer sans se rebuter? Voyons ce qui nous rebute. On médite avec peine et sans récompense. D'un côté la peine désole : de l'autre la récompense ne console point assez. Il faut donc diminuer la peine et augmenter la récompense. Cela est clair. Mais rien n'est plus difficile. Cela même est impossible à l'égard de la plupart des hommes : et c'est pour cela qu'il nous fallait une voie abrégée de nous assurer de la vérité, et que l'autorité visible de l'Église était nécessaire pour nous conduire. Car ceux mêmes qui ont le plus d'esprit, s'ils s'écartent de la foi, ou s'ils s'abandonnent à l'analogie de la foi, ils s'écartent du chemin qui mène à l'intelligence.

Ils rompent l'enchaînement des vérités, qui toutes se tiennent
de manière, qu'une seule fausse vérité étant supposée, on peut
renverser toutes les sciences, si l'on sait raisonner conséquemment [1].

VIII. Pour diminuer la peine qu'on trouve dans la méditation, il faut éviter tout ce qui partage inutilement la capacité
de l'esprit : et comme rien ne le partage davantage que ce qui
le touche, que ce qui le frappe, que ce qui l'agite, il est visible qu'on doit éviter avec soin tous les objets qui flattent les
sens et qui réveillent les passions. Les sentiments et les passions étant des modifications vives et sensibles [2] de la substance
propre de l'âme, il est nécessaire que toutes les idées intelligibles qui ne la modifient que légèrement, se dissipent à la présence des objets sensibles, quelque effort qu'on fasse pour retenir ces idées et en reconnaître les rapports. De plus on est
persuadé qu'il dépend de nous de rappeler les idées intellectuelles, et l'expérience apprend que nos volontés ne sont point
les causes occasionnelles de nos sentiments. Ainsi, on s'arrête
volontiers aux sentiments, par lesquels on jouit des biens qui
passent et qu'on ne peut rappeler; et on laisse là les idées
pures, dans lesquelles on découvre la vérité qui demeure, et
que l'on peut contempler dès que l'on souhaite [3]. Car il faut se
déterminer promptement sur les biens qui nous échappent, et
on peut remettre à examiner ceux qui sont stables et toujours
présents. Enfin on veut être actuellement heureux : on ne veut
jamais être malheureux [4]. Le plaisir actuel rend actuellement
heureux, et la douleur [5] malheureux. Donc tout sentiment, qui
participe ou du plaisir ou de la douleur, occupe l'esprit. Tout
mouvement de l'âme, qui a le bien ou le mal actuel pour objet, domine la volonté. Ainsi, il faut faire de très grands efforts
pour contempler la vérité, lorsque nos sens sont frappés et
nos passions émues : et comme l'expérience nous apprend que
ces efforts sont alors assez inutiles, il n'est pas possible que
l'âme fatiguée ne se chagrine et ne se rebute. C'est pour cela
que ceux qui traitent de l'oraison donnent cet avis important,
qu'il faut travailler sans cesse à la mortification de ses sens,

---

1. Il n'est pas besoin de faire remarquer combien ceci est cartésien.
2. Var. Les mots : vives et sensibles, n'étaient pas dans l'édition de 1684.
3. Var. Dès qu'on le souhaite. (1684.)
4. Var. Être actuellement malheureux. (1684.)
5. Var. Et la douleur actuelle. (1684.)

ne point se mêler des affaires qui ne nous regardent pas, et qui peuvent dans la suite, à cause de notre engagement indiscret, exciter en nous mille mouvements importuns.

IX. La seconde chose qu'il y a à faire, c'est d'éviter autant qu'on le peut toutes les sciences et tous les emplois qui n'ont que de l'éclat, les sciences où la mémoire seule travaille, l'étude et l'emploi où l'imagination s'exerce trop. Lorsque l'homme a la tête pleine, content de ses richesses prétendues et enflé d'orgueil, il méprise le travail de l'attention; ou s'il en reconnaît la nécessité, il faudrait faire de trop grands efforts pour éloigner toutes les fausses idées que sa mémoire lui fournit. Et lorsque l'imagination s'est trop exercée, l'évidence de la vérité ne nous touche plus vivement : parce qu'effectivement rien n'est plus opposé à la Raison qu'une imagination trop instruite, trop délicate, trop agissante, ou plutôt maligne et corrompue. Car l'imagination doit toujours se taire, lorsque la Raison prononce; et quand on a coutume de l'exercer, elle interrompt et se révolte sans cesse. Aussi, voyons-nous que les savants dont je parle n'ont guère de piété, ni les prétendus esprits forts de Religion : parce qu'effectivement il n'y a point de plus grand aveuglement que celui dont les uns et les autres sont frappés. L'orgueil éteint en eux toutes les lumières: parce qu'étant toujours très satisfaits d'eux-mêmes, rassasiés ou plutôt sans faim pour la vérité, ils ne peuvent pas se résoudre à gagner à la sueur de leur front le pain de l'âme, nourriture dont ils ne peuvent pas goûter la saveur.

X. L'homme doit travailler de l'esprit pour gagner la vie de l'esprit, c'est une nécessité absolue. Mais, travailler de l'esprit pour gagner de l'or, pour acquérir de l'honneur, rien n'est plus servile. Qu'un artisan travaille du corps, pour gagner la vie du corps, pour avoir du pain, cela est dans l'ordre : du moins peut-il en remuant son corps se nourrir l'esprit et l'occuper de bonnes pensées. Mais qu'un magistrat, qu'un homme d'affaires, qu'un marchand prodigue la force de son esprit pour acquérir du bien, inutile souvent à la vie de son corps, et toujours dangereux à celle de son esprit, c'est une insigne folie. Il faut donc en troisième lieu éviter tous les emplois qui ôtent la liberté de l'esprit, si Dieu n'y engage par une vocation extraordinaire. Car, si la charité, l'ordre de l'état où l'on vit, nous y oblige, et que nous ne prenions de charge qu'autant que nous en pouvons porter, Dieu suppléera en nous l'équiva-

lent de ce que nous eussions pu obtenir par le travail de la
méditation. Nous trouverons même toujours assez de temps
pour nous examiner sur nos devoirs, si ce n'est point l'ambition ou l'intérêt qui nous anime dans l'exercice de notre emploi.

XI. Tout le monde sait assez quelles sont les choses qui l'a-
gitent et qui le dissipent : ou du moins chacun peut s'en instruire en consultant l'expérience ou le sentiment intérieur
qu'on a de soi-même. De sorte que je ne m'arrêterai [1] pas ici à
marquer en détail ce que l'on doit faire pour faciliter la méditation. Il n'y a que le corps qui appesantisse l'esprit : voilà le
principe de notre stupidité. Or, tous les objets sensibles n'a-
gissent en nous que par notre corps. Ainsi, on voit bien qu'il
n'y a qu'à faire taire ses sens, son imagination et ses passions,
en un mot le bruit confus que le corps excite en nous, pour
entendre sans peine les réponses de la Vérité intérieure. Chacun sait [2] par sa propre expérience que le corps est assez calme,
quand rien ne l'ébranle au dehors ou ne l'a déjà trop ébranlé.
Car, comme il conserve longtemps les traces et les mouvements qu'il a reçus des objets sensibles, j'avoue que l'imagination demeure salie et blessée, lorsqu'on a été assez indiscret
pour se familiariser avec les plaisirs. Néanmoins, la plaie se
refermera, le cerveau se rétablira, si l'on évite avec soin l'action des objets qui frappent nos sens, ce qu'on peut toujours,
du moins en partie. Je suppose pour cela les secours nécessaires. Qu'on fasse de son côté ce qu'on peut : et bien loin de
méditer avec dégoût, on se trouvera si bien récompensé qu'on
ne se repentira pas de son travail; pourvu néanmoins qu'on
observe la règle que je vas donner, sans laquelle quoi qu'on
médite, on ne recevra jamais pour récompense la vue claire de
la vérité. Je ne prétends pas expliquer ici l'art de penser, ni
donner toutes les règles sur lesquelles l'esprit doit régler toutes
ses démarches dans la recherche de la vérité. Je traite de la
Morale, science nécessaire à tous les hommes, et je laisse la
logique, que ceux-là seuls sont obligés d'étudier à fond, qui
veulent être en état de découvrir la vérité sur toutes sortes de
sujets.

XII. La seule règle que je souhaite qu'on observe avec soin,

1. Var. Aussi je ne m'arrêterai pas. (1684.)
2. Var. Or, chacun sait. (1684.)

c'est de ne méditer que sur des idées claires et des expériences incontestables. Méditer sur des sentiments confus et sur des expériences douteuses, travail inutile : c'est contempler des fantômes et suivre l'erreur. L'Ordre immuable et nécessaire, la loi divine est aussi notre loi : ce doit être le principal sujet de nos méditations. Mais [1], rien n'est plus abstrait et moins sensible que cet Ordre. J'avoue que l'Ordre rendu sensible et visible par les actions et les préceptes de Jésus-Christ, peut aussi nous conduire. Mais c'est qu'effectivement cet ordre sensible élève l'esprit à la connaissance de l'ordre intelligible : car le Verbe fait chair n'est notre modèle que pour nous conformer à la Raison, modèle indispensable de toutes les intelligences, modèle sur lequel le premier homme a été formé, modèle sur lequel nous devons être réformés par la folie apparente de la foi [2], qui nous conduit par nos sens à notre Raison, à la contemplation de notre modèle intelligible.

XIII. L'homme renversé par terre s'appuie sur la terre, mais c'est pour se relever. Jésus-Christ s'accommode à notre faiblesse, mais c'est pour nous en tirer. La foi ne parle à l'esprit que par le corps, il est vrai ; mais c'est afin que l'homme n'écoute plus son corps, qu'il rentre en lui-même, qu'il contemple les véritables idées des choses, et fasse taire ses sens, son imagination, et ses passions. C'est afin qu'il commence sur la terre à faire de son esprit l'usage qu'il en fera dans le Ciel, où l'intelligence succédera à la foi, où le corps sera soumis à l'esprit, où la Raison seule sera la maîtresse. Car le corps de lui-même ne parle à l'esprit que pour le bien du corps [3] ; c'est une vérité essentielle dont on ne peut trop se convaincre.

XIV. La Vérité et l'ordre ne consistent que dans les rapports de grandeur et de perfection que les choses ont entre elles. Mais, comment découvrir ces rapports avec évidence, lorsqu'on manque d'idées claires ? Comment donnera-t-on à chaque chose le rang qui lui convient, si l'on n'estime rien que par rapport à soi ? Certainement, si on se regarde comme le centre de l'univers, sentiment que le corps inspire sans cesse, tout l'ordre se renverse, toutes les vérités changent de nature. Un flambeau devient plus grand qu'une étoile : un fruit plus estimable que le salut de l'état. La terre que les Astronomes regardent comme

1. Var. Or. (1684.)
2. Var. Par la folie de la foi. (1684.)
3. Var. Que pour le corps. (1684.)

un point, par rapport à l'univers, est l'univers même. Mais, cet univers n'est encore qu'un point par rapport à notre Être propre [1]. Dans certains moments que le corps parle, et que les passions sont émues, on est prêt, si cela se pouvait, à le sacrifier à sa gloire et à ses plaisirs.

XV. Par idées claires, dont je fais le principal objet de ceux qui veulent connaître et aimer l'ordre, je n'entends pas seulement celles entre lesquelles l'esprit peut découvrir des rapports exacts et précis, comme sont toutes celles qui sont l'objet des Mathématiques, et qui peuvent s'exprimer par nombres ou se représenter par des lignes : j'entends généralement par des idées claires toutes celles qui répandent quelque lumière dans l'esprit de ceux qui les contemplent, ou desquelles on peut tirer des conséquences certaines. Ainsi, je mets au nombre des idées claires, non seulement les simples idées, mais les vérités qui renferment les rapports qui sont entre les idées. Je mets de ce nombre les notions communes, les principes de Morale, en un mot toutes les vérités claires, soit par elles-mêmes, soit par démonstration, soit même par une autorité infaillible, quoique à parler exactement ces dernières vérités soient plutôt certaines que claires et évidentes.

XVI. Par expériences incontestables j'entends principalement les faits que la foi nous enseigne, et ceux dont nous sommes convaincus par le sentiment intérieur que nous avons de ce qui se passe en nous. Si nous voulions nous conduire par les exemples et juger des choses par l'opinion, nous nous tromperions à tous moments. Car il n'y a rien de plus équivoque et de plus confus que les actions des hommes, et souvent rien de plus faux que ce qui passe pour certain chez des peuples entiers. Au reste, il est fort inutile de méditer sur ce qui se passe en nous, si c'est dans le dessein d'en découvrir la nature. Car nous n'avons point d'idée claire ni de notre Être, ni d'aucune de ses modifications [2] ; et on ne découvre jamais la nature des êtres qu'en contemplant les idées claires qui les représentent. Mais nous ne pouvons faire trop de réflexions sur nos sentiments et nos mouvements intérieurs, afin d'en découvrir les liaisons et les rapports et les causes naturelles ou occasion-

---

1. C'est la comparaison de Pascal renversée.
2. *Recherche de la vérité*, l. III. p. 2, ch. 7, et les éclaircissements. (Note marginale de M.)

nelles qui les excitent. Car cela est d'une conséquence infinie pour la Morale.

XVII. La connaissance de l'homme est de toutes les sciences la plus nécessaire à notre sujet. Mais ce n'est qu'une science expérimentale [1], qui résulte de la réflexion qu'on fait sur ce qui se passe en soi-même. Réflexion qui ne nous fait point connaître la nature des deux substances dont nous sommes composés; mais qui nous apprend les lois de l'union de l'âme et du corps, et qui nous sert à établir ces grands principes de Morale sur lesquels nous devons régler notre conduite [2].

XVIII. La connaissance de Dieu tout au contraire n'est point expérimentale. On découvre la nature et les attributs Divins, lorsqu'on sait contempler avec attention l'idée vaste et immense de l'Être infiniment parfait : car à l'égard de Dieu, il n'en faut juger que sur l'idée claire qu'on a de lui. C'est à quoi on ne prend point assez garde, car la plupart des hommes jugent de Dieu par rapport à eux. Ils le font semblable à eux en plusieurs manières : ils se consultent au lieu de consulter uniquement l'idée de l'Être infiniment parfait [3]. Ainsi, ils lui ôtent les attributs Divins qu'ils ont peine à reconnaître, et lui attribuent une sagesse, une puissance, une conduite, en un mot des sentiments semblables, du moins en quelque chose, à ceux qui leur sont les plus familiers [4]. Cependant, la connaissance de nos devoirs suppose celle des attributs Divins; et notre conduite ne peut être sûre, si elle n'est établie et réglée sur celle que Dieu tient dans l'exécution de ses desseins.

1. C'est-à-dire, pour Malebranche, d'un ordre inférieur. — Malebranche s'attache à établir ici que la morale est une science rationnelle dans ses principes et dans sa *forme*, expérimentale dans sa *matière* ; mais la partie formelle est de beaucoup la plus importante, la plus considérable à ses yeux, quoique l'analyse qu'il fait de la partie matérielle témoigne d'une finesse exquise et le range parmi les *moralistes* les plus piquants de notre littérature.

2. Dans la *Recherche de la vérité* (IV, VI, 2), après avoir dit que « la plupart des sciences sont fort incertaines et fort inutiles, » Malebranche prononce que cependant « la science de l'homme est de soi-même une science que l'on ne peut raisonnablement mépriser… » Sa principale utilité est de nous faire connaître notre dépendance à l'égard de Dieu : « même dans nos actions les plus ordinaires, elle nous découvre manifestement la corruption de notre nature ; elle nous dispose à recourir à celui qui seul peut nous guérir, à nous attacher à lui, à nous défaire et à nous détacher de nous-mêmes… »

3. Ce que nous appelons aujourd'hui la conscience est donc pour Malebranche une faible autorité. C'est dans la Raison, c'est en Dieu, que nous voyons tout ce que nous voyons de clair et de distinct.

4. C'est ce que, dans le *Traité de la nature et de la grâce*, il appelle de l'*anthropologie*.

XIX. La connaissance de l'ordre, qui est notre loi indispensable, est mêlée d'idées claires et de sentiments intérieurs. Tout homme sait qu'il vaut mieux être juste que riche, que souverain, que conquérant. Mais tout homme ne le voit pas par idée claire. Les enfants et les ignorants savent bien quand ils font mal. Mais c'est le reproche secret de la Raison qui les reprend : ce n'est pas toujours que la lumière les éclaire. Car l'ordre, pris spéculativement et précisément en tant qu'il renferme les rapports de perfection, éclaire l'esprit sans l'ébranler [1] ; et l'ordre, considéré comme la loi de Dieu, comme la loi de tous les esprits, considéré précisément en tant qu'il a force de loi, car Dieu aime et veut invinciblement qu'on aime l'Ordre, ou toutes choses à proportion qu'elles sont aimables : l'ordre, dis-je, comme principe et règle naturelle et nécessaire de tous les mouvements de l'âme, touche, pénètre, convainc l'esprit sans l'éclairer [2]. Ainsi on peut voir l'ordre par idée claire, mais on le connaît aussi par sentiment : parce que Dieu aimant l'Ordre, et nous imprimant sans cesse un amour, un mouvement pareil au sien, il est nécessaire que nous soyons instruits par la voie courte et sûre du sentiment, quand nous suivons ou abandonnons l'Ordre immuable.

XX. Mais il faut prendre garde que le péché qui a introduit la concupiscence, rend souvent peu sûre la voie de discerner l'Ordre par sentiment ou par instinct, parce que les inspirations secrètes des passions sont de même nature que ce sentiment intérieur. Car, quand on agit contre l'opinion et la coutume, on sent souvent des reproches intérieurs assez semblables à ceux de la Raison et de l'Ordre [1]. Avant le péché, le sentiment du reproche intérieur n'était point un signe équivoque : car alors il n'y avait que ce sentiment qui parlât en maître. Mais depuis le péché, les inspirations secrètes des passions ne sont point soumises à nos volontés. Ainsi il est facile de les confondre avec les inspirations de la Vérité intérieure, lorsque l'esprit n'est point éclairé de quelque lumière. C'est pour cela qu'il y a

---

1. Sans le mettre en mouvement pour le faire agir.

2. Et « c'est cette impression continuelle de Dieu qui fait la volonté des hommes. » (*Méditations chrétiennes*, xv.)

1. *Assez semblables.* Le sont-ils tout à fait ? N'y a-t-il aucun moyen de les discerner pour une conscience sincère ? Remarquez une fois de plus à quel point, lorsqu'il s'agit de la nature humaine, abandonnée à elle-même et à ses propres forces, diminuées par la chute, Malebranche, tout comme Pascal et La Rochefoucauld, est d'accord avec Montaigne.

tant de personnes qui de bonne foi défendent des erreurs abominables. Une fausse idée de Religion et de Morale qui s'accommode avec leurs intérêts et leurs passions leur paraît la vérité même ; et convaincus par le sentiment intérieur qui justifie leurs excès, ils poussent leur zèle indiscret [1] et téméraire avec tout le mouvement de l'amour-propre.

XXI. Rien n'est donc plus sûr que la lumière : on ne peut trop s'arrêter aux idées claires ; et quoiqu'on puisse se laisser animer par le sentiment, il ne faut jamais s'y laisser conduire. Il faut contempler l'Ordre en lui-même, et souffrir seulement que le sentiment soutienne notre attention par le mouvement qu'il excite en nous. Autrement nos méditations ne seront point récompensées de la vue claire de la vérité : le dégoût nous prendra à tous moments ; et toujours inconstants, incertains, embarrassés, nous nous laisserons conduire aveuglément à notre caprice.

XXII. Il est vrai que lorsque le cœur est corrompu, on n'est guère en état de contempler l'Ordre en lui-même : on ne considère avec plaisir que les rapports imaginaires que les choses ont avec soi, et on méprise les rapports réels qu'elles ont entre elles. On peut alors aimer les Mathématiques : mais c'est qu'on s'en fait honneur, ou qu'on en tire du profit. C'est que les Mathématiques n'examinent que les rapports de grandeur, et que l'Ordre ne consiste que dans des rapports de perfection. L'évidence de la vérité est toujours agréable, lorsqu'elle ne blesse point notre amour-propre : mais on n'aime point naturellement une lumière qui éclaire nos désordres cachés, une lumière qui nous condamne, qui nous punit, qui nous couvre de confusion et de honte [2]. Car l'Ordre, la loi Divine est une loi terrible, menaçante, inexorable. Nul homme ne peut la contempler sans crainte et sans horreur, dans le temps qu'il ne veut point lui obéir. Tout cela est vrai. Mais quoique le cœur soit corrompu, l'amour-propre éclairé peut quelquefois arrêter ou diminuer le mouvement des passions. On n'aime point le désordre pour le

---

1. Mot pris dans la plénitude de son acception, un peu usée et effacée aujourd'hui.

2. On connaît le célèbre passage de la *Recherche de la vérité*, (IV, 11, 3). « Si, outre une vue confuse et imparfaite de cette proposition fondamentale de géométrie, ils avaient encore quelque intérêt que les côtés des triangles semblables ne fussent pas proportionnels, ils pourraient bien faire des paralogismes aussi absurdes en géométrie qu'en matière de morale... »

désordre [1]; et l'on peut désirer sa conversion, lorsqu'on espère
par là augmenter ses plaisirs, assurer son bonheur [2]. Enfin, je
suppose toujours les secours nécessaires : car j'avoue que sans
le secours de la Grâce, on ne peut travailler comme il faut à sa
conversion, ni même avoir aucune bonne pensée, qui puisse
contribuer à la guérison de nos maux.

1. Leibniz dira plus : « N'est-il pas possible et même naturel qu'un homme
trouve du plaisir dans le bon ordre parmi les hommes, comme on en trouve dans
les ordres des colonnes d'architecture ? » (*Lettres et opuscules inédits*, publ. par
Foucher de Careil, page 135.)

2. Var. Les mots : assurer son bonheur, n'étaient pas dans l'édition de 1684.

CHAPITRE SIXIÈME.

De la liberté de l'esprit. La grande règle, c'est de suspendre son consentement autant qu'on le peut. C'est par l'usage de cette règle [1] qu'on peut éviter l'erreur et le péché, comme c'est par la force de l'esprit qu'on se délivre de l'ignorance. La liberté de l'esprit aussi bien que sa force est une habitude qui se fortifie par l'usage qu'on en fait. Exemples de l'utilité de son usage dans la physique, dans la Morale, dans la vie civile.

I. On ne peut découvrir la vérité sans le travail de l'attention, parce qu'il n'y a que le travail de l'attention qui ait la lumière pour récompense. Afin de supporter et de continuer le travail de l'attention, il faut avoir acquis quelque *force* d'esprit, et quelque autorité sur son corps, pour imposer silence à ses sens, à son imagination, à ses passions, ainsi que j'ai dit dans le chapitre précédent. Mais quelque force d'esprit qu'on ait acquise, on ne peut point travailler sans cesse : et quand cela se pourrait, il y a des sujets si obscurs, qu'il n'y a point d'esprit qui les puisse pénétrer. Ainsi, afin que l'homme ne tombe point dans l'erreur, il ne suffit pas qu'il ait l'esprit fort pour supporter le travail : il faut de plus qu'il ait une autre vertu, que je ne puis encore mieux désigner que par le nom équivoque de *Liberté* d'esprit, par laquelle l'homme retient toujours son consentement, jusqu'à ce qu'il soit invinciblement porté à le donner.

II. Lorsqu'on examine une question fort composée, et que l'esprit se trouve environné de toutes parts de fort grandes difficultés, la Raison permet bien qu'on abandonne le travail :

---

1. Var. C'est par la liberté de l'esprit. (1684.)

mais elle ordonne indispensablement qu'on suspende son consentement, et qu'on ne juge de rien, puisque rien n'est évident. *Faire usage de sa liberté*, AUTANT QU'ON LE PEUT, c'est le précepte essentiel et indispensable de la Logique et de la Morale. Car il ne faut jamais croire avant que l'évidence y oblige : il ne faut jamais aimer ce qu'on peut sans remords s'empêcher d'aimer. Je parle de l'homme raisonnable, ou de l'homme [1] qui se conduit uniquement par raison. Car le fidèle en tant que fidèle, a d'autres principes que la lumière et l'évidence. Le politique même, le citoyen, le religieux, le soldat a ses principes ; et il est raisonnable qu'il les suive, quoiqu'il ne voie pas encore clairement et évidemment qu'ils soient conformes à la Raison. Mais quand la Foi ne décide rien, il ne faut croire que ce qu'on voit. Quand la coutume ne prescrit rien, il ne faut suivre que la Foi et la Raison : et quoi que l'autorité humaine décide, et que la coutume autorise, si l'on reconnaît clairement et évidemment qu'on se trompe, il vaut mieux renoncer à tout qu'à la Raison [2]. Je dis à la Raison, et non aux sentiments, à l'imagination, aux inspirations secrètes des passions : qu'on y prenne garde. Je parle aussi de l'autorité sujette à l'erreur, et non pas de l'autorité infaillible de l'Eglise, qui ne put jamais se trouver contraire à la Raison. Car Jésus-Christ ne peut jamais être contraire à lui-même, la Vérité incarnée à la Vérité intelligible, le chef qui conduit l'Eglise à la Raison universelle qui éclaire tous les esprits.

III. La *force* de l'esprit est à la recherche de la vérité ce que la *liberté* de l'esprit est à la possession de la même vérité, ou du moins à l'infaillibilité ou à l'exemption de l'erreur. Car, par l'usage qu'on fait de la *force* de son esprit, on découvre la vérité, et par l'usage qu'on fait de la *liberté* de son esprit, on s'exempte de l'erreur. Comme l'esprit manquait de force et d'étendue, la liberté lui était nécessaire, afin qu'il pût éviter l'erreur en suspendant son consentement, et que l'auteur de son être ne le fût point de ses désordres. Car la liberté supplée à la faiblesse et à la limitation de l'esprit humain : et celui qui est assez libre pour suspendre toujours son consentement, quoiqu'il ne puisse pas se délivrer de l'ignorance, mal nécessaire à

---

1. Var. Ou l'homme. (1684 et 1697.)

2. « La Raison commande plus impérieusement qu'un maître. » (Pascal.) C'est bien ce que faisaient tous les fiers chrétiens de cette époque vigoureuse : toute l'histoire de Port-Royal le prouve assez éloquemment.

tout esprit fini, il peut se délivrer de l'erreur [1] et du péché qui
rendent l'homme digne de mépris et sujet à la peine.

IV. Certainement si l'on faisait toujours usage de sa liberté
autant qu'on le peut, on ne consentirait jamais qu'à l'évidence,
qui seule ne trompe point, ainsi que je l'ai prouvé ailleurs, et
qui seule aussi oblige la volonté à consentir. Car lorsque l'esprit voit clair, il ne peut pas douter qu'il ne voie : lorsque
l'esprit a examiné tout ce qu'il y avait à examiner pour découvrir les rapports ou les vérités qu'il cherche, il est nécessaire
qu'il se repose [2] et qu'il cesse ses recherches. De même à l'é-
gard du péché, celui qui n'aime que ce qu'il reconnaît évidemment pour vrai bien, que ce qu'il ne peut point s'empêcher
d'aimer, n'est point déréglé dans son amour. Il n'aime que Dieu [3],
car il n'y a que Dieu qu'on ne puisse sans remords s'empêcher
d'aimer. Il n'y a que lui qu'on reconnaisse clairement et évidemment pour le vrai bien, pour la cause véritable du bonheur,
pour l'être infiniment parfait, pour un objet capable de contenter
l'âme, qui, étant faite pour le bien universel [4], peut suspendre
le consentement de son amour à l'égard de ce qui ne renferme
pas tous les biens, ou de tout ce qui peut limiter son bonheur [5].

V. La *force* et la *liberté* de l'esprit sont donc deux vertus,
qu'on peut appeler générales, ou *cardinales*, pour me servir du
mot ordinaire. Car, comme on ne doit jamais ni aimer, ni agir,
sans y avoir bien pensé, il faut à tous moments faire usage de
la *force* et de la *liberté* de son esprit. Et ces deux vertus, de la
manière dont je les considère, ne sont point des facultés naturelles, communes à tous les hommes : rien n'est plus rare, et
personne ne les possède parfaitement. Je sais bien que l'homme
est naturellement capable de quelque travail d'esprit, mais il
n'a pas pour cela l'esprit fort. L'homme peut aussi suspendre
son consentement, mais il n'a pas pour cela naturellement l'esprit libre de la manière dont je l'entends. La force et la liberté
d'esprit dont je parle, sont des vertus qui s'acquièrent par l'u-

1. Voyez Descartes, 4e *méditation*.
2. Qu'il *acquiesce (ad quiescere)*. Cf. *Recherche de la vérité*, I, II, 1. « C'est la
volonté seule qui juge véritablement en acquiesçant à ce que l'entendement lui représente et en s'y reposant volontairement. »
3. Et ce qui tient de lui et lui ressemble, à proportion qu'il lui ressemble...
4. Var. Pour tout bien. (1684.)
5. Var. La fin de phrase : Ou de tout ce qui ne peut pas..., n'était pas dans l'édition de 1684.

sage. Mais comme ces vertus perfectionnent l'âme et la remet-
tent en partie dans son état naturel, car avant le péché l'esprit
était fort et libre en toutes manières, on ne les regarde pas ordinairement comme des vertus : car on s'imagine que la vertu
doit changer la nature ou la détruire, au lieu de la réparer. Il
y a même des personnes qui pensent que la force et la liberté
d'esprit sont des facultés de l'âme, qui consistent dans une espèce d'indivisible [1] : et jugeant des autres par eux-mêmes, ils
s'imaginent qu'on ne peut se rendre attentif aux sujets qui les
rebutent, et que c'est opiniâtreté que de ne pas consentir aux
vraisemblances qui les trompent.

VI. Mais la *force* et la *liberté* d'esprit sont inégales dans tous
les hommes. Il n'y a pas même deux personnes également propres à rentrer en eux-mêmes, ni également en état de suspendre
leur consentement. Que dis-je? La même personne ne conserve
pas longtemps la force et la liberté de son esprit dans le même
état. Si elles n'augmentent par l'usage qu'on en fait, il est nécessaire qu'elles diminuent : parce qu'il n'y a point de vertus
plus combattues, et plus contraires aux mouvements continuels
de la concupiscence. La plupart des vertus s'accommodent assez
avec l'amour-propre : car on peut souvent avec plaisir et par
amour-propre rendre certains devoirs. Mais on ne peut guère
méditer sans peine, et beaucoup moins suspendre son consentement ou le jugement qui détermine les mouvements de l'esprit
et du corps. Lorsque le bien se découvre à l'âme et l'attire par
sa douceur, elle n'est point en repos si elle demeure immobile :
car alors le cours des esprits est trop violent, elle s'y laisse
aller [2]. Il n'y a point de plus grand travail, que d'être ferme
dans les courants ; dès qu'on cesse d'agir, on est emporté.

VII. Aussi voyons-nous qu'il n'y a presque personne qui médite, et que ceux qui entreprennent de rechercher la vérité,
manquent souvent de force et de courage pour arriver jusqu'au
lieu où la vérité habite. Fatigués et rebutés, ils tâchent de se

1. Les points sur lesquels Malebranche n'est pas d'accord avec Descartes n'étant
pas très nombreux, il est important de les relever. Voici ce qu'on lit dans la 4ᵉ *méditation* de Descartes (13). « Je n'ai pas aussi sujet de me plaindre de ce qu'il m'a
donné une volonté plus ample que l'entendement, puisque la volonté ne consistant
que dans une seule chose *et comme dans un indivisible*, il semble que sa nature
est telle qu'on ne lui saurait rien ôter sans la détruire, et certes, plus elle a d'étendue, et plus ai-je à remercier la bonté de celui qui me l'a donnée. »

2. Ce membre de phrase : alors le cours des esprits..., n'était ni dans l'édition
de 1684, ni de celle de 1697.

contenter de ce qu'ils possèdent : ou peut-être se consolent-ils par un mépris ridicule, ou par un désespoir de lâcheté et de bassesse d'esprit. S'ils sont trompés, ils deviennent trompeurs ; et s'ils sont fatigués, ils inspirent la nonchalance et la paresse : il suffit de les voir pour se sentir comme eux rebuté du travail et dégoûté de la vérité. Car les hommes sont faits de manière, qu'ils aiment beaucoup mieux se tromper les uns les autres, que de consulter leur maître commun : et ils sont si crédules à l'égard de leurs amis, et si incrédules ou si peu attentifs aux réponses de la vérité intérieure, que l'opinion et le parti sont la règle ordinaire de leurs sentiments et de leur conduite.

VIII. Afin d'acquérir quelque liberté d'esprit et s'accoutumer à suspendre son consentement, il faut sans cesse faire réflexion sur les préjugés des hommes et sur les causes de ces préjugés. On croit bien comprendre les choses dès qu'on cesse de les admirer [1]; et la familiarité nous délivrant de toute appréhension, l'esprit consent volontiers, parce que l'intérêt ne le retient point [2]. Il est inutile de suspendre son consentement [3], si l'on n'a dessein d'examiner, car qu'importe de tomber dans l'erreur ? Mais il est grand et agréable de juger de tout. Or on ne peut examiner sans peine. Du moins pour examiner, faut-il employer du temps, que l'âme faite pour être heureuse, croit perdu, lorsque le plaisir, la vanité et l'intérêt ne la sollicitent point. C'est pour cela que le langage ordinaire n'est qu'un galimatias perpétuel. Car tout le monde croit bien savoir ou ce qu'il dit, ou ce qu'il entend dire,

1. Et on ne les comprend pas, précisément parce que l'étude cesse en même temps que l'admiration. Comme dit ailleurs Malebranche, « l'admiration est très utile dans les sciences, parce qu'elle applique et éclaire l'esprit... Ceux qui sont capables d'admiration sont plus propres à l'étude que ceux qui n'en sont pas susceptibles ; ils sont ingénieux et les autres sont stupides. » (*Recherche de la vérité*, V, VII. — Voyez le paragraphe qui va suivre.)

2. « Il ne faut jamais abréger ses idées que lorsqu'on se les est rendues très claires et très distinctes par une grande application d'esprit, et non pas comme l'on fait ordinairement des passions et de toutes les choses sensibles, lorsqu'on se les est rendues familières par des sentiments et par l'action seule de l'imagination qui trompe l'esprit... Les idées pures de l'esprit sont claires et distinctes, mais il est difficile de se les rendre familières. Les sensations et les émotions de l'âme sont au contraire très familières, mais il est impossible de les connaître clairement et distinctement. » (*Recherche de la vérité*, V, x.) On voit par ces rapprochements que Malebranche veut parler ici d'idées qui nous sont devenues familières, qui n'excitent donc en nous ni étonnement, ni crainte, ni admiration, ni appréhension, mais par là même nous communiquent une sécurité trompeuse.

3. On le donne donc tout de suite, sans examen.

lorsqu'il l'a déjà dit, ou ouï dire plusieurs fois. Il n'y a que les termes nouveaux qui fassent peine, et qui réveillent l'attention : Et ces termes nouveaux, quoique clairs et exempts d'équivoque, sont toujours suspects : parce que tout le monde est capable d'appréhension [1], et peu d'une attention suffisante pour découvrir la vérité, et se délivrer d'appréhension [2]. Je remplirais des volumes entiers d'exemples de ces expressions reçues de tout le monde, et dont le sens est indéterminé et confus. Mais chacun doit se faire un plaisir d'attacher, s'il le peut, des idées claires aux discours ordinaires ; car il y a peu d'occupations plus agréables, plus propres à nous délivrer de nos préjugés, et à nous donner cette liberté d'esprit dont je parle ici [3].

IX. Par le même principe la plupart des hommes s'imaginent connaître assez bien la cause des effets naturels qui sont ordinaires : et lorsqu'on leur en demande la raison, ils croient qu'on doit être content, quoiqu'ils ne disent que ce qu'on sait déjà bien [4]. C'est qu'on croit devoir cesser ses recherches dès qu'on cesse d'admirer ; et qu'il faut consentir à tout, pourvu qu'on n'ait rien à craindre, ou à espérer. D'où vient que d'un œuf il en sort un poulet? C'est la chaleur de la poule qui le couve : cela est clair. Rien n'est plus commun ; il en faut demeurer là. D'où vient qu'un grain de blé germe, et perce la terre pour y répandre ses racines, et en faire sortir l'épi. C'est la pluie qui fait tout cela : il n'en faut pas davantage. Ou, si vous n'êtes pas content de ces réponses, ou de semblables, ceux qui passent pour philosophes vous diront que *l'humidité et la chaleur*, termes fort clairs, sont les principes féconds de la génération et de la corruption de toutes choses. Ils vous diront que les petits animaux s'engendrent de *corruption* et de *pourriture*, que les grands conservent leur espèce par certaines vertus *séminales* ou *prolifiques*, qui forment et arrangent toutes les parties du fœtus : mais que le soleil et la lune président à tout, ou peut-être un premier mobile qui donne le mouvement à tous les corps qu'il renferme. On a ouï dire ces belles choses,

1. C'est-à-dire, ici, de ce sentiment de crainte éveillé par des mots qui « font peine » et qui sont « suspects. »

2. On s'en délivre par « la vue claire de la vérité immuable. »

3. Var. Et à nous donner quelque liberté d'esprit. (1684 et 1697.)

4. Quand ils disent, par exemple, que l'opium fait dormir parce qu'il a une vertu dormitive ; c'est précisément ce genre d'explications que Malebranche a en vue. On va d'ailleurs le voir plus clairement dans ce qui suit.

ou de semblables étant enfant, à des hommes graves, qu'on appelait ses maîtres. Il fallait alors, pour être docile, croire sans examen, bien retenir et bien redire. On a donc cru et répété tant de fois ces fadaises qu'on ne peut plus s'empêcher de les croire et de les apprendre aux autres.

X. Si un bœuf, ou quelque animal d'une nouvelle espèce tombait des nues, tous les esprits étonnés [1] et curieux feraient mille réflexions sur un fait de lui-même assez peu digne [2] de leur application. Mais que tous les animaux sortent du sein de leurs mères d'une manière uniforme, et par des lois infiniment sages, cela est trop ordinaire pour être le sujet de leurs réflexions et de leurs recherches. C'est la *nature* qui fait ces merveilles. Ce grand mot explique tout : on en demeure content. On ne suspend point son jugement : on croit. Mais que croit-on? Que la *nature* fait tout : rien n'est plus clair. Doutera-t-on, examinera-t-on des choses que l'on a dites, ou ouï dire mille et mille fois? Et où n'en serions-nous point réduits? Méditer, il en coûte trop. Devenir écolier, il n'est plus temps. On nous consulte; c'est donc à nous à répondre et à juger.

XI. Où seraient les athées et les libertins, si les hommes faisaient quelque réflexion, je ne dis pas sur eux-mêmes, je dis sur les ouvrages de Dieu les moins estimables, sur une feuille, une graine, un moucheron [3]. Mais ils ont vu ces merveilles étant enfants; ils y sont accoutumés avant qu'ils pussent penser par ordre, réfléchir, suspendre leur consentement. On leur en a inspiré du mépris. Ainsi ils sont environnés d'ouvrages admirables, sans qu'ils s'en aperçoivent. Ils sont eux-mêmes, pour ainsi dire, le chef-d'œuvre [4] des ouvrages de Dieu; et ils pensent moins à examiner ce qu'ils sont qu'à toute autre chose.

XII. Mais il est bien plus utile de suspendre son consentement dans les sujets de Morale, qu'en toute autre rencontre. Car ce qui a rapport aux mœurs est très peu connu et très difficile à connaître exactement, à cause que les principes et les

---

1. Il faut convenir qu'il y aurait de quoi. L'exemple est singulier.

2. Var. Sur un fait assez peu digne (1684). Car il serait isolé, hors de la science.

3. On sait que Malebranche était beaucoup plus curieux d'histoire naturelle que de toute autre science, et par exemple d'astronomie. « Le moindre moucheron manifeste davantage la sagesse et la puissance de Dieu, à ceux qui le considèrent avec attention, et sans être préoccupés de sa petitesse, que tout ce que les astronomes savent des cieux. » (*Recherche de la vérité*, IV, VII.)

4. Var. Ils sont eux-mêmes le chef-d'œuvre (1684), les chefs-d'œuvre (1697).

idées que nous avons de cette matière sont obscurcies par les passions, qui ne nous laissent quelque liberté d'esprit qu'à l'égard des vérités qui nous touchent peu. Ainsi dans les sujets de Morale, on évite l'erreur presque autant de fois qu'on suspend son consentement : et ces erreurs sont toujours de conséquence. Ce n'est pas que souvent on ne soit obligé d'agir, avant que d'avoir connu clairement ce qu'on doit faire [1]. Mais, quoiqu'on doive agir, on ne doit jamais croire avant que l'évidence y oblige. Je ne prétends pas non plus qu'il faille toujours demeurer dans le doute. Car entre douter et croire il y a des différences infinies, qui n'ont point de nom particulier. On doute, lorsque tout est également vraisemblable. On croit, lorsque tout est évident. Mais, comme il y a des vraisemblances plus grandes et plus petites à l'infini, l'esprit doit mettre chaque chose dans son rang pour être bon juge : et c'est toujours la lumière et l'évidence qui doivent régler ses décisions. Car quoiqu'un principe ne soit pas évident, il est peut-être évident que ce principe est vraisemblable. Ainsi l'âme doit suspendre son consentement et l'examiner, si le temps le permet. Elle doit le regarder comme vraisemblable, et lui attribuer le degré de vraisemblance que la lumière et l'évidence lui donnent. Car enfin les jugements de la volonté ne doivent pas avoir plus d'étendue que les perceptions de l'esprit : il faut suivre pas à pas la lumière, et ne pas la prévenir. Dès qu'on juge précisément, parce qu'on le veut, et avant qu'on y soit obligé par l'évidence, ce jugement venant de notre fond, et non de l'action de Dieu en nous, est sujet à l'erreur ; et quoique par hasard il soit juste, il n'est point justement rendu, parce qu'il faut faire usage de sa liberté [2], *autant qu'on le peut*, ainsi que j'ai déjà dit plusieurs fois.

XIII. Qu'un homme passe seulement un an dans le commerce du monde, entendant tout ce qu'on dit, et n'en croyant rien ; rentrant en soi-même à tous moments, pour écouter si la vérité intérieure tient le même langage, et suspendant toujours son consentement jusqu'à ce que la lumière paraisse ! Je le tiens plus savant qu'Aristote, plus sage que Socrate, plus éclairé que le Divin Platon. Mais j'estime encore plus la facilité qu'il aura

---

1. « Et ainsi les *actions de la vie ne souffrant souvent aucun délai*, c'est une vérité très certaine que, lorsqu'il n'est pas en notre pouvoir de discerner les plus vraies opinions, nous devons suivre les plus probables. » (Descartes, *Méth.*, IIIe partie.)

2. Qui est maîtresse de ne juger qu'à bon escient.

de méditer et de suspendre son consentement que toutes les
vertus des plus grands hommes de l'antiquité païenne : parce
que s'il cultive un fonds qui ne soit point ingrat, il aura acquis par son travail plus de force et de liberté d'esprit, qu'on
ne peut se l'imaginer. Qu'il y a de différence entre la Raison et
l'opinion; entre le maître intérieur qui convainc par l'évidence,
et les hommes qui persuadent par l'instinct [1], par le geste, par
le ton, par l'air et les manières; entre les hommes et trompés et
trompeurs, et la Sagesse éternelle, la Vérité même ! Que ceux
qui n'ont point fait de réflexion sur ces choses, me condamnent,
et commencent par renoncer à la Raison.

XIV. Si les hommes voulaient bien suspendre leur consentement à l'égard même des faits, desquels on ne peut s'instruire
en consultant la vérité intérieure, et sur lesquels il semble
qu'on soit obligé de croire ce qu'on en dit, de combien d'erreurs [2]
et d'inquiétudes se délivreraient-ils, en faisant quelque usage de
leur liberté? Rien ne fait plus de mal dans le monde que l'opinion qu'on a des choses ; mais l'opinion qu'on a des personnes
excite encore une infinité de passions. La médisance, la calom-
nie, les faux rapports sont souvent la cause de l'oppression des
innocents, des haines irréconciliables, et quelquefois même des
combats et des guerres sanglantes. Il ne faut qu'un mot mal
entendu et plus mal interprété pour mettre aux champs un esprit léger. On ne veut point d'éclaircissement : mais si l'on en
veut, les gens ne sont pas toujours en humeur d'en donner. Que
faire à cela? Ne rien croire de ce qu'on dit, suspendre son consentement et se souvenir de ces paroles du Sage : *Qui credit
cito levis est corde, et minorabitur* [3]. Car la plus grande marque
de petitesse d'esprit, c'est de croire légèrement toutes choses.
Quoi, ne doit-on pas savoir que la plupart des hommes empoi-
sonnent les paroles et les actions les plus innocentes : je ne dis
pas par une malice noire, mais par intérêt, par divertissement,
par ce qu'on appelle esprit [4], par une malignité naturelle? Ne
doit-on pas avoir remarqué que presque tous les bruits qui

1. Var. Par instinct. (1684.)
2. « L'erreur, comme nous avons déjà dit plusieurs fois, ne consiste donc que dans
un consentement précipité de la volonté, qui se laisse éblouir à quelques fausses
lueurs, et qui, au lieu de conserver sa liberté autant qu'elle le peut, se repose avec
négligence dans l'apparence de la vérité. » (*Recherche de la vérité*, 1re partie, ii.)
3. *Eccl.* xix, 4. (Note marginale de M.)
4. Var. Par esprit. (1684.)

courent, se trouvent faux dans la suite; et que lorsque les
gens de parti ont intérêt que tel soit honnête ou malhonnête
homme, la renommée le déguise et le transforme en un moment? Que chacun fasse réflexion sur soi-même. Combien a-t-on
porté de jugements faux et téméraires sur tout ce qu'on a ouï
dire des personnes qu'on n'aime pas? cependant qu'on y prenne
garde, si on se laisse une fois aller à croire le mal qu'on entend
dire, l'imagination et les passions ne se tairont pas et en feront
croire encore beaucoup davantage. Car l'imagination et les passions ne manquent jamais de répandre sur les objets qui les
excitent leurs dispositions et leur malignité; de même que les
sens répandent sur les corps les qualités sensibles dont ils sont
touchés : car autrement comment les passions pourraient-elles
justifier leurs emportements et leurs injustices [1]? Il ne faut
pas toujours attribuer aux autres ce que nous sentons en nous-
mêmes : et comme ce défaut est ordinaire, dès qu'on nous parle
de quelqu'un, nous pouvons craindre qu'on y tombe, et que
celui qui nous parle ne nous dit pas tant la vérité, que ce qu'il
croit véritable. De sorte que pour ne se point tromper dans l'opinion qu'on a des personnes, il faut suspendre son consentement,
et regarder ce qu'on en dit seulement comme vraisemblable.
On doit se défier des hommes et toujours être sur ses gardes
contre leur malignité : la prudence le veut ainsi. Mais il n'est
pas permis de les condamner en soi-même : il faut laisser à
Dieu seul la qualité de juge et de scrutateur des cœurs, si l'on
ne veut se mettre au hasard de commettre mille injustices.

XV. Pour faire clairement comprendre la nécessité qu'il y a
de travailler à acquérir quelque liberté d'esprit ou quelque facilité à suspendre le consentement de la volonté, il faut savoir
que lorsque deux ou plusieurs biens sont actuellement présents
à l'esprit, et qu'il se détermine à leur égard, il ne manque jamais de choisir celui qui dans ce moment lui paraît le meilleur,
je suppose égalité dans tout le reste. Car comme l'âme n'est capable d'aimer que par le mouvement naturel qu'elle a vers le
bien, elle aime infailliblement ce qui lui paraît avoir, dans le
moment qu'elle se déterminera [2], plus de conformité avec ce
qu'elle aime invinciblement.

---

1. V. *Recherche de la vérité*, V, xi.
2. Var. Ce qui a plus de conformité avec ce qu'elle aime invinciblement. (1684
et 1697.)

XVI. Mais il faut prendre garde qu'elle peut toujours suspendre son consentement, et ne pas se déterminer dans le temps même qu'elle se détermine, principalement à l'égard de faux biens. (Je suppose que la capacité [1] qu'elle a de penser ne soit point remplie par quelques sentiments ou mouvements trop violents.) Car enfin on peut retenir son consentement jusqu'à ce que l'évidence oblige à le donner. Or on ne peut jamais voir évidemment que les faux biens soient de vrais biens, puisqu'on ne voit jamais évidemment ce qui n'est pas. Ainsi, quoiqu'on ne puisse s'empêcher de se déterminer vers les biens les plus apparents, on peut, en suspendant son consentement, n'aimer que les plus solides. Car on ne peut suspendre son jugement sans réveiller son attention [2]. Or l'attention de l'esprit fait évanouir toutes les vaines apparences et les vraisemblances qui séduisent les négligents, les esprits faibles, les âmes serviles, vendues au plaisir, ceux qui ne combattent point pour la conservation et l'augmentation de leur liberté, ceux en un mot qui ne pouvant supporter le travail de l'examen, consentent imprudemment à tout ce qui flatte leur concupiscence. Il n'y a donc rien de plus nécessaire que la liberté de l'esprit pour n'aimer que les vrais biens, pour vivre selon l'Ordre, pour obéir inviolablement à la Raison, pour acquérir la vraie et la solide vertu. Et toutes les occupations qui peuvent contribuer à donner à l'esprit quelque facilité de suspendre son consentement, jusqu'à ce que la lumière de la vérité paraisse, sont toujours très utiles aux hommes, qui ont une inclination naturelle à juger promptement et cavalièrement de toutes choses, et par conséquent un penchant extrême à tomber dans l'erreur et dans le désordre [3].

1. Cette expression et la métaphore qui suit, sont très fréquentes dans Malebranche et dans Pascal.

2. Ceux qui ne suspendent pas leur consentement jugent avec précipitation. Ceux qui le suspendent sont ceux qui veulent trouver la vérité claire et distincte.

3. Cette nécessité des idées claires et distinctes pour la pratique du bien, et cette moralité de l'attention et du doute méthodique érigées en vertus, tout cela est dans Descartes. (Voyez notamment Lettre XLVIII, éd. Garnier.)

CHAPITRE SEPTIÈME.

De l'obéissance à l'Ordre. Moyens pour acquérir la disposition stable et dominante de lui obéir. Cela ne se peut sans la grâce. Combien le bon usage de la force et de la liberté de l'esprit y contribue par la lumière qu'il fait naître en nous, par le mépris qu'il nous inspire pour nos passions, par la pureté qu'il conserve et qu'il rétablit dans notre imagination.

I. La facilité qu'on a acquise [1] de se rendre attentif, et celle de retenir son consentement jusqu'à ce que l'évidence oblige à le donner, sont des habitudes nécessaires à ceux qui veulent être solidement vertueux. Mais la solide vertu, la vertu accomplie en toutes manières ne consiste pas seulement dans ces deux grandes et rares dispositions d'esprit : il faut y ajouter une obéissance exacte à la loi divine, une délicatesse générale sur tous ses devoirs, une disposition stable et dominante de régler sur l'ordre connu tous les mouvements de son cœur et toutes les démarches de sa conduite, en un mot l'amour de l'Ordre. Car à quoi sert à l'homme d'avoir assez de *force* et de *liberté* d'esprit pour découvrir les vérités les plus cachées, et pour éviter jusqu'aux moindres erreurs, s'il ne vit pas selon ses lumières, s'il combat ou s'il abandonne la vérité connue, et s'il se soustrait de l'obéissance qu'il doit à l'Ordre, loi inviolable, loi éternelle, loi divine. Certainement cela ne peut servir qu'à le rendre plus criminel et plus coupable aux yeux de celui qui aime l'Ordre invinciblement et qui punit indispensablement tout désordre.

1. Var. La facilité qu'on a. (1684.)

II. Mais comment acquérir cette disposition stable et dominante de régler sur l'ordre connu tous les mouvements de son
cœur et toutes les démarches de sa conduite? Ce qu'il faut faire
pour cela est évident par le quatrième chapitre. Les actes forment les habitudes : il faut donc prendre souvent des résolutions fermes et constantes d'obéir à l'Ordre, et de lui sacrifier
toutes choses : car en réitérant souvent ces résolutions actuelles, et en les suivant du moins en partie, on pourra peu à peu
s'en faire quelque disposition habituelle. Cela est assez facile à
concevoir : mais cela n'est nullement facile à faire. Car comment prendre cette résolution héroïque de sacrifier à la loi divine jusqu'à sa passion dominante? Certainement cela n'est pas
possible sans le secours de la grâce. Un homme sans la grâce
peut se donner la mort; il peut désirer de rentrer dans le néant.
Mais le néant n'est point si terrible que cet état désolant de vivre sans ce qu'on aime. Le néant est un milieu entre le bonheur et le malheur. On peut donc souhaiter de n'être point, lorsqu'on est malheureux et désespéré dans son malheur. Mais on
ne peut souhaiter d'être malheureux, parce qu'on veut invinciblement être heureux. Ainsi sans une foi ferme, sans l'espérance de trouver un bonheur plus solide que celui qu'on quitte,
l'amour-propre quelque éclairé qu'il soit, ne peut pas seulement
prendre le dessein de sacrifier sa passion dominante; cela ne se
peut contester.

III. Or cette foi et cette espérance sont des dons de Dieu pour
plusieurs raisons, dont la principale, ce me semble, est que naturellement il n'est pas possible qu'un homme dissipé sans cesse
par les objets qui flattent ses sens et qui excitent ses passions,
puisse assez prendre sur lui-même, pour examiner les vérités
de la Religion, avec autant d'attention et de persévérance qu'il
en faut, pour s'en convaincre pleinement et pour s'y soumettre,
si Dieu par une grâce particulière ne lui fait trouver du goût
dans cette sorte d'application. Néanmoins comme on peut faire
servir la nature à la grâce en mille manières, on doit, par un
principe d'amour-propre éclairé, faire effort pour rentrer en
soi-même, pour affermir sa foi et augmenter son espérance. Il
faut expliquer ces vérités plus au long.

IV. Tout homme veut invinciblement être heureux, mais d'un
bonheur solide et durable. Nul homme ne veut être trompé, et
principalement dans une chose d'aussi grande conséquence
qu'est le salut éternel. Ainsi tout homme, qui a déjà acquis

quelque *force* et quelque *liberté* d'esprit, ou même qui n'est point tellement vendu au péché et asservi au plaisir actuel, qu'il ne puisse encore faire quelque réflexion sur le chemin qui conduit à la vie, doit et peut s'assurer une bonne fois si son Être est immortel, s'il y a un Dieu jaloux et inexorable, si l'Ordre est une loi inviolable, et si toute action conforme ou contraire à cette loi sera infailliblement récompensée ou punie. L'amour-propre éclairé, le désir d'être solidement heureux est sans doute une grâce suffisante pour le porter à quelque examen des vérités de la Religion. Il peut se priver pour un moment d'un plaisir léger, pour chercher la jouissance d'un plaisir solide et véritable. Car vouloir cesser d'être pour quelque temps actuellement heureux, pour l'être solidement pendant toute l'éternité, rien n'est plus raisonnable et conforme à l'amour-propre éclairé.

V. Il ne dépend point de l'homme que l'Évangile lui soit annoncé : il ne dépend point de lui de tomber dans une conversation, ou sur un livre qui puissent le convaincre et le convertir, à cause des circonstances favorables de la grâce et de son état présent. Mais il dépend de lui, ou il en a dépendu de conserver quelque force et quelque liberté d'esprit, et de ne pas laisser corrompre son imagination, de manière que la grâce lui étant donnée, elle soit infructueuse; de manière, dis-je, que le goût des vrais biens, la délectation spirituelle ne se fasse presque plus sentir, à cause de l'abondance, de la vivacité et de la force des plaisirs sensibles qui le troublent et qui le captivent. Car, comme j'ai déjà dit, c'est par le moyen de cette délectation spirituelle, que les vérités de la Religion frappent vivement l'esprit. Sans elle on lit l'Écriture comme les Juifs, un voile dessus les yeux. Le prédicateur parle aux oreilles; les miracles et les prodiges étonnent les sens : mais Dieu ne parle point au cœur. C'est l'attention qui est la cause naturelle de la lumière; mais d'ordinaire dès que le plaisir cesse, aussitôt l'attention se dissipe [1], du moins cette espèce d'attention favorable, qui rend agréable la lumière, et qui la fait aimer, cette espèce d'attention, qui prépare l'âme au mouvement vers le bien, à cause que le plaisir est le caractère naturel du bien, et que l'âme en tout temps veut invinciblement être heureuse.

VI. Néanmoins, comme l'on veut être solidement heureux, on peut sacrifier en partie les faux plaisirs, quoique présents, aux

1. Var. Manque. (1684.)

plaisirs solides quoique futurs. On peut même rechercher ceux-
ci, plutôt que ceux-là, lorsque l'espérance et la crainte du futur nous y sollicitent [1]. Le plaisir actuel n'est pas toujours le
maître absolu du cœur [2]. L'expérience nous apprend ces vérités : car souvent on quitte un plaisir léger, lorsqu'on a quelque
espérance d'en posséder un plus solide. Mais comme on veut invinciblement être heureux, et actuellement heureux, on ne peut
résister longtemps à l'attrait actuel et continuel des plaisirs
sensibles, quelque force et quelque liberté d'esprit qu'on ait acquises. On ne peut vouloir remettre à être heureux après la mort,
qui paraît à l'imagination un anéantissement véritable, à l'i-
magination, dis-je, toujours sans la grâce, et souvent même
avec la grâce [3], maîtresse de la raison, gouvernante des passions,
principe intérieur de tous les grands mouvements qui ébranlent l'âme. Ainsi on voit bien que d'un côté, celui qui pèche et
qui ne travaille pas à conserver la force et la liberté de son esprit, mérite d'être puni: et de l'autre que la loi et la philsophie
la plus éclairée ne peuvent donner à l'âme, corrompue et af-
faiblie par le péché originel, assez de force et de santé [4], pour
marcher dans le chemin qui conduit au bonheur, ce que
S. Paul fait voir dans toute l'Épître aux Romains.

VII. Il faut donc que l'homme capable de raison, capable de
bonheur, fasse usage de toute la force et de toute la liberté
d'esprit qui lui reste, pour s'instruire de ce qui peut augmenter sa foi et fortifier son espérance, par lesquelles il peut tendre
à son bonheur, et sans lesquelles je viens de faire voir qu'il
n'est pas possible de prendre seulement le dessein de sacrifier
sa passion dominante. Mais quoi? sacrifier sa passion dominante pour devenir heureux, cela se contredit ; du moins cela
est-il effrayant et rebutant. Il est vrai ; mais c'est lorsque la
passion a ses charmes : il faut donc les lui ôter. Je ne prétends
pas qu'on la sacrifie avec tous les ornements qui la déguisent.
Au contraire, puisqu'on ne veut pas être trompé, puisqu'on
veut être solidement heureux, je prétends qu'on doit tâcher de
la reconnaître telle qu'elle est, et d'en découvrir le ridicule qui

1. Var. Lorsque l'espérance et l'apparence actuelle du bien sont en proportion
réciproque. (1684.)
2. Cette phrase n'était pas dans l'édition de 1684.
3. Var. Ces mots : et souvent même avec la grâce, n'étaient pas dans l'édition
de 1684.
4. Var. Assez de santé et de force. (1684.)

la fasse mépriser, ou le dérèglement qui en donne de l'horreur. Je prétends qu'on doit et qu'on peut se mettre l'esprit en tel état, par la force de son espérance et de sa foi, qu'il puisse, par le secours de la grâce, faire avec plaisir, ou du moins avec joie, ce sacrifice qui lui paraissait si terrible. Au reste c'est nécessité, il faut ou périr sans ressource avec nos richesses prétendues, ou s'en décharger pour arriver heureusement au port, où nous retrouverons des biens solides, des biens qui ne seront plus sujets aux tempêtes et aux orages.

VIII. Pour cela il faut étudier l'homme, se connaître soi-même, sa grandeur, ses faiblesses, ses perfections, ses inclinations [1]; examiner avec soin la différence des deux parties dont l'homme est composé, et les lois admirables de leur union; de là s'élever à l'Auteur de ces lois, et à la cause véritable de tout ce qui se passe en nous et dans les objets qui nous environnent; contempler Dieu dans les attributs que renferme l'idée vaste et immense de l'Être infiniment parfait, et n'en juger jamais par rapport à soi, mais soutenir, s'il est nécessaire, la vue de son esprit sur un sujet si abstrait et si profond, par les effets visibles de la cause universelle; surtout examiner les rapports de la conduite de Dieu aux attributs divins, et reconnaître comment cette conduite doit nécessairement être la règle de la nôtre; pénétrer enfin dans ses desseins éternels, et reconnaître du moins, qu'il est lui-même la fin de son ouvrage, et que l'Ordre immuable est sa loi et la nôtre [2]; revenir à soi-même, se comparer à l'Ordre, et se reconnaître tout corrompu; sentir ses inclinations basses et indignes, et demeurer confus; se condamner comme criminel, comme ennemi de son Dieu, comme n'entrant point dans ses desseins, et n'obéissant point à sa loi, mais sans cesse à la loi honteuse de la chair et du sang : humble et tremblant devant un Dieu jaloux de sa gloire, et vengeur des crimes, craindre la mort et l'enfer, sa juste et terrible vengeance : chercher avec empressement un médiateur, et trouver enfin Jésus-Christ, Fils unique de Dieu, victime sur la croix pour les péchés du monde, et maintenant assis à la droite du Dieu vivant, établi Seigneur de toutes choses, et consacré souverain Prêtre des vrais biens : jadis mis à mort hors de Jérusalem comme un

1. Var. L'édition de 1684 disait de plus : Et se bien convaincre de l'immortalité de son être.

2. Var. Et l'ordre immuable sa loi. (1684.)

criminel, et aujourd'hui dans le Temple, dans le Saint des Saints, devant la face de son Père, toujours vivant pour intercéder pour les pécheurs et les combler de bénédictions et de grâces : mais enfin leur juge inexorable au jour des vengeances du Seigneur, jour éternel qui finira tous les temps, et qui réglera pour jamais et les biens et les maux.

IX. Peut-on penser à ces grandes vérités, en être convaincu par de fréquentes méditations, et trouver toujours ses passions tout à fait les mêmes ? Ce faste sensible et ces charmes qui les environnent, peuvent-ils supporter la lumière vive et pénétrante qui se répand dans l'esprit, lorsqu'on pense à la mort, à l'enfer, à ce monde futur, cette Jérusalem céleste, éclairée des splendeurs de Dieu même, et environnée du torrent de ses voluptés : lorsqu'on pense qu'il s'agit maintenant de la jouissance éternelle de la Divinité même, et qu'on sait bien que la substance divine est seule la vie et la nourriture des esprits ; lorsqu'on pense enfin à ces ténèbres extérieures dont Jésus-Christ nous menace, ténèbres éternelles, pleines d'horreur pour tous ceux qui savent un peu ce que c'est [1]. Certainement la seule pensée de la mort change la face de toutes choses dans ceux qui ont encore quelque reste de sentiment, quelque force et quelque liberté d'esprit. Mais cette alternative de deux éternités si contraires qui succèdent aux derniers moments, rompt tous les desseins et efface toutes les idées que les passions nous présentent : du moins n'est-il pas possible que les passions justifient [2] leurs excès et leurs déréglements dans ce temps de réflexion.

X. Que si l'on ajoute aux vérités [3] que la raison découvre, lorsqu'elle est conduite par la foi, ce que la seule raison apprend de la différence de l'âme et du corps et des lois de l'union de ces deux substances, on reconnaîtra visiblement la malignité des passions, et l'on méprisera plus aisément [4] ces caresses flatteuses qui séduisent invinciblement les esprits faibles. Car enfin, lorsqu'on a fait de sérieuses réflexions sur le jeu de sa machine, on aime quelquefois mieux la conduire que de s'en laisser emporter : et quand on s'est bien convaincu que tout l'éclat et les charmes des objets sensibles dépendent uni-

---

1. Tout ce développement, depuis les mots : lorsqu'on pense qu'il s'agit maintenant..., n'était ni dans l'édition de 1684, ni dans celle de 1697.
2. Var. Qu'elles justifient. (1684 et 1697.)
3. Var. A ces vérités. (1684.)
4. Var. Il ne sera pas si difficile de reconnaître et de mépriser. (1684.)

quement de la manière dont la fermentation des humeurs et du
sang les fait regarder, le désir qu'on a d'être solidement heureux porte ailleurs nos pensées, et répand quelquefois le dégoût
et l'horreur sur ces vains objets. Vains sans doute et méprisables, puisque leur éclat cesse dès que la fermentation diminue
ou que la circulation du sang fournit le cerveau d'esprits tout
nouveaux. Vains par mille autres raisons, qu'il est inutile d'exposer. Ils passent, et cela suffit : mais ils passent de manière
qu'ils entraînent et qu'ils perdent pour l'éternité ceux qui s'y
attachent.

XI. Qu'un chacun examine donc sa passion dominante sur
les principes que la vraie Philosophie fournit, et sur les vérités
de la foi, dont il a dû se convaincre par le bon usage de la
grâce et de sa liberté ; car rien n'est plus raisonnable que la
Religion, quoiqu'il faille du secours pour la bien comprendre
et pour s'y soumettre : Qu'un chacun, dis-je, examine à la lumière de la Raison et de la foi, la passion qui le captive, et il
se trouvera du moins dans quelque désir d'être délivré de sa
tyrannie. Peu à peu les charmes qui l'enchantaient se dissipe-
ront. Il aura honte de lui-même de s'être laissé sottement séduire ; et si la fermentation du sang et des humeurs cesse pour
quelque temps, et que les esprits animaux changent de route,
il se trouvera en tel état, que chagrin contre l'objet de ses inclinations, il ne pourra pas même en supporter la présence.

XII. Néanmoins qu'on ne cesse pas de veiller sur soi-même,
de se défier de ses forces, et de méditer les sujets qui rendent
les passions ridicules et méprisables : car il ne faut pas s'imaginer d'être en liberté, parce qu'on n'est point actuellement
maltraité. L'imagination demeurera longtemps salie par l'impression de la passion qui a régné : car les plaies que le cerveau a reçues par l'action des objets et le mouvement des esprits, ne se guérissent pas facilement. Comme les esprits animaux passent naturellement dans les endroits du cerveau les
plus ouverts ou les plus exposés à leur cours, il est impossible
que les blessures de l'imagination se guérissent, si l'on ne détourne sans cesse le cours des esprits qui les renouvelle. Car il
n'est pas possible de refermer une plaie, lorsqu'on y enfonce à
tous moments le poignard qui l'a faite ou quelque chose qui
la renouvelle et qui l'aigrisse.

XIII. Mais les esprits ne vont pas seulement d'eux-mêmes et
comme par hasard dans les plaies que le cerveau a reçues par

l'action des objets sensibles : ils sont déterminés à y passer
sans cesse par le plaisir que l'âme en reçoit, et surtout par la
construction admirable de la machine qui joue son jeu sans attendre les ordres de la volonté, et souvent même, à cause du
péché, contre ses ordres. Ainsi dès qu'on cesse de résister et de
faire diversion dans les esprits, les passions se renouvellent
et se fortifient. Or, il n'y a point d'autre moyen de faire diversion et révulsion dans les esprits, que de se mettre à la présence
de certains objets, et de s'occuper de pensées auxquelles différents cours d'esprits animaux sont attachés par les lois de l'u-
nion de l'âme et du corps. Car dans les passions le cours des
esprits [1] ne dépend point immédiatement de nos volontés : il
n'en dépend, que parce que les pensées qui déterminent le
mouvement de ces esprits en dépendent [2]. Il n'est donc pas possible de se délivrer de ses passions, si l'on évite avec soin les
objets qui les excitent, et si l'on ne s'occupe l'esprit de pensées
propres à les rendre ridicules et méprisables. Mais j'expliquerai cela encore plus particulièrement dans la suite.

XIV. Afin qu'on fasse encore davantage réflexion [3] sur les vérités que je viens d'exposer, je crois devoir dire en particulier
que ni la prière [4], ni les bonnes œuvres, ni même la grâce de
Jésus-Christ ne guérissent point les blessures que le cerveau
reçoit par le mouvement violent et déréglé que les passions
excitent dans les esprits. Non, la grâce de Jésus-Christ la plus
sublime, celle du Baptême, celle que reçoit une âme qui com-
munie avec les dispositions les plus saintes, ne guérit point
sans miracle ces sortes de maux. Il est vrai que la grâce de la
justification nous donne droit aux secours nécessaires pour résister à l'effort actuel des passions ; mais elle ne nous délivre
point de leurs attaques, parce qu'elle ne referme point les plaies
que le cerveau a reçues par l'action des objets sensibles. Dieu ne
fait point de miracles sur notre corps dans le temps qu'il nous
justifie, il nous laisse toutes nos faiblesses. Le Baptême ne nous
délivre point de notre concupiscence ; et le nouveau Chrétien
que la goutte incommode, ou que quelque passion inquiète, ne
se trouve point guéri de ces maux fâcheux : il reçoit seulement
les secours nécessaires pour supporter patiemment la douleur

1. Var. Car le cours des esprits... (1684.)
2. Var. Ainsi que j'ai fait voir dans le chapitre v. (1684.)
3. Var. Davantage de réflexion. (1684.)
4. Var. Ni la prière de l'invocation. (1684.)

qui le maltraite, et impatiemment, mais généreusement les caresses de la passion qui le sollicite et qui le cajole.

XV. Il faut dire à peu près la même chose des prières et des bonnes œuvres. Elles obtiennent de Dieu les secours nécessaires au combat, mais elles ne nous délivrent point de nos misères ; si ce n'est qu'à force de combattre et de résister, on fasse prendre naturellement un autre cours aux esprits, car alors nos plaies se guérissent et se referment : parce que pour guérir les blessures du cerveau aussi bien que celles des autres parties de notre corps, il suffit que rien n'empêche les fibres [1] séparées de se rejoindre.

XVI. Or la raison pour laquelle la grâce ne nous délivre point de nos passions, ni le Baptême de l'effort continuel de notre concupiscence, c'est que la puissance de la grâce de Jésus-Christ paraît bien davantage par les victoires continuelles que les justes remportent contre leurs ennemis domestiques : c'est que le mérite des Saints en devient et plus pur et plus grand : c'est enfin que la gloire répondant aux mérites, la cité sainte, le temple éternel, le grand ouvrage de Jésus-Christ en reçoit mille et mille beautés qu'il n'aurait pas, si nos passions ne nous livraient sans cesse mille et mille combats. Saint Paul était juste : mais il sentait dans sa chair une loi opposée à celle de l'esprit qui l'animait. Il demanda souvent à Jésus-Christ, qu'il le délivrât de ce qu'il appelle, écrivant aux Corinthiens : *Aiguillon de sa chair* [2]. Mais Jésus-Christ lui répondit : *ma grâce vous doit suffire ; car c'est dans les faiblesses que ma puissance paraît, et que la vertu se purifie.* Aussi saint Paul se glorifiait-il dans les infirmités, les persécutions, les outrages, *afin* dit-il, *que la puissance de* Jésus-Christ *habitât en lui.*

XVII. Qu'on ne soit donc pas surpris si l'usage des Sacrements laisse le corps tel qu'il le trouve, et ne fortifie que l'homme intérieur, duquel on n'a point de parfaite connaissance : et qu'on ne se désespère pas de ce qu'on se voit toujours insulté et maltraité par des passions criminelles, pourvu qu'on soit toujours ferme dans sa foi, content de ses espérances, et par là inébranlable dans la résolution de sacrifier à Dieu toutes choses. Que si on veut, comme on le doit, car on doit toujours éviter les dangers, si on veut, dis-je se délivrer des mouvements

1. Var. *Les parties*. (1684.)
2. II *Ep.* XII, 9. (Note marginale de M.)

importuns que les passions excitent, il faut absolument se servir du remède que je viens d'expliquer. Il faut éviter avec soin
les objets qui les réveillent [1], et remplir son esprit de pensées
qui fassent diversion et révulsion dans les esprits. En un mot,
il faut rendre les passions ridicules et méprisables : il n'y a
point d'autre moyen de s'en délivrer [2]. Mais que ceux qui par
un esprit philosophique, ou par le mouvement de l'amour-
propre éclairé, condamnent les passions comme des criminelles,
ne s'imaginent pourtant pas être déjà justes aux yeux de Dieu,
et ne se préfèrent point trop promptement à leurs frères. Il faut
autant qu'on le peut, faire servir la nature à la grâce. Mais
qu'on se souvienne toujours que la nature ne justifie pas ; et
que souvent la grâce opère dans les esprits et les convertit,
sans qu'on y aperçoive de changement sensible ; car je parle
seulement ici de ces dispositions intérieures qui dépendent de
celles de notre corps [3].

1. Var. Ce commencement de phrase n'était pas dans l'édition de 1684.

2. Var. Il n'y a pas d'autre moyen. (1684.)

3. Var. Le mot : sensible, ni la phrase qui suit, n'étaient dans les éditions de 1684
et de 1697. — Voyez, dans la *Recherche de la vérité*, le livre V, des *Passions*,
particulièrement les chap. IV et VIII.

CHAPITRE HUITIÉME.

Des moyens que la Religion fournit pour acquérir et conserver l'amour de l'Ordre. Jésus-Christ est la cause occasionnelle de la grâce : il faut l'invoquer avec confiance. Lorsqu'on s'approche des Sacrements, l'amour actuel de l'Ordre se change en amour habituel, en conséquence des désirs permanents de Jésus-Christ. Preuve de cette vérité essentielle à la conversion des pécheurs. La crainte de l'enfer est un aussi bon motif que le désir de la félicité éternelle. Il ne faut point confondre le motif avec la fin. Le désir d'être heureux ou l'amour-propre doit nous conformer à l'Ordre ou nous assujettir à la loi divine.

1. On ne peut acquérir et conserver la vertu ou l'amour de l'Ordre que par des résolutions actuelles de lui sacrifier toutes choses : car naturellement ce sont les actes qui produisent et conservent les habitudes. Or on ne peut former la résolution de sacrifier sa passion dominante sans une foi vive et une ferme espérance, surtout lorsque la passion paraît avec ses charmes et ses attraits. Ainsi, comme la lumière éclaire la foi, comme elle affermit l'espérance, et qu'elle fait paraître [1] à l'esprit le ridicule et le déréglement des passions, nous devons méditer sans cesse sur les vrais biens, rechercher et conserver chèrement dans notre mémoire les motifs qui peuvent nous porter à les aimer et à mépriser ceux qui passent ; et cela avec d'autant plus de soin que la lumière est soumise à nos volontés, et que si nous vivons dans l'aveuglement, c'est pres-

1. Var. Ainsi, comme la lumière éclaire la foi, affermit l'espérance et fait paraître... (1684.)

que toujours uniquement notre faute. Je crois avoir prouvé suffisamment ces vérités.

II. Mais lorsque la foi n'est point assez vive, ni l'espérance assez ferme pour nous faire résoudre à sacrifier une passion, qui s'est rendue tellement la maîtresse de notre cœur, qu'elle corrompt à tous moments notre esprit en sa faveur ; tout ce que nous devons, et pouvons peut-être faire alors, c'est de chercher dans la crainte de l'enfer [1] ce que nous ne trouvons point dans l'espérance d'une félicité éternelle. C'est de prier avec ardeur, dans le mouvement que cette crainte inspire, le Sauveur des pécheurs, qu'il augmente notre foi et notre confiance en lui, sans cesser de méditer sur les vérités de la Religion et de la Morale, et sur la vanité des biens qui passent : car sans cela on ne pense pas même à ses misères, ni à invoquer son Libérateur. Enfin lorsque nous sentons en nous assez de force pour former actuellement la résolution de sacrifier nos passions à l'amour de l'ordre ; alors, quoique selon les principes que j'ai établis dans les chapitres précédents, nous puissions absolument par le secours de la grâce, en réitérant de semblables actes, acquérir la charité ou l'amour habituel et dominant de l'Ordre immuable, il vaut mieux sans différer s'approcher des Sacrements, et venir, par ce mouvement actuel de l'amour de l'Ordre que le Saint-Esprit nous inspire, laver ses péchés par la pénitence. C'est assurément la voie la plus courte et la plus sûre de changer l'acte en habitude ; l'acte, dis-je, qui passe et ne convertit point, en l'habitude qui demeure et qui nous justifie [2]. Car Dieu ne juge pas des âmes sur ce qui est en elles d'actuel et de passager, mais sur leurs dispositions habituelles et permanentes. Et par les Sacrements de la nouvelle loi, on reçoit la grâce justifiante, ou la charité habituelle [3] qui donne droit aux vrais biens et aux secours nécessaires pour les obtenir. Ce sont là des vérités que je dois maintenant expliquer par des principes certains, par l'évidence et par la foi [4].

III. Je crois avoir démontré en plusieurs endroits [5] et en

1. Var. Et de la juste colère d'un Dieu vengeur. (1684.)
2. Var. Et qui justifie. (1684 et 1697.)
3. Var. On reçoit la charité justifiante. (1684.)
4. Var. Ou par l'évidence ou par la foi. (1684.)
5. *Recherche de la vérité, Éclaircissement sur l'efficace des causes secondes, Entretiens* 7e, 9e et 10e *sur la métaphysique, Méditations chrétiennes,* 6e et 7e, etc. (Note marginale de M.)

plusieurs manières que Dieu exécute toujours ses desseins par
les lois générales, dont l'efficace est déterminée par l'action des
causes occasionnelles. J'ai prouvé cette vérité par les effets
dont les causes secondes nous sont connues ; et je crois l'avoir
démontrée par l'idée de Dieu même, parce que son action doit
porter le caractère de ses attributs. On peut voir sur cela mes
autres écrits. Mais, si la raison ne pouvait point nous conduire
à cette vérité, l'Ecriture sainte ne nous permettrait pas d'en
douter, à l'égard du sujet dont je traite. Elle nous apprend que
Jésus-Christ comme homme n'est pas seulement la cause *méritoire*, mais encore la cause distributive ou occasionnelle de
toutes les grâces, car Jésus-Christ par ses mérites et par son
sacrifice a acquis droit sur toutes les nations de la terre, pour
lui servir de matériaux à la construction du Temple spirituel
de l'Eglise, dont le Temple superbe de Salomon n'était que
l'ombre et la figure ; et c'est maintenant, et depuis le jour de
son Ascension, qu'il use pleinement de ce droit [1], et qu'il élève
à la gloire de son Père le Temple éternel [2].

Jésus-Christ est le *chef* de l'Eglise [3] : il influe sans cesse dans
les membres qui la composent l'esprit qui lui donne la vie et la
sainteté. C'est [4] l'*Avocat*, le [5] *Médiateur*, le [6] *Sauveur* des pécheurs. C'est *notre souverain Prêtre* : il est dans le Saint des
Saints, *toujours vivant pour* [7] INTERCÉDER *pour nous*, et toutes
ses [8] *prières* ou ses désirs sont exaucés. En un mot, Jésus-Christ
lui-même nous apprend que [9] *toute puissance lui a été donnée
dans le ciel et sur la terre*. Or il n'a pas reçu cette puissance
comme Dieu égal au Père, mais en tant qu'homme semblable à
nous ; et Dieu ne communique sa puissance aux créatures, que
parce qu'il exécute leurs volontés et par elles ses propres desseins. Car Dieu seul est cause véritable de tout ce qui se fait

----

1. Var. Et que maintenant, et depuis le jour de son ascension, il use de son droit.
(1684.)

2. Var. Par la puissance qu'il a reçue de lui au jour de ses victoires, lorsqu'il a
été souverain prêtre des vrais biens, selon l'ordre irrévocable de Melchisédec. (1684.)

3. *Ephes.* iv, 15, 16. (Note marginale de M.) Dans les éditions précédentes, il n'y
a point ici d'alinéa nouveau.

4. *Joan.* ii, 1.

5. II *Tim.* xx, 5.

6. *Eph.* v, 23.

7. *Heb.* vii, 25.

8. *Joan.* xi, 42.

9. *Mat.* xxviii, 18. — *Joan.* xiii, 3. (Notes marginales de M.)

dans la grâce aussi bien que dans la nature [1]. Ainsi il est certain par l'Ecriture sainte, que Jésus-Christ comme homme, est la cause *occasionnelle* qui détermine par ses prières ou par ses désirs l'efficace de la loi générale, par laquelle Dieu veut sauver tous les hommes en son Fils et par son Fils. Car encore un coup, *si personne ne vient au Père que par le Fils* ; s'il est certain, ce que dit Jésus-Christ à ses Apôtres, d'une part, *que c'est lui qui les a choisis*, et de l'autre, que c'est *son Père qui les lui a donnés* ; s'il est vrai en un mot que Jésus-Christ est le vrai Salomon, qui doit construire le Temple éternel dont nous sommes les pierres vivantes, on ne peut nier qu'il soit la cause occasionnelle de la grâce : car c'est là précisément l'idée que ce mot réveille dans l'esprit de ceux pour qui j'écris [2].

IV. Il est nécessaire de se bien convaincre de cette vérité essentielle à la Religion, par la lecture du Nouveau Testament, et principalement de l'Epître aux Hébreux ; et comme je crois l'avoir suffisamment prouvée dans le Traité de la *Nature et de la Grâce*, et dans les *Méditations Chrétiennes*, je ne m'y arrêterai pas davantage. J'écris pour des philosophes, mais des philosophes chrétiens, qui reçoivent l'Ecriture et la tradition infaillible de l'Eglise universelle ; et je tâche d'expliquer les vérités de la foi, par des termes clairs et exempts d'équivoques : car c'est pour cette raison que je dis que Jésus-Christ, comme homme, est Souverain Prêtre des vrais biens, et cause *occasionnelle* de la Grâce. Je pourrais dire *naturelle, instrumentelle, seconde, distributive*, ou me servir de quelque autre terme plus commun : mais les termes les plus communs ne sont pas toujours les plus clairs. Quoiqu'on s'imagine les bien entendre, on ne sait pas trop ce qu'on dit, lorsqu'on les prononce. Et si on veut se donner la peine d'examiner ceux-ci, on verra bien que le mot de cause *naturelle* réveille une fausse idée, que celui *d'instrumentelle* est obscur, que celui de *seconde* est si général, qu'il ne dit rien de distinct à l'esprit, et que celui de *distributive* est du moins équivoque et confus. Pour celui de cause *occasionnelle* de la grâce, il n'a, ce me semble, aucun de ces défauts, du moins par rapport aux personnes pour lesquelles uniquement j'ai écrit le Traité *de la Nature et de la Grâce* ; duquel néanmoins plusieurs autres ont voulu juger, qui n'entendent pas trop les

---

1. Var. Dans la nature et dans la grâce. (1684.)

2. Var. Toute cette fin de paragraphe, depuis : car encore un coup..., n'était pas dans l'édition de 1684.

principes que j'ai supposés. Car ce terme marque précisément
que Dieu qui fait tout comme cause véritable, ainsi que je crois
l'avoir démontré en plusieurs endroits, ne donne sa grâce que
par Jésus-Christ victime immolée sur la croix, et maintenant
clarifiée et consommée en Dieu, maintenant Souverain Prêtre
des biens futurs, Chef de l'Eglise, Architecte du Temple
éternel. Il fait comprendre clairement que la loi générale de
l'ordre de la grâce, c'est que Dieu veut sauver tous les hommes en son Fils et par son Fils : vérité que saint Paul répète
à tous moments, comme étant le fondement de la Religion
que nous professons. Peut-être que le mot propre pour exprimer clairement ce que la foi nous enseigne de Jésus-Christ
m'est échappé. Mais qu'on ne se chagrine point contre moi : je
suis docile : je ne disputerai jamais avec chaleur et avec entê-
tement pour des termes. Dès qu'on m'en donnera de meilleurs,
je m'en servirai. Mais j'estime que les meilleurs sont les plus
clairs, qu'on y prenne garde : car les mots ne sont inventés
que pour exprimer les pensées : de sorte que ceux qui expriment plus distinctement nos idées sont préférables à tous les
autres [1] ; principalement quand on parle comme je fais dans le
dessein d'expliquer et de prouver clairement des vérités que
les philosophes mêmes ne conçoivent pas trop bien.

V. Au reste je prie qu'on me fasse la justice, ou qu'on ait
pour moi la charité de croire, que ce n'est ni chagrin contre
les personnes, ni désir de justifier mes sentiments ou mes manières, que je réveille maintenant certaines idées. Je crois que
ceux qui ne m'ont pas rendu justice, n'ont eu aucun dessein de
m'offenser; et que s'ils ont jugé un peu trop promptement de
mes opinions sur des termes qu'ils n'entendaient pas [2], c'est l'a-
mour qu'ils ont eu pour la Religion qui les y a sollicités : amour
qui ne peut être trop grand, et qu'il est difficile de retenir, lorsqu'il est aussi ardent que je le reconnais dans quelques-uns de
mes adversaires. Qu'on me pardonne ce petit écart, je re-
viens [3].

1. Var. De sorte que ceux qui expriment clairement de fausses pensées, sont en
eux-mêmes préférables à ceux qui expriment confusément les pensées les plus solides. (1684.)

2. Var. Qu'ils n'entendent pas. (1684.)

3. On sait que la polémique à laquelle Malebranche fait allusion est celle que lui
suscita avec Bossuet, avec Fénelon, mais surtout avec Arnauld et tout Port-
Royal, son *Traité de la nature et de la grâce*, paru en 1680. Voir l'intéressante
Étude sur Malebranche, par M. l'abbé Blampignon, 1re partie, ch. II.

VI. Dieu n'agit jamais sans raison, et il n'a que deux raisons générales qui le déterminent à agir : l'Ordre qui est sa loi inviolable, et les lois générales qu'il a établies et qu'il suit constamment, afin que sa conduite porte le caractère de ses attributs. Ainsi, comme il n'arrive rien dans les créatures, que Dieu ne le fasse en elles, et qu'à l'égard des pécheurs l'Ordre immuable de la justice n'exige pas que Dieu leur fasse aucun bien ; le pécheur ne peut rien obtenir et surtout la grâce, qu'il n'ait recours à la cause *occasionnelle* qui détermine la cause *véritable* à la communiquer aux hommes. C'est donc une espèce de nécessité de savoir distinctement quelle est précisément cette cause occasionnelle, afin de s'en approcher avec confiance, et obtenir les secours sans lesquels j'ai fait voir qu'il n'est pas possible de prendre seulement la résolution de sacrifier à la loi de Dieu sa passion dominante.

VII. Lorsqu'un malade craint la mort, qu'il est pleinement convaincu qu'il n'y a qu'un certain fruit capable de lui rendre la santé, sa crainte suffit, afin qu'il fasse quelque effort [1] pour en recouvrer. Le premier homme n'était immortel, que parce qu'il savait que le fruit de l'arbre de la vie conservait la vigueur et donnait l'immortalité, et qu'il était en son pouvoir de s'en nourrir. Ainsi lorsqu'on craint l'enfer, et qu'on sait distinctement que Jésus-Christ est l'arbre de vie, dont le fruit donne l'immortalité ; ou pour parler clairement et sans équivoque aux Philosophes, lorsqu'on sait que Jésus-Christ est la cause *occasionnelle* de la Grâce, la crainte actuelle de la mort éternelle suffit pour l'invoquer, afin qu'il forme par rapport à nous quelques désirs qui déterminent Dieu comme cause véritable à nous délivrer de nos maux.

VIII. Or, encore un coup, car on ne peut trop imprimer cette vérité dans les esprits, Jésus-Christ, comme homme, est seul la cause occasionnelle de la Grâce : et il est plus certain et plus sûr que ses désirs ou ses prières influent l'esprit qui nous vivifie, qu'il n'est sûr que le Soleil répandra demain la lumière, et le feu la chaleur et le mouvement. Le feu a respecté [2] le corps des Martyrs : le Soleil s'éclipse souvent, et la nuit il nous laisse dans les ténèbres. Mais Jésus-Christ n'a jamais prié en vain. Car, si Jésus-Christ, avant que de consommer son sacri-

1. Var. Quelques efforts. (1684.)
2. Var. Le feu respecte. (1684.)

fice par lequel il a mérité la gloire qu'il possède présentement, parlant à son Père, disait de soi : *Je savais bien, mon Père, que vous m'exaucez toujours* [1]; certainement aujourd'hui qu'il est entré par son Sang dans le Saint de Saints, et qu'il est établi souverain Prêtre des biens véritables, ce serait être bien infidèle, que de manquer de confiance en lui. Mais, dira-t-on, le feu communique la chaleur par la nécessité des lois naturelles : on ne peut s'en approcher sans ressentir son action, et il dépend au contraire de Jésus-Christ de prier pour ceux qui l'invoquent. Cette différence est véritable. Mais quoi! doutera-t-on de la bonté de Jésus-Christ? Oubliera-t-on qu'il porte la qualité de *Sauveur* des pécheurs? *Vous le nommerez Jésus*, dit l'Ange à saint Joseph, *car il délivrera son peuple de leurs péchés* [2]. Se déliera-t-on des promesses qu'il nous a faites en tant d'endroits de son Évangile? Qu'on se souvienne que nous avons en lui un *Pontife, qui a éprouvé nos maux et qui compatit à nos faiblesses* [3] : qu'il ne souhaite rien tant que d'achever son grand ouvrage, le temple éternel, dont nous devons être les pierres vivantes; et que, comme il le dit lui-même, *Tout est en joie dans le ciel, lorsqu'un pécheur se convertit* [4] : et que dans ces pensées, on s'approche avec confiance du *trône de sa grâce, du vrai propitiatoire* que Dieu a établi en sa personne [5]. Qu'on demande, on recevra : qu'on cherche, on trouvera : qu'on frappe, et on aura enfin la liberté d'entrer. *Quiconque invoquera le nom du Seigneur sera sauvé* [6], l'Écriture nous apprend ces vérités.

IX. Ainsi, supposé qu'un homme craigne les jugements terribles du Dieu vivant, croie en Jésus-Christ, et l'invoque comme son Sauveur; et qu'enfin il reçoive de lui assez de force pour former cette résolution héroïque de renoncer tout à fait à sa passion dominante [7] (laquelle résolution renferme l'amour actuel de la justice s'il hait véritablement son péché, car haïr le désordre c'est aimer l'ordre [8]); ce qu'il doit faire en cet état, c'est de venir, sans différer, se jeter aux pieds du Prêtre, afin

1. *Jean*, II, 42. (Note marginale de M.)
2. *Matt.*, I, 21. (Note marginale de M.)
3. *Heb.* IV, 17, 15; V, 15, 16. (*Id.*)
4. *Luc*, XV. (*Id.*)
5. Var. Et qu'on s'approche dans les pensées du trône de sa grâce, du vrai Propitiatoire avec confiance. (1684.)
6. *Rom.* X, 13. (Note marginale de M.)
7. Var. De renoncer à sa passion dominante. (1684.)
8. Var. Toute cette parenthèse n'était pas dans l'édition de 1684

de recevoir par le Sacrement de pénitence l'absolution de ses péchés et la charité justifiante, que les pécheurs reçoivent par ce Sacrement, lorsqu'ils s'en approchent par le mouvement qu'inspire le Saint-Esprit, quoiqu'il n'habite pas encore en eux. Voici la preuve de ce que j'avance.

X. Jésus-Christ après sa résurrection, apparut à ses Apôtres, et leur dit : *La paix soit avec vous ; comme mon Père m'a envoyé, je vous envoie aussi de même : et ayant dit ces paroles, il souffla sur eux, et leur dit : Recevez le Saint-Esprit. Les péchés seront pardonnés à ceux à qui vous les pardonnerez* [1], etc. D'où il est clair premièrement, que les Apôtres, et les Prêtres par conséquent, ont le pouvoir de remettre les péchés : et cela ne peut guère se contester ; en second lieu, que ce Sacrement, et même tous ceux de la nouvelle alliance, pour d'autres raisons que celles que je donne présentement, confèrent la charité justifiante ou l'amour habituel et dominant de l'Ordre immuable.

Comme [2] Dieu ne juge point d'une âme sur ce qu'il connaît en elle de passager et d'actuel, mais sur ses dispositions stables et sur ses habitudes permanentes [3], donc [4] l'amour actuel de l'ordre ne justifie pas, mais l'amour habituel : car Dieu qui aime l'ordre invinciblement [5] ne peut pas aimer un cœur déréglé, un cœur plus disposé au mal qu'au bien. Or le Prêtre a le pouvoir de remettre les péchés. Donc il a celui de rendre le pécheur agréable à Dieu. Son absolution change donc l'acte en habitude, en disposition permanente. Car enfin le Prêtre ne peut pas juger de l'état du pénitent, mais seulement de sa résolution actuelle. Il ne peut juger du pénitent que par [6] la déclaration que le pénitent lui fait : et le pénitent lui-même ne peut savoir si l'amour qu'il a pour l'ordre est habituel ou non. Car on ne peut juger de soi que par le sentiment intérieur qu'on en a, et ce sentiment ne représente que les actes qu'on sent actuellement, et nullement les habitudes, si elles ne sont excitées. Ainsi le Prêtre ayant le pouvoir d'absoudre, et ne pouvant former son jugement que sur les dispositions connues du Pénitent, il faut de nécessité que l'absolution change l'acte en habitude puis-

---

1. *Jean*, xx, 21.
2. Var. Car. (Et sans nouvel alinéa.) (1684 et 1697.)
3. Var. Sur ses dispositions stables et permanentes. (1684.)
4. Var. Donc, n'est pas dans les éditions précédentes.
5. Var. Inviolablement. (1684.)
6. Var. Sur. (1684.)

qu'il n'y a que l'habitude qui justifie devant Dieu et que les sacrements de la nouvelle alliance répandent la grâce justifiante [1].

XI. De là il est évident que c'est une erreur très pernicieuse de croire que l'absolution du Prêtre ne délivre le pénitent que de la peine éternelle due au péché. Car le Prêtre n'ayant aucun moyen de reconnaître moralement qu'un pénitent soit juste aux yeux de Dieu, il ne pourrait jamais s'assurer qu'il lui remet ses péchés, ni le pénitent qu'il en reçoit l'absolution [2], si le Sacrement ne changeait pas l'acte, ou la résolution actuelle dont on a sentiment intérieur, en disposition habituelle qui ne se fait point sentir. Mais de plus [3], est-ce avoir le pouvoir de remettre les péchés que de laisser le pécheur dans la mort du péché, et ne faire du bien qu'aux justes, que de ne remettre les péchés qu'à ceux à qui ils sont déjà remis dans le ciel [4]? Il faut donc qu'il y ait en Jésus-Christ un désir permanent et efficace, en conséquence de la puissance que Dieu lui a donnée, lorsqu'il l'a établi [5] cause occasionnelle de la grâce, que l'état du pénitent change par l'absolution du Prêtre, et qu'il soit délivré de la coulpe du péché aussi bien que de la peine éternelle qui lui est due.

XII. Certainement, quand on compare ensemble les deux alliances de Dieu avec les hommes pour en découvrir les rapports, les biens promis par la loi [6], avec ceux que Jésus-Christ nous a mérités, et dont il est le dispensateur; on voit bien que l'auteur de la loi donnant droit par ses promesses aux biens temporels, Jésus-Christ médiateur de la nouvelle alliance doit aussi donner droit aux vrais biens, aux biens éternels : et qu'ainsi nos Sacrements doivent opérer la grâce ou la charité justifiante dans ceux qui les reçoivent, laquelle seule donne droit à ces vrais biens. Car il est certain que Dieu, qui aime l'Ordre, ne peut pas donner le ciel à ceux qui sont plus disposés au mal qu'au bien, à ceux qui sont actuellement dans le désor-

---

1. Var. La fin de phrase : et que les sacrements..., n'était point dans les éditions précédentes.

2. Var. Il ne pourrait jamais donner l'absolution qu'au hasard. (1684 et 1697.)

3. Var. De plus. (1684.)

4. Var. La fin de phrase : que de ne remettre les péchés..., n'était pas dans les éditions précédentes.

5. Var. En l'établissant. (1684.)

6. La loi ancienne, la loi mosaïque.

dre. Au reste le Concile de Trente a défini ce que je viens d'établir. C'est un article de notre foi que les Sacrements de la nouvelle alliance opèrent la grâce ou la charité justifiante [1]; et que le pécheur qui s'approche du Sacrement de pénitence par le mouvement que lui inspire le Saint-Esprit, mouvement qui ne le justifie point, car le Saint-Esprit n'habite point encore en lui, comme le dit le Concile, et pour les raisons que je viens d'expliquer, que ce pécheur, dis-je, reçoit véritablement la charité habituelle de la justification, par l'efficace du Sacrement que le Sauveur des pécheurs a établi, pour les délivrer sûrement [2] de la captivité du péché.

XIII. Il est donc évident que le pécheur contrit par quelque motif que ce puisse être, car il n'importe, lorsqu'il se sent touché de repentir, et qu'il a obtenu par ses prières, ou autrement, assez de force pour former la résolution généreuse de ne plus pécher, et de renoncer à sa [3] passion dominante, doit promptement avoir recours à la pénitence, pour recevoir par ce Sacrement la charité habituelle, ce que [4] peut être il ne pourrait pas obtenir par ses prières ordinaires.

XIV. Je sais bien que plusieurs personnes condamnent la crainte de l'enfer, comme un motif d'amour-propre, qui ne peut produire rien de bon : motif néanmoins que j'ai pris comme étant le plus vif et le plus ordinaire pour s'exciter à faire les choses qui peuvent nous conduire à la justification. Je sais, dis-je, qu'ils rejettent ce motif comme inutile, et qu'ils approuvent au contraire l'espérance de la récompense éternelle comme un motif saint et raisonnable, et dont les plus gens de bien s'animent à la vertu, selon ces paroles de David toujours si rempli d'ardeur et de charité : *Inclinavi cor meum ad faciendas justificationes tuas in æternum propter retributionem.* Cependant vouloir être heureux, ou ne vouloir pas être malheureux, c'est la même chose, l'un n'est pas moins bon que l'autre [5]. La crainte de la douleur, le désir du plaisir ne sont l'un et l'autre que des mouvements d'amour-propre. Mais l'amour-propre en lui-même n'est pas mauvais : Dieu le produit sans cesse en nous. Il nous porte invinciblement au bien; et par ce même mouvement, il

1. Sess. 7, can. 8. — Sess. 14, chap. IV, can. 5.
2. Var. Pour les délivrer. (1684.)
3. Var. Ou. (1684.)
4. Var. Pour recevoir par ce sacrement ce que... (1684 et 1697).
5. Var. C'est la même chose, rien n'est plus facile à comprendre. (1684.)

nous détourne invinciblement du mal. Nous ne pouvons point
nous empêcher de souhaiter d'être heureux, et par conséquent
de n'être point malheureux. Ainsi la crainte de l'enfer ou
l'espérance du paradis sont deux motifs égaux, aussi bons l'un
que l'autre : si ce n'est que celui de la crainte a cet avantage
sur l'autre, que c'est le plus vif, le plus fort, le plus efficace ;
parce qu'ordinairement, toutes choses égales, on craint plus la
douleur qu'on ne souhaite les plaisirs. Chacun peut sur cela se
consulter soi-même. Et qu'on ne dise pas que la récompense
éternelle renferme la vue de Dieu, et que c'est par cette raison-
là que l'espérance de la récompense est un bon motif : car il
en est de même de la crainte. L'enfer de son côté exclut la vue
de Dieu, et la crainte de ne point posséder Dieu est la même
chose que le désir ou l'espérance de le posséder. Ainsi, soit
qu'on compare la douleur au plaisir, Dieu perdu avec Dieu
possédé, la crainte est aussi bonne que le désir ou l'espérance.
Mais de plus la crainte des peines éternelles a cet avantage
qu'elle est propre à réveiller les plus assoupis et les plus stupides ; et c'est pour cela que l'Écriture et les Pères se servent à
tout moment de ce motif [1]. Car enfin on devrait y prendre garde,
ce n'est point proprement le motif qui règle le cœur, c'est l'a-
mour de l'Ordre. Rien ne nous rend justes que l'amour de la
justice essentielle et primitive, que la conformité de la volonté
à la loi divine. Le désir d'être heureux, la crainte de l'enfer sont
naturels et nécessaires. Ce sont des motifs physiquement bons ;
mais ils n'ont ni bonté ni malice pris en eux-mêmes [2]. Tout
motif est naturellement et nécessairement fondé [3] sur l'amour-
propre ou sur le désir invincible d'être heureux, j'entends
solidement heureux, sur le mouvement que Dieu imprime
sans cesse en nous pour le bonheur et la perfection de notre
être, en un mot sur [4] la volonté propre, car nous ne pouvons
aimer que par notre volonté. Et celui qui brûlerait d'ardeur de

---

1. L'édition de 1684 donnait ici une note marginale ainsi conçue : « Par motif
j'entends ce qui excite dans l'âme quelque mouvement actuel de cette espèce
d'amour que j'ai appelé auparavant *amour d'union*. »

2. Var. Ces trois phrases, depuis : Rien ne nous rend justes..., ne se trouvaient
pas dans les éditions précédentes.

3. Var. Tout motif est fondé (1684) ; est naturellement et, ce me semble, nécessairement fondé (1697).

4. Var. Sur le désir invincible d'être heureux, que Dieu inspire sans cesse en
nous pour le bonheur, en un mot sur... (1684).

jouir de la présence de Dieu pour contempler ses perfections et avoir part à la félicité des Saints, serait toujours digne de l'enfer, s'il avait le cœur déréglé et refusait de sacrifier à l'Ordre sa passion dominante. Car il faut aimer Dieu tel qu'il est comme juste aussi bien que puissant. Et au contraire celui qui serait indifférent, si cela se pouvait ainsi, pour le bonheur éternel, mais d'ailleurs rempli de charité ou de l'amour de l'Ordre, qui renferme la charité ou l'amour de Dieu sur toutes choses, serait juste et solidement vertueux; parce que comme j'ai déjà prouvé fort au long, la vraie vertu, la conformité avec la volonté de Dieu consiste précisément dans l'amour habituel et dominant de la loi éternelle et divine, l'ordre immuable.

XV [1]. Il y a de la différence entre les motifs et la fin, comme entre les effets et leurs causes [2]. On est excité [3] par les motifs à agir pour la fin [4], Dieu se faisant connaître, se faisant goûter il se fait aimer. Dieu est la fin, et son action en nous est le motif de notre amour. La vue des perfections divines est le motif de l'amour de bienveillance ou de complaisance; et le goût des bontés divines est le motif de l'amour d'union. Mais ôtez à l'esprit tout amour-propre, tout désir d'être heureux et parfait : que rien ne lui plaise, que les perfections divines ne le touchent plus : le voilà sans doute incapable de tout amour [5]. Si rien ne lui fait plaisir, comment se plaira-t-il en Dieu ? Si la beauté de l'Ordre ne le touche pas, comment pourra-t-il l'aimer? Il est vrai qu'il pourra préférer Dieu à tous les êtres : mais ce ne sera là qu'un jugement spéculatif ou de pure estime. Toute concupiscence suppose l'amour-propre : et selon saint Augustin la charité est une sainte *concupiscence* [6]. Il n'est point défendu de vouloir être heureux, ce commandement serait impossible : mais il est défendu de s'aimer ou quelque créature que ce soit

1. Var. Dans l'édition de 1684, ce passage commençait par la page qui a fait dans l'édition de 1697 et dans celle de 1707, le début du chap. xvi, depuis les mots : L'homme doit aimer Dieu non seulement plus que la vie présente..., jusqu'à : et lui rendre une exacte obéissance.

2. Var. Ces mots : Comme entre les effets et les causes, n'étaient pas dans l'édition de 1684.

3. Var. On s'excite. (1684.)

4. Ce qui suit ici du chapitre xv, n'était pas dans l'édition de 1684.

5. On sait que Malebranche fut toujours opposé aux doctrines du quiétisme, qu'il les combattit même publiquement, par exemple dans son *Traité de l'amour de Dieu*, où l'on retrouve la plupart des idées développées dans le présent chapitre.

6. *De Spir. et littera.* (Note marginale de M.)

comme sa fin ou la cause de sa perfection et de son bonheur.
Celui qui se connaît bien et les êtres créés, voit clairement que
Dieu seul est aimable. Et bien loin que le désir d'être heureux
fasse qu'il rapporte à soi-même la cause de son bonheur, bien
loin que les plaisirs dont Dieu comble les Saints dans le ciel
puissent faire qu'ils s'aiment plus que Dieu, que c'est au contraire ce qui fait qu'ils s'oublient et qu'ils se perdent heureusement dans la divinité : car l'amour transforme, pour ainsi dire,
celui qui aime en l'objet aimé, en celui qui fait toute sa félicité,
parce qu'effectivement la félicité vaut mieux que l'être. Car
l'être [1] est comme un milieu entre le bien-être et le mal être ;
milieu de soi assez indifférent à la volonté, qui n'aime ou ne
hait l'être qu'autant qu'il est ou peut être bien ou mal ; car il
n'y a point d'homme qui n'aimât mieux n'être point que de
souffrir éternellement des douleurs quoique légères, et sans
avoir jamais la moindre consolation. Ainsi l'on oublie aisément
son être, pour ne s'occuper que de celui qui fait le bien-être, de
celui dont la jouissance fait toute notre félicité.

XVI [2]. L'homme doit donc aimer Dieu, non seulement plus
que la vie présente, mais plus que son être propre. L'Ordre le
demande ainsi. Mais il ne peut être excité à cet amour que
par l'amour naturel et invincible qu'il a pour le bonheur et la
perfection de son être [3]. L'homme ne peut trouver en lui-même
son bonheur et sa perfection : il ne peut les trouver qu'en Dieu ;
puisqu'il n'y a que Dieu capable d'agir en lui et de le rendre
heureux et parfait [4]. De plus, il vaut mieux n'être point, que
d'être malheureux [5]. Il vaut donc mieux n'être point que d'être
mal avec Dieu. Il faut donc aimer Dieu plus que soi-même, et

1. L'être pur et simple. Toutes ces expressions demeurent ici assez équivoques.
Il n'est pas à croire que pour Malebranche les saints veuillent perdre et perdent
en effet réellement leur être propre, leur personnalité, leur conscience. Il ne faudrait cependant pas presser bien fortement son langage pour en faire sortir cette
forme de panthéisme.

2. Chap. xv de l'édition de 1684.

3. Var. Ces mots : Et la perfection de son être, n'étaient pas dans l'édition de
1684. Mais la phrase s'y continuait ainsi : Il ne peut aimer que par l'amour du
bien, que par sa volonté.

4. Var. L'homme ne peut trouver son bonheur en lui-même ; il ne peut le trouver qu'en Dieu, puisqu'il n'y a que Dieu capable d'agir en lui et de le rendre heureux. (1684.)

5. Soit ! Mais pour être heureux et pour avoir le *bien-être*, il faut au moins conserver l'*être* et l'être personnel !

lui rendre une exacte obéissance [1]. C'est le dernier des crimes que de mettre sa fin dans soi-même. C'est la folie du Sage des Stoïciens, dont le bonheur ne dépendait point des Dieux. Convaincu de son impuissance et de celle des créatures, il faut tendre vers le Créateur de toutes ses forces [2]. Il faut tout faire pour Dieu. Toutes nos actions se doivent rapporter à celui de qui seul nous tenons la force de les faire : autrement nous blessons l'Ordre, nous offensons Dieu, nous commettons une injustice. Cela est incontestable. Mais nous devons chercher dans l'amour invincible que Dieu nous donne pour le bonheur, des motifs qui nous fassent aimer l'Ordre : car enfin, Dieu étant juste, on ne peut êtresolidement heureux, si l'on n'est soumis à l'Ordre, et *celui-là hait son âme qui aime l'iniquité* [3]. Que ces motifs soient de crainte ou d'espérance, il n'importe, pourvu qu'ils nous animent et qu'ils nous soutiennent. Les meilleurs sont les plus vifs et les plus forts, les plus solides et les plus durables.

XVII. Il y a des personnes qui se font mille suppositions extravagantes, et qui faute d'avoir une idée juste de la divinité [4] supposeront, par exemple, que Dieu a eu [5] dessein de les rendre éternellement malheureux. Et dans cette supposition ils se croient obligés d'aimer plus que toutes choses ce fantôme de leur imagination ; ce qui les embarrasse extrêmement [6]. Il est visible néanmoins qu'il y a contradiction dans cette supposition ou d'autres semblables, car l'Ordre veut que tout mérite soit récompensé. Or c'est une action méritoire s'il en fut jamais, c'est le plus grand sacrifice qu'on puisse faire que de choisir une éternité malheureuse pour plaire à Dieu : et selon la supposition cette action ne pourrait être récompensée. Il est donc clair que Dieu, qui a l'Ordre pour sa loi inviolable, ne peut ordonner que l'homme choisisse d'être malheureux, si ce n'est pour un temps, afin qu'il puisse le récompenser, et dédomma-

1. Var. Ici se plaçaient dans l'édition de 1684, ces deux lignes, qui dans l'édition de 1697 ont formé, comme on l'a vu, le début du chapitre xv : Il y a de la différence entre les motifs et la fin, on s'excite par les motifs à agir pour la fin.

2. Var. Ces deux phrases, depuis : c'est la folie des stoïciens..., n'étaient pas dans l'édition de 1684.

3. Var. Cette citation n'était pas dans l'édition de 1684.

4. Var. De Dieu. (1684.)

5. Var. Ait eu. (1684.)

6. Var. Tout ce qui suit jusqu'à : car enfin les moyens d'aimer Dieu..., n'était pas dans l'édition de 1684.

ger un amour-propre juste et légitime, et dont on ne peut se dépouiller, parce qu'on ne peut pas vouloir être malheureux, et que le désir de la félicité est naturel et invincible. Car enfin le moyen d'aimer Dieu, lorsqu'on s'ôte tous les motifs raisonnables de l'aimer, ou plutôt lorsqu'au lieu de lui, on présente à l'esprit une idole terrible, et qui n'a rien d'aimable? Dieu veut qu'on l'aime tel qu'il est, et non pas tel qu'il est impossible qu'il soit. Il faut aimer l'Etre infiniment parfait, et non pas un fantôme épouvantable, un Dieu injuste, un Dieu puissant à la vérité, absolu, souverain, tel que les hommes souhaitent d'être, mais sans sagesse et sans bonté, qualités qu'ils n'estiment guère. Car le principe de ces imaginations extravagantes qui font peur à ceux qui les forment, c'est que les hommes jugent de Dieu par le sentiment intérieur qu'ils ont d'eux-mêmes, et pensent sans réflexion que Dieu peut former des desseins qu'ils se sentent capables de prendre. Mais qu'ils n'aient rien à craindre. S'il y avait un Dieu tel qu'ils se l'imaginent, le vrai Dieu, jaloux de sa gloire, nous défendrait de l'adorer et de l'aimer : et qu'ils tâchent de se convaincre qu'il y a peut-être plus de danger d'offenser Dieu, lorsqu'on lui donne une forme si horrible, que de mépriser ce fantôme. Il faut sans cesse chercher des motifs qui conservent et qui augmentent en nous l'amour de Dieu, tels que sont les menaces et les promesses qui se rapportent à l'Ordre immuable : motifs propres pour des créatures qui veulent invinciblement être heureuses, et dont aussi l'Ecriture est remplie. Il ne faut pas retrancher [1] ces justes motifs, ni rendre odieux le principe de tout bien. Car enfin la raison pour laquelle les démons ne peuvent plus aimer Dieu, c'est qu'effectivement ils n'ont plus maintenant par leur faute aucun motif de l'aimer. C'est qu'il est arrêté, et ils le savent, que Dieu ne sera jamais bon à leur égard. Car comme on ne peut aimer que le bien d'un amour d'union, que ce qui est capable de rendre heureux [2], ils n'ont plus aucun motif d'aimer Dieu de cette espèce d'amour [3]. Mais ils en ont de le haïr de toutes leurs forces, comme la cause véritable, mais très juste, des maux qu'ils souffrent [4]. Mais d'ailleurs comme ils sont corrompus, la

---

1. Var. Et ne pas retrancher.

2. Var. Car comme on ne peut aimer que le bien, que ce qui est capable de rendre heureux. (1684.)

3. Var. Les mots : de cette espèce d'amour, n'étaient pas dans l'édition de 1684.

4. Les deux phrases qui suivent, n'étaient pas dans l'édition de 1684.

beauté de l'Ordre ne les touche plus, du moins dans ce qui blesse leur amour-propre. Elle leur fait horreur, parce que c'est la loi qui les condamne. Ainsi ils ne peuvent aimer Dieu en aucun sens, ni sa puissance, ni sa justice, ni sa sagesse, et ils y sont obligés [1], parce que l'Ordre le demande ; l'Ordre, dis-je, loi indispensable [2] de toutes les intelligences en quelque état qu'elles puissent être, heureuses ou malheureuses. Comme ils méritent [3] ce qu'ils endurent, ils sont déréglés, et seront incorrigibles dans leur malice pendant toute l'éternité. Tout ceci n'est que pour faire comprendre que tout ce qui peut nous faire aimer Dieu, recourir à Jésus-Christ, vivre dans l'Ordre, ne peut être mauvais et ne doit point être rejeté. Si je me trompe, je demande qu'on m'éclaire, car cette matière est de conséquence. Mais il est très difficile de l'éclaircir, parce qu'on n'a point d'idée claire de l'âme et qu'on ne la connaît que par sentiment intérieur [4].

1. Var. Ils ne peuvent aimer Dieu, et ils y sont obligés. (1684.)
2. Var. Loi inviolable. (1684.)
3. Var. Ainsi comme ils méritent. (1684.)
4. Cette dernière phrase n'était pas dans l'édition de 1684.

CHAPITRE NEUVIÈME.

L'Eglise dans ses prières s'adresse au Père par le Fils, et pourquoi.
  Il faut prier la sainte Vierge, les Anges et les Saints, non pas
  néanmoins comme causes occasionnelles de la grâce intérieure.
  Les Anges et les démons [1] ont pouvoir sur les corps en qualité de
  causes occasionnelles. Ainsi les démons peuvent nous tenter, et
  les Anges favoriser l'efficace de la Grâce.

I. Jésus-Christ considéré selon sa nature humaine, étant seul
le *vrai propitiatoire*, ou la cause *occasionnelle* de la Grâce, ainsi
que j'ai fait voir dans le chapitre précédent, il est clair que
c'est de lui seul dont il faut s'approcher pour l'obtenir. Néanmoins on peut invoquer Dieu, et même il n'y a que lui qu'on
doive adorer ou invoquer comme cause *véritable* de nos biens.
On peut aussi prier la sainte Vierge, les Anges et les Saints,
non pas comme des causes *véritables*, ni *occasionnelles* ou distributives de la Grâce, mais comme amis de Dieu ou intercesseurs
auprès de Jésus-Christ. On peut même enfin prier les Anges,
comme nos protecteurs contre le démon, ou comme causes occasionnelles de certains effets, qui peuvent nous disposer à recevoir utilement la grâce intérieure. Mais il faut que j'explique
ces vérités plus au long, car elles sont de la dernière conséquence pour régler nos prières, notre culte, tous nos devoirs.

II. L'Eglise conduite par l'Esprit de vérité, adresse ordinairement ses prières au Père par le Fils : et si [2] elle s'adresse au
Fils, c'est qu'elle le considère comme égal au Père : et par con-

1. Var. Et même les démons. (1684.)
2. Var. Et lorsqu'. (1684.)

séquent ce n'est point simplement en tant qu'homme qu'elle l'invoque, mais en tant qu'Homme-Dieu. Cela est évident par les conclusions ordinaires des prières : *Per Dominum nostrum Jesum Christum* : ou *Qui vivis et regnas Deus*, etc. Comme il n'y a que Dieu qui soit cause *véritable*, et qui, par son efficace propre, puisse faire ce que nous souhaitons, il est nécessaire que la plupart de nos prières et tout notre culte se rapporte à lui. Mais, comme il n'agit ordinairement [1] que lorsque les causes *occasionnelles* qu'il a établies déterminent l'efficace de ses lois, il est aussi à propos que notre manière de l'invoquer soit conforme à ce sentiment.

III. Si Jésus-Christ comme homme n'intercède pour les pécheurs, c'est en vain qu'ils invoquent Dieu. Car Dieu n'agit que lorsque l'ordre immuable de la justice l'exige, ou que les causes occasionnelles ou particulières le demandent [2]. Or la Grâce n'étant point donnée aux mérites, l'Ordre immuable de la justice n'oblige point Dieu à l'accorder aux pécheurs qui l'invoquent. Il faut donc que ce soit la cause *occasionnelle* qui l'oblige à cela, en conséquence de la puissance qui lui a été donnée par l'établissement des lois générales de la Grâce [3], c'est-à-dire par le décret de Dieu dont parle David dans le second psaume. *Je suis établi Roi sur Sion*, dit Jésus-Christ, *et voici ce que Dieu a ordonné. Le Seigneur m'a dit, tu es mon Fils. Je t'ai engendré aujourd'hui. Demande-moi, et je te donnerai toutes les Nations de la terre.* Il faut que Jésus-Christ comme Souverain Prêtre *demande*, avant que Dieu nous donne à lui par sa grâce, puisque personne ne vient à Jésus-Christ *que son Père ne l'attire.* Mais, quoique Jésus-Christ seul, en tant qu'homme, soit la cause particulière des biens que nous recevons, si les prières de l'Eglise s'adressaient toujours directement à lui, cela pourrait donner aux hommes quelque occasion d'erreur, et les porter peut-être à l'aimer précisément en tant qu'homme [4], de cette espèce d'amour qui n'est dû qu'à la puissance véritable, et même à l'adorer sans rapport à la personne divine en qui

1. Var. Le mot : ordinairement, n'était pas dans l'édition de 1684.

2. Ni cette phrase ni la suivante n'étaient pas dans l'édition de 1684.

3. Var. L'édition de 1684 continuait ici par la phrase suivante : parce qu'enfin *Dieu n'agit que lorsque l'ordre immuable le demande, ou que les causes occasionnelles ou particulières l'exigent ainsi que j'ai déjà dit.* — Puis venait immédiatement la phrase qu'on trouvera plus loin : Mais quoique Jésus-Christ seul...

4. Var. A l'aimer en tant qu'homme. (1684.)

sa nature humaine subsiste. Or l'adoration et l'amour *d'union* qui honore la *puissance* ne sont dus qu'au Tout-Puissant, car Jésus-Christ même ne mérite nos adorations et cette espèce d'amour, que parce qu'il est en même temps Dieu et homme.

IV. Ainsi l'Eglise a très grande raison d'adresser ses prières à Dieu, cause unique et *véritable*, par Jésus-Christ néanmoins, en qui se trouve la cause *occasionnelle* et distributive des biens que nous demandons. Car, encore que les pécheurs ne reçoivent la Grâce, que lorsque Jésus-Christ, comme homme, prie par ses désirs actuels ou habituels, passagers ou permanents; il faut qu'on sache toujours, qu'il n'y a que Dieu qui la donne comme cause véritable, afin qu'il soit seul le terme de notre amour et de notre culte. Néanmoins quoiqu'on s'adresse à la cause *véritable* et générale, c'est de même que si l'on s'adressait à la cause particulière et distributive; parce que Jésus-Christ, comme homme, étant le Sauveur des pécheurs, l'Ordre veut qu'il soit averti de leurs invocations, et que bien loin d'être jaloux de la gloire qu'on rend à Dieu, que lui-même en tant qu'homme, reconnaît sans cesse son impuissance et sa dépendance. Il n'exaucera [1] jamais ceux, qui semblables aux Eutychiens, regardent sa nature humaine comme transformée en la Divine [2], et lui ôtent ainsi les qualités d'Avocat, de Médiateur, de Chef de l'Eglise, en un mot, de souverain Prêtre des biens véritables. Ainsi on voit bien d'un côté, que pour prier utilement, il n'est pas absolument nécessaire de savoir si précisément et si distinctement les vérités que je viens d'expliquer: et de l'autre, que la conduite de l'Eglise s'accommode parfaitement avec les fondements de la Religion et de la Morale, qui sont que Dieu seul est la fin de toutes choses, et qu'on ne peut avoir accès auprès de lui que par Jésus-Christ notre Seigneur. Je crois que l'on conviendra assez de tout ceci.

V. Mais à l'égard de la sainte Vierge, des Anges et des Saints, il y a plus de difficulté. Néanmoins le sentiment de l'Eglise est

---

* 1. Var. Et qu'il n'exaucera. (1684.)

2. Eutychès, moine d'un monastère de Constantinople (v⁰ siècle), par aversion pour le nestorianisme (qui niait que dans la double nature de Jésus-Christ il y eût union substantielle entre la nature humaine et la nature divine) ne voulut admettre en Jésus-Christ qu'une seule nature. Il prétendit qu'après l'Incarnation, tout au moins, la nature humaine de Jésus avait été comme absorbée par sa divinité, de même qu'une goutte de miel, tombant dans la mer, ne périrait pas, mais serait engloutie. Il fut condamné par le concile de Chalcédoine.

qu'ils savent nos besoins lorsque nous les invoquons ; et que, comme ils sont en grâce avec Dieu et unis à Jésus-Christ leur Chef, ils peuvent le solliciter par leurs prières et par leurs désirs à nous délivrer de nos misères. Cela paraît même incontestable par l'exemple de saint Paul et de tous les Saints, qui se sont toujours recommandés aux prières les uns des autres. Car enfin si les Saints sur la terre, remplis encore d'imperfection, peuvent par leurs prières être utiles à leurs amis, je ne vois pas qu'il y ait de bonnes raisons pour ôter aux Saints ce pouvoir. Ce qu'il faut seulement observer, c'est qu'ils ne sont point causes *occasionnelles* de la grâce intérieure : car cette puissance n'a été donnée qu'à Jésus-Christ comme Architecte du Temple Éternel, Chef de l'Eglise, Médiateur nécessaire, en un mot, cause particulière ou occasionnelle [1] des vrais biens.

VI. Ainsi on peut prier la sainte Vierge, les Anges et les Saints, qu'ils sollicitent pour nous la charité de Jésus-Christ. Apparemment il y a de certains temps de faveur pour chaque Saint, comme les jours auxquels l'Eglise solennise leurs fêtes. Il se peut même faire qu'ils aient en qualité de causes *occasionnelles*, le pouvoir de produire ces effets que nous appelons miraculeux, parce que [2] nous n'en connaissons pas la cause, et que Dieu ne fait pas toujours par des volontés particulières : tels que sont la guérison des maladies, l'abondance des moissons, ou d'autres changements extraordinaires dans l'arrangement des corps, substances inférieures aux esprits, et sur lesquelles il semble que l'Ordre demande, ou du moins permette, qu'ils aient quelque pouvoir, pour récompenser ou plutôt pour faire admirer leur vertu, et la faire embrasser aux autres hommes [3]. Mais quoique cela ne soit pas certain [4] à l'égard des Saints, je crois que cela est indubitable à l'égard des Anges. Cette vérité est de si grande conséquence pour plusieurs raisons, que je crois la devoir expliquer en peu de mots par [5] la conduite que Dieu a tenue pour l'exécution de ses desseins.

VII. Dieu ne pouvant agir que pour sa gloire, et n'en trou-

---

1. Var. Distributive. (1684 et 1697.)
2. Var. A cause que. (1684.)
3. On sait que Malebranche s'efforce le plus qu'il peut de diminuer le nombre et l'importance des miracles ou de les ramener à des effets éternellement prévus de volontés générales.
4. Var. Tout à fait certain. (1684.)
5. Var. Dans. (1684.)

vant qu'en Jésus-Christ une digne de lui, il a certainement
tout fait par rapport à son Fils. Cette vérité est si claire, qu'il
n'est pas possible d'en douter, lorsqu'on y fait quelque réflexion. Car quel rapport entre l'action de Dieu et son ouvrage,
si l'on sépare cet ouvrage de Jésus-Christ qui le sanctifie[1] ? Quel
rapport entre un monde profane, qui n'a rien de divin, et l'action de Dieu toute divine, en un mot, entre le fini et l'infini ?
Et peut-on concevoir que Dieu, qui ne peut agir que par sa
volonté, que par l'amour qu'il se porte à lui-même, puisse agir
pour ne rien faire qui soit digne de lui, puisse agir pour faire
un monde qui n'ait point de rapport à lui ou qui ne vaille
point l'action par laquelle il est produit.

VIII. Apparemment donc les Anges immédiatement après leur
création, étonnés de se voir sans Chef, sans Jésus-Christ, et ne
pouvant justifier le dessein de Dieu de les avoir créés, les méchants crurent valoir quelque chose par rapport à Dieu, et
l'orgueil les perdit. Ou, supposé, ce qui paraît plus vraisemblable, que le Verbe Éternel, pour justifier dans leur esprit la
sagesse de la conduite de Dieu, leur eût appris qu'il avait dessein de former l'homme et de s'unir aux deux substances, esprit et corps, qui le composent, pour sanctifier en lui tout l'ouvrage de Dieu qui n'est aussi composé que de ces deux genres
d'êtres ; les méchants s'opposèrent à ce dessein, et ne voulurent
point adorer Jésus-Christ, ni se soumettre à celui qu'ils croyaient
leur être égal ou même inférieur par sa nature, quelque relevée qu'elle dût être par l'union hypostatique[2]. Alors il se fit
deux partis opposés dans l'ouvrage de Dieu, saint Michel et ses
Anges, Satan et ses ministres, principes des deux cités éternelles, Jérusalem et Babylone.

IX[3]. Il est certain que Dieu a donné aux Anges pouvoir sur

1. Voyez le 9ᵉ et dernier *Entretien sur la métaphysique*. (Note marginale de M.)
2. Les théologiens désignent par là l'union substantielle et *personnelle* de la nature humaine et de la nature divine dans la personne du Verbe.
3. Var. Dans l'édition de 1684, le commencement de ce chapitre était ainsi rédigé : Les anges ayant donc pouvoir sur les corps, ou par le droit de leur nature,
à cause qu'il semble que l'ordre demande que les êtres supérieurs agissent sur
ceux qui sont au-dessous d'eux ; ou plutôt par le décret que Dieu avait formé d'exécuter par eux, comme causes occasionnelles de certains effets, ses propres desseins,
construire la cité sainte, la Jérusalem céleste, son grand ouvrage, dont les Anges
sont ministres, sous le sage et unique architecte, Jésus-Christ Notre-Seigneur, selon les saintes Écritures ; et faire ainsi paraître la puissance de son Fils bien-aimé
à qui il fallait des ennemis à combattre et à vaincre : laquelle puissance n'a jamais
éclaté davantage, que lorsqu'il a détrôné le prince rebelle qui avait assujetti à ses

les corps. Il semble en effet que l'Ordre demande que les êtres supérieurs puissent agir sur ceux qui sont au-dessous d'eux. Comme Dieu se voulait servir des Anges fidèles pour conduire le peuple juif, pour le récompenser et pour le punir par des biens et des maux temporels que la loi leur propose, et même pour travailler sous Jésus-Christ à son grand ouvrage, il était nécessaire qu'ils eussent du moins pouvoir sur les corps. Et il paraît assez que les Démons mêmes n'ont pas été tout à fait privés de ce pouvoir après leur chute ; puisque c'est uniquement par là qu'ils agissent sur les esprits, et qu'ils se sont rendus maîtres du monde. Dieu par la puissance qu'il a donnée à saint Michel [1] sur son peuple a voulu figurer celle de Jésus-Christ : et il a permis que le démon régnât sur le reste du monde, afin que son Fils eût des ennemis à combattre et à vaincre, et qu'il fit paraître sa puissance en détrônant le Prince rebelle qui avait assujetti à ses lois toute la terre. Car jamais la puissance du libérateur ne paraît davantage, que lorsque l'ennemi s'est rendu absolument le maître, qu'on n'a plus aucun pouvoir de lui résister, et qu'on gémit depuis longtemps sous la tyrannie. Les Anges, ayant donc un pouvoir immédiat sur les corps, et par eux pouvoir [2] indirect sur les esprits, dès que les premiers hommes furent formés, les méchants tentèrent la femme de la manière qu'on sait : en la flattant apparemment sur le dessein connu de Dieu, que le Verbe s'unirait à l'homme [3] pour le sanctifier, selon ces paroles : *Eritis sicut Dii, scientes bonum et malum*. Car je ne vois pas que des esprits éclairés pussent avoir d'autre motif d'obéir au Démon [4], que celui d'être tirés de leur état profane à un état divin et digne de Dieu :

lois toute la terre. — Puis le texte continuait comme à partir de la phrase qu'on trouvera plus loin : Car jamais la puissance du libérateur, etc.

1. Pour diminuer le nombre des *volontés particulières* de Dieu, qui l'embarrassaient beaucoup, Malebranche rapportait à la seule intervention de saint Michel, choisi une fois pour toutes dans les desseins de Dieu, ce qu'on appelle les miracles de l'ancienne loi. Encore ajoutait-il, rapporte Nicole, que Dieu n'avait choisi saint Michel que parce qu'il avait prévu que cet ange serait le plus ménagé en matière de miracles. « C'est comme s'il disait que Dieu a donné le peuple juif à gouverner aux anges *au rabais* des miracles, et qu'ayant trouvé que saint Michel s'en acquittait à meilleur marché, il le préféra à tous les autres. » Il paraît que Malebranche avoua que, raillerie à part, le mot de Nicole rendait exactement son système sur les voies générales de la grâce.

2. Var. Un pouvoir. (1684.)

3. Var. A l'âme de l'homme. (1684.)

4. Var. De désobéir formellement à Dieu. (1684.)

6.

Eritis sicut Dii ; et cela par une union particulière avec la Raison universelle, le Verbe Éternel [1], avec celui de qui toutes les intelligences reçoivent ce qu'elles ont de lumière : *Scientes bonum et malum*. Comme ils étaient seuls sur la terre, et chefs de la postérité qu'ils pouvaient avoir (supposé qu'ils sussent quelque chose de l'Incarnation du Verbe), ils avaient quelque sujet de croire que c'était en eux que ce mystère devait s'accomplir. Ainsi les Démons les ayant trompés les vainquirent, et s'en rendirent maîtres, et de tous leurs descendants : et par là, quoiqu'ils favorisassent le dessein de l'Incarnation du Verbe, puisque le péché du premier homme la rend nécessaire en plusieurs manières, ils crurent l'avoir renversé. Car apparemment ces esprits superbes s'imaginaient [2] que l'union avec Dieu se pouvait mériter par une obéissance exacte à ses ordres.

X. Il faut savoir, par des raisons que j'ai dites ailleurs [3], que le premier homme ayant péché, il était nécessaire en conséquence des lois de l'union de l'âme et du corps, et conforme à l'ordre immuable de la justice [4] que sa chair se révoltât contre son esprit : et même que la concupiscence se transmît dans tous ses enfants, mais par d'autres raisons que j'ai expliquées fort au long dans la *Recherche de la vérité* [5]. Or la concupiscence est cet instrument universel de l'iniquité, laquelle a inondé toute la terre. Car étant entre les mains du démon, qui peut l'exciter en mille manières par le pouvoir qu'il a sur les corps, il a régné par elle jusqu'à la venue de Jésus-Christ, jusques au temps du souverain Prêtre des vrais biens [6], ou de la cause occasionnelle de la délectation intérieure, qui seule peut contrebalancer le poids de la concupiscence, et rendre inutile au Démon cet instrument de ses conquêtes. Car [7] l'homme voulant invinciblement être heureux, rien ne peut guérir son cœur corrompu par les plaisirs sensibles, que l'onction de la grâce,

---

1. Var. Dans l'édition de 1684, la suite est ainsi rédigée : Pour lequel ils savaient bien qu'ils avaient été formés et sur lequel ils devaient être reformés, eux qui étaient seuls sur la terre, et chefs de la postérité qu'ils pourraient avoir. Ainsi les démons les vainquirent..., et la suite comme plus bas.

2. Var. Car apparemment ils s'imaginaient (1684).

3. 2e partie du 1er *Éclaircissement*. (Note marginale de M. dans l'éd. de 1684.)

4. Et de l'immutabilité de l'ordre. (1684.)

5. Voyez l'*Éclaircissement sur le péché originel*. (Note marginale de M.)

6. Var. De Jésus-Christ, qui par son sacrifice a mérité la qualité de souverain Prêtre...

7. Var. Parce que. (1684.)

le goût ou l'avant-goût des vrais biens. Les bons Anges [1], ne pouvant répandre dans le cœur de l'homme la grâce de sentiment ou la délectation intérieure [2], et les méchants pouvant exciter en eux la concupiscence, c'était une nécessité que le péché régnât, je ne dis pas parmi les idolâtres, je dis même parmi les Juifs. Aussi sait-on que ce peuple était fort charnel et fort grossier, toujours porté à l'idolâtrie, et qu'il y retombait souvent, malgré les miracles extraordinaires que saint Michel et ses Anges faisaient en leur faveur, malgré les promesses et les menaces des biens et des maux temporels, qui étaient l'objet de leur concupiscence. Car les Anges mêmes ne conservaient le culte du vrai Dieu, et ne retenaient dans le devoir le peuple soumis à leur conduite, que par des motifs d'amour-propre, en leur promettant des biens que les vrais Chrétiens croient en toutes manières indignes de leur amour.

XI. La loi ne devait point promettre les vrais biens [3], car l'Ange par qui Dieu l'a donnée n'avait pas le pouvoir de répandre la grâce intérieure sans laquelle on ne peut les mériter. Cela était réservé à Jésus-Christ. Outre que ces sortes de biens ne pouvant être l'objet de la concupiscence, la connaissance et le culte du vrai Dieu auraient bientôt été détruits parmi les Juifs. Cette nation choisie aurait été réduite à une poignée de gens qui appartenaient à Jésus-Christ, et que la grâce intérieure a sanctifiés en chaque siècle. Or il fallait que la connaissance du vrai Dieu se conservât avec quelque éclat chez les Juifs, peuple prophétique, et témoin irréprochable des vérités de la Religion, malgré la puissance et les artifices du Prince du monde: jusqu'à ce qu'enfin le Fils unique de Dieu, pour lequel et par lequel toutes choses ont été faites, descendît du ciel pour changer la face de toute la terre, et commencer ce dénouement surprenant et admirable de la conduite de Dieu [4]: dénouement qui finira par le nœud indissoluble de l'Epoux et de l'Epouse, qui jouiront dans le ciel d'une félicité éternelle au milieu des splendeurs divines, chantant sans cesse des cantiques de

---

1. Var. Car enfin les bons Anges. (1684.)

2. Var. Ces quatre derniers mots n'étaient pas dans l'édition de 1684.

3. Var. L'édition de 1684 continuait ainsi : pour plusieurs raisons. Mais une des principales, c'est que ces sortes de biens..., et la suite comme plus loin.

4. « L'Incarnation du Verbe est le premier et le principal des desseins de Dieu, c'est ce qui justifie sa conduite, le seul dénouement de mille et mille difficultés, de mille et mille contradictions apparentes. » (9e *Entretien métaphysique*.)

louange à la gloire de celui qui aura réduit leurs ennemis sous leurs pieds par la puissance invincible de son bras, et par des voies parfaitement dignes de sa sagesse et de ses autres attributs.

XII. Ces grandes vérités mériteraient sans doute d'être prouvées et expliquées plus au long, mais ce n'en est pas ici le lieu. Mon dessein est principalement de faire comprendre que les Anges sont Ministres de Jésus-Christ, et *qu'ils sont envoyés*, comme dit saint Paul, *pour exercer leur ministère en faveur de ceux qui doivent hériter du ciel* [1] : et qu'ainsi ils ont en qualité de causes *occasionnelles* [2], car Dieu ne communique point sa puissance aux créatures d'une autre manière. qu'ils ont [3], dis-je, le pouvoir, non de donner la grâce intérieure, mais de produire dans les corps, et par eux dans les âmes qui leur sont unies, certains effets qui peuvent favoriser l'efficace de la Grâce, et empêcher que les hommes ne trouvent à tous moments ces sujets de chute que les démons leur proposent. Car comme dit le Prophète : *Il a ordonné à ses Anges de vous protéger dans toutes vos voies : ils vous porteront sur leurs mains de peur que votre pied ne rencontre quelque pierre qui vous fasse choir* [4].

XIII. On peut donc prier les Anges et leur demander leur protection contre ce lion rugissant [5] qui, comme dit saint Pierre, *tourne sans cesse autour de nous pour nous dévorer* [6] : ou pour parler comme saint Paul, *contre ces puissances invisibles, ces principautés, ces Princes du monde, remplis d'erreur et de ténèbres, ces malins esprits répandus dans l'air ; car ce n'est pas seulement contre la chair et le sang que nous avons à combattre.* Mais il ne faut pas regarder les Anges comme causes distributives de la grâce, ni leur rendre le culte qui n'est dû qu'à Jésus-Christ. *Ne vous laissez pas séduire* [7], dit saint Paul, *par ceux qui s'humilient devant les Anges et leur rendent un culte superstitieux, qui se mêlent des choses qu'ils n'entendent point, éblouis par de vaines imaginations de leur esprit propre ; au lieu de demeurer attachés au chef duquel tout le corps de l'Église reçoit l'esprit qui lui donne*

1. *Heb.* i, 14. (Note marginale de M.)
2. 7e et 12e *Entretiens sur la métaphysique*, n. 16 et 17. (Note marginale de M.)
3. Var. Ils ont. (1684.)
4. *Ps.* xc, v. 12. (Note marginale de M.)
5. 1 *Pet.* v, 8. (Note marginale de M.)
6. *Ephes.* vi, 12. (Note marginale de M.)
7. 1 *Coloss.* ii, 18, 19. (*Id.*)

l'accroissement et la vie [1] ; à Jésus-Christ, qui ayant désarmé les principautés et les puissances, après les avoir vaincues par sa croix, les a fait servir publiquement à la gloire de son triomphe. Qui expolians principatus et potestates, traduxit confidenter palam triumphans illos in semetipso [2].

1. *Ibid.* 15. (*Id.*)

2. Sur cette idée, indiquée dans le présent chapitre, que l'incarnation pouvait seule rendre le monde digne de Dieu, voyez surtout le 9e des *Entretiens métaphysiques*. — Sur les volontés générales et les miracles, voyez la 8e des *Méditations chrétiennes*, et dans le *Traité de la nature et de la grâce*, le *dernier Éclaircissement*, ayant pour titre : Les miracles fréquents de l'ancienne loi ne marquent nullement que Dieu agisse par des volontés particulières.

CHAPITRE DIXIÈME.

Des causes occasionnelles des sentiments et des mouvements de l'âme qui résistent à l'efficace de la grâce soit de lumière soit de sentiment. L'union de l'esprit à Dieu est immédiate, et non celle de l'esprit au corps. Explication de quelques lois générales de l'union de l'âme et du corps, nécessaires pour entendre [1] la suite.

I. Dans les chapitres 5, 6 et 7, j'ai parlé assez au long de la cause occasionnelle de la lumière; et dans les deux précédents j'ai tâché de faire comprendre quelle est la cause *occasionnelle* de la grâce de sentiment, et ce qu'il y a à faire pour l'obtenir. Ainsi, comme il n'y a que la lumière et le sentiment qui déterminent la volonté ou le mouvement naturel qu'a l'âme vers le bien en général, tout ce qui me reste présentement à expliquer, par rapport aux moyens d'acquérir ou de conserver l'amour habituel et dominant de l'Ordre immuable, ne sont que les lois de l'union de l'âme et du corps, ou les causes *occasionnelles* de tous ces sentiments vifs et confus et de tous ces mouvements indélibérés, qui nous unissent à notre corps, et par notre corps à tous les objets qui nous environnent. Car, pour aimer l'Ordre et acquérir la vertu, il ne suffit pas d'obtenir la grâce de sentiment, qui seule ébranle l'âme et la met en mouvement vers le vrai bien, il faut faire en sorte [2] que cette grâce agisse dans nos cœurs selon toute son efficace. Ainsi il faut éviter avec soin les causes occasionnelles des sentiments et des mouvements qui résistent à l'action de la grâce, et qui la rendent quelquefois

---

1. Var. Pour bien entendre. (1684.)
2. Var. Il faut de plus faire en sorte. (1684.)

entièrement inutile à notre sanctification [1]. Voici le principe le
plus général de tout ce que je dirai dans la suite de la première
partie de cet ouvrage.

II. L'Esprit de l'homme a deux rapports essentiels et naturels : à Dieu, cause *véritable* de tout ce qui se passe en lui; à
son corps, cause *occasionnelle* de toutes les pensées qui ont rapport aux objets sensibles. Dieu ne parle immédiatement à l'esprit que pour l'unir à lui : le corps ne parle à l'esprit que pour
le corps, que pour l'attacher aux objets sensibles. Dieu ne parle
à l'esprit que pour l'éclairer, et le rendre parfait : le corps ne
parle à l'esprit que pour l'aveugler et le corrompre en sa faveur. Dieu par la lumière conduit l'esprit à sa félicité : le corps
par le plaisir entraîne et précipite l'homme dans son malheur.
En un mot, quoique Dieu fasse tout, et que le corps ne puisse
agir sur l'esprit, non plus que l'esprit sur le corps, que comme
cause occasionnelle en conséquence des lois de l'union de l'âme
et du corps, union que le péché a changée en dépendance [2];
néanmoins on peut dire que c'est le corps qui aveugle l'esprit
et qui corrompt le cœur : parce que c'est le rapport de l'esprit
au corps qui est la cause de toutes les erreurs et de tous les
désordres dans lesquels on tombe.

III. Cependant il faut être bien convaincu, et n'oublier jamais, que l'esprit ne peut avoir de rapport immédiat qu'à Dieu
seul, qu'il ne peut être uni directement qu'à lui : car enfin
l'esprit ne peut être uni au corps, que parce qu'il est uni à
Dieu même. Il est certain par mille et mille raisons que si je
souffre par exemple la douleur d'une piqûre, c'est que Dieu
agit en moi, en conséquence néanmoins des lois de l'union de
l'âme et du corps : lois efficaces par l'action des volontés divines qui seules sont capables d'agir en moi. Mais le corps par
lui-même ne peut être uni à l'esprit, ni l'esprit au corps. Ils

1. Var. Entièrement inutile. (1684.) — « Comme la concupiscence n'a point entièrement détruit la liberté de l'homme, la grâce de Jésus-Christ, quelque efficace
qu'elle ait, n'est point absolument invincible. » (*De la nature et de la grâce*, 3e discours, 2e partie, édit. citée p. 225.) La seconde des cinq propositions résumant la
doctrine janséniste était au contraire ainsi formulée : « Dans l'état de nature tom-
bée, on ne résiste jamais à la grâce intérieure. » Malebranche croit que nous y
résistons quand nous sommes retenus par des plaisirs contraires, c'est-à-dire par
ceux de la concupiscence. La délectation de la grâce n'est invincible que quand
elle est « sans rapport à un plaisir contraire. » (*Ibid.*)

2. Var. Et en punition du péché qui, sans toucher à ces lois, a changé l'union en
dépendance. (1684 et 1697.)

n'ont nul rapport entre eux, ni nulle créature à quelque autre : je parle des rapports de causalité tels que sont ceux qui dépendent de l'union de l'âme et du corps. C'est Dieu qui fait tout. Sa volonté est le lien de toutes les unions [1]. Les modifications des substances ne dépendent que de celui qui leur donne, et qui leur conserve l'être. C'est une vérité essentielle que je crois avoir démontrée suffisamment dans mes autres écrits [2].

IV. Mais quoique l'esprit ne puisse être uni immédiatement qu'à Dieu, il peut l'être encore aux créatures par la volonté de Dieu, qui leur communique sa puissance, lorsqu'il les établit causes occasionnelles pour produire certains effets. Mon âme est unie à mon corps, parce que d'un côté ma volonté est établie cause occasionnelle de quelques changements que Dieu seul produit en lui : et de l'autre que les changements qui se passent dans mon corps, sont établis causes occasionnelles de quelques-uns de ceux qui arrivent à mon esprit.

V. Or Dieu a établi ces lois pour plusieurs raisons qui nous sont inconnues. Mais entre celles qui nous sont connues, c'est premièrement parce qu'en les suivant, Dieu agit d'une manière uniforme et constante, par des lois générales, par les voies les plus simples et les plus sages, en un mot d'une manière qui porte [3] le caractère de ses attributs. En second lieu parce que le corps de l'homme est sa propre victime : car il semble qu'il se sacrifie lui-même par la douleur, et qu'il s'anéantisse par la mort. L'âme est en épreuve dans son corps : et Dieu voulant être mérité en quelque manière, voulant proportionner les récompenses aux mérites, il nous fournit par les lois de l'union de l'âme et du corps, voie simple, générale, uniforme et constante, mille moyens de nous sacrifier et de mériter par sa grâce la récompense éternelle [4]. J'ai expliqué ailleurs ces vérités, mais il faut qu'on s'en souvienne [5].

VI. Cette espèce d'union de l'esprit avec Dieu, laquelle n'a nul rapport aux créatures, passe dans l'esprit de bien des gens pour une imagination sans fondement. Car comme l'opération

---

1. Var. Sa volonté est l'union de toutes les unions. (1684.)

2. Var. Que je crois avoir ailleurs suffisamment démontrée. (1684.) — Voyez *Entretiens sur la métaphysique et sur la religion. Entretien 7e.* (Note marginale de l'édition de 1707.)

3. Var. Qui porte admirablement. (1684.)

4. Var. Et de mériter les vrais biens. (1684.)

5. Voyez le 4e *Entretien métaphysique,* par. 12.

de Dieu en nous [1] n'a rien de sensible, on croit se répondre à soi-même et se faire des reproches, lorsque la Raison universelle nous répond et nous reprend dans le plus secret de nous-mêmes. Certainement celui qui ne connaît point ce que c'est que la vérité et l'Ordre, ne connaît point cette union, quoique peut-être elle agisse en lui : de même que celui qui n'aime point la vérité et qui n'obéit point à l'ordre, ne profite point de cette union, quoique peut-être il la connaisse.

VII. Pour cette espèce d'union de l'esprit avec Dieu, laquelle a rapport aux créatures, on la croit réelle, mais on la conçoit mal : car on s'imagine recevoir des objets ce qui ne vient que de Dieu seul. La cause de ce préjugé est la même du précédent [2]. Comme l'opération divine n'est pas visible, on attribue aux objets qui frappent les sens tout ce qu'on sent en leur présence; quoiqu'ils ne soient eux-mêmes présents à l'âme, que parce que Dieu, plus présent à nous que nous-mêmes, nous les représente dans sa propre substance : substance, dis-je, qui seule est intelligible, seule capable d'agir en nous et d'y produire toutes ces sensations qui rendent sensibles les idées intellectuelles et nous font juger confusément, non seulement qu'il y a des corps, mais encore que ce sont ces corps qui agissent en nous et qui nous rendent heureux. Et c'est ce qui est [3] la cause de tous nos désordres.

VIII. Car les hommes en tout temps veulent être heureux, ils ne veulent jamais être malheureux. Le plaisir actuel rend actuellement heureux, et la douleur malheureux. Or on sent du plaisir et de la douleur à la présence des corps, et on croit qu'ils en sont la cause *véritable*. C'est donc une espèce de nécessité qu'on les craigne et qu'on les aime. Et même quoiqu'on soit convaincu par des démonstrations métaphysiques et certaines, que Dieu seul en est cause véritable, cela ne donne pas la force de les mépriser, lorsqu'on en jouit. Car les jugements des sens agissent plus sur nous que les raisons les plus solides; parce que ce n'est pas tant la lumière que le plaisir qui ébranle l'âme et la met en mouvement.

IX. Ainsi il est visible que pour conserver l'amour dominant de l'Ordre immuable, il faut d'un côté faire tous ses efforts pour augmenter cette espèce d'union de l'esprit avec Dieu, la-

1. Var. Les mots : En nous, n'étaient pas dans l'édition de 1684.
2. Var. La même que du précédent. (1684.)
3. Var. Ce qui est. (1684.)

quelle n'a point de rapport aux objets sensibles : et de l'autre
diminuer autant qu'il est possible cette autre espèce d'union
qui a rapport aux corps, substances inférieures à la nôtre, et
qui bien loin de pouvoir nous rendre parfaits, ne peuvent par
eux-mêmes agir [1] en nous. Et s'ils peuvent nous corrompre, c'est
que le péché [2] du premier homme a introduit la concupiscence,
qui suit uniquement de la perte [3] que nous avons faite du pouvoir d'arrêter ou de suspendre les lois des communications des
mouvements, par lesquelles les corps qui nous environnent
agissent sur celui que nous animons, et par lui sur notre esprit, en conséquence des lois de l'union de l'âme et du corps [4].

X. J'ai déjà, ce me semble, suffisamment prouvé [5], du moins
à l'égard de certaines personnes, que tout le mouvement de
l'âme dépendant de la lumière et des sentiments [6], il est nécessaire, pour exciter en nous ce mouvement qui nous approche
de Dieu, et qui nous y tient unis, de s'exercer sans cesse dans
le travail de l'attention, cause occasionnelle de la lumière, et
d'invoquer souvent Jésus-Christ cause occasionnelle de la grâce
de sentiment. Je dois maintenant expliquer les moyens de diminuer l'union qui est entre nous et les créatures, et faire en
sorte qu'elles ne partagent point avec Dieu notre esprit et notre
cœur. Car nous sommes tellement situés entre Dieu et les corps,
que nous ne pouvons nous approcher des corps sans nous éloigner de Dieu, et qu'il suffit de rompre le commerce que nous
avons avec eux, pour se trouver uni à Dieu, à cause de l'influence continuelle que Jésus-Christ répand dans ses membres.

XI. Assurément tout ce que je vais dire n'est pas fort nécessaire à ceux qui ont lu et médité les principes que j'ai établis
dans la *Recherche de la vérité* : et si les hommes avaient tous
assez de raison pour étudier par ordre, ou du moins assez d'é-
quité pour croire qu'un auteur a peut-être plus pensé qu'eux

1. Var. Ne peuvent agir. (1684 et 1697.)
2. Var. Ni nous corrompre que parce que le péché. (1684 et 1697.)
3. Var. Qui consiste uniquement dans la perte. (1684 et 1697.)
4. « Or la concupiscence ne consiste que dans une suite continuelle de sentiments et de mouvements qui préviennent la Raison et qui n'y sont point soumis ;
de plaisirs qui paraissant se répandre vers nous des objets qui nous environnent,
nous en inspirent l'amour ; de douleurs qui rendant l'exercice de la vertu dur et
pénible, nous en donnent de l'horreur. » (*De la nature et de la grâce*, 2e discours,
2e partie, édit. citée p. 153.)
5. *Méditations chrétiennes*, 13e, 14e, etc. (Note marginale de M. de l'édition de
1684.)
6. Var. Et du sentiment. (1684.)

au sujet qu'il traite, je ne serais pas obligé de répéter en général ce que j'ai déjà dit et prouvé ailleurs en plusieurs manières. Personne ne lit Apollonius ou Archimède sans savoir son Euclide : parce qu'on n'entend rien dans les Sections coniques, si l'on ne sait la Géométrie ordinaire ; et qu'en matière de Géométrie, quand on n'entend pas, on sait bien qu'on n'entend pas. Mais en matière de Morale et de Religion, chacun se croit assez en état de bien concevoir tout ce que les livres en disent [1]. Ainsi chacun en juge sans prendre garde que la Morale par exemple, j'entends la Morale démontrée ou expliquée par principes, est à la connaissance de l'homme ce qu'est la science des lignes courbes à celle des lignes droites.

XII. Je me crois donc obligé de faire ici quelques suppositions des principes que j'ai prouvés ailleurs, et qui sont nécessaires pour la suite : cela éclaircira peut-être bien des choses que j'ai déjà dites, et que je crains fort qu'on n'ait pas bien entendues. Mais ces suppositions ne sont point pour ceux qui ont médité les principes que j'ai expliqués ailleurs, ou qui ont bien compris tout ce que j'ai dit jusqu'ici. Ils peuvent passer au chapitre suivant et s'épargner une lecture inutile.

XIII. Je suppose premièrement qu'on soit bien convaincu, que pour unir l'âme au corps, il ne faut pas confondre les idées de ces deux substances : comme font la plupart des hommes, qui pour faire cette union, répandent [2] l'âme dans toutes les parties du corps, et attribuent au corps tous les sentiments qui n'appartiennent qu'à l'âme. L'union de l'âme et du corps consiste dans l'action mutuelle et réciproque de ces deux êtres, en conséquence de l'efficace de volontés Divines, qui seules peuvent changer les modifications des substances. L'âme pense et n'est point étendue, le corps est étendu et ne pense point. On ne peut donc unir l'âme au corps par l'étendue, mais par la pensée ; ni le corps à l'âme par des sentiments, mais par des situations et des mouvements. Le corps est piqué, l'âme le sent ; l'âme craint un mal, le corps le fuit. L'âme veut remuer le bras ; il se remue aussitôt, et l'âme est avertie de ce mouvement [3]. Ainsi il y a une correspondance mutuelle entre certaines pensées de l'âme et certaines modifications du corps, en conséquence de quelques lois naturelles que Dieu a établies et qu'il

1. Var. Je n'ose dire pourquoi, ajoutait l'édition de 1684.
2. Var. Étendent. (1684.)
3. Var. Et l'âme le voit et le sent. (1684.)

suit constamment [1]. C'est là ce qui fait l'union de l'âme et du corps. L'imagination peut fournir d'autres idées de tout ceci. Mais cette correspondance est incontestable, et elle me suffit pour la suite. Ainsi je ne veux et je ne dois point bâtir sur des fondements peu sûrs et différents de ceux-ci [2].

XIV. Je suppose en second lieu qu'on sache que l'âme n'est point immédiatement unie à toutes les parties du corps, mais à celle qui leur répond à toutes, et que j'appelle sans la connaître la partie principale. Ainsi [3] nonobstant les lois de l'union de l'âme et du corps, on peut bien couper le bras à un homme sans qu'il résulte dans son âme aucune pensée qui y réponde; mais il n'est pas possible qu'il arrive le moindre changement dans la principale partie du cerveau, qu'il n'en arrive aussi dans l'âme. L'expérience prouve ces vérités ; car quelquefois on coupe des parties sans qu'on le sente, parce que l'ébranlement de la coupure ne se communique point alors à la partie principale. Et au contraire ceux qui ont perdu un bras sentent souvent une douleur très réelle dans ce bras imaginaire [4] : parce qu'il se passe dans le cerveau le même ébranlement que que si on avait mal au bras.

XV. Le premier homme avant son péché avait sur son corps un pouvoir absolu. Du moins empêchait-il, dès qu'il le voulait, que le mouvement ou l'action des objets ne se communiquât des organes des sens qui en pouvaient être frappés jusques à la partie principale du cerveau : et cela apparemment par une espèce de révulsion, semblable en quelque chose à celle qu'on fait, quand on se veut rendre attentif à des pensées que la présence des objets sensibles fait évanouir.

XVI. Mais je suppose en troisième lieu que maintenant nous n'avons plus ce pouvoir : et qu'ainsi, pour avoir quelque liberté d'esprit, penser à ce qu'on veut, aimer ce qu'on doit, il est nécessaire que la partie principale qui répond aux organes des sens extérieurs [5] soit calme et sans agitation : ou du moins

1. En conséquence de l'harmonie préétablie, dira Leibniz. Sur cette intéressante question des rapports de la théorie des causes occasionnelles avec celle de l'harmonie préétablie, voyez la correspondance de Leibniz avec Arnauld, particulièrement page 624 et suivantes de l'édition P. Janet, *Œuvres philosophiques de Leibniz*, tome Ier.

2. Var. Ces cinq derniers mots n'étaient pas dans l'édition de 1684.

3. Var. Et qu'ainsi. (1684.)

4. Var. Dans ce bras qu'ils n'ont plus. (1684.)

5. Var. Aux sens. (1684 et 1697.)

qu'on puisse encore l'arrêter ou la fléchir du côté qu'on le désire. Notre attention dépend de nos volontés, mais elle dépend beaucoup plus de nos sentiments et de nos passions. Il faut faire de grands efforts pour ne pas regarder ce qui frappe, pour ne pas aimer ce qui plaît [1], et l'âme ne se lasse jamais plutôt, que lorsqu'elle combat contre les plaisirs et qu'elle se rend en un sens [2] actuellement malheureuse.

XVII. En quatrième lieu je suppose qu'on sache que la partie principale n'est jamais touchée ou ébranlée d'une manière agréable ou désagréable, qu'il ne s'excite dans les esprits animaux quelque mouvement propre à transporter le corps vers l'objet qui agit en elle, ou à s'en séparer par la suite : et qu'ainsi les ébranlements des fibres du cerveau qui ont rapport au bien ou au mal, sont toujours suivis du cours des esprits qui disposent le corps comme il le doit être par rapport à l'objet présent ; et que même les sentiments de l'âme qui répondent à ces ébranlements sont suivis des mouvements de la même âme qui répondent au cours de ces esprits. Car les traces ou les ébranlements du cerveau sont au cours des esprits animaux ce que les sentiments de l'âme sont aux passions ; et les traces du cerveau sont aux sentiments de l'âme [3] ce que le mouvement des esprits animaux [4] est aux mouvements [5] des passions.

XVIII. En cinquième lieu je suppose que les objets ne frappent jamais le cerveau, sans y laisser des marques de leur action, ni les esprits animaux des traces de leurs cours : que ces traces et ces blessures ne se referment ou ne s'effacent pas facilement, lorsque le cerveau a été souvent ou rudement frappé, et que le cours des esprits a été rapide ou a recommencé souvent de la même manière : Que la mémoire et les habitudes corporelles ne consistent que dans ces mêmes traces, qui donnent au cerveau et aux autres parties du corps une facilité particulière à obéir au cours des esprits : et qu'ainsi le cerveau est blessé et l'imagination salie, lorsqu'on a joui des plaisirs et qu'on n'a pas craint de se familiariser avec les objets sensibles [6].

1. Var. L'édition de 1684 ajoutait ici : Ce qui frappe, dis-je, et ce qui plaît au cœur.
2. Var. Ces trois mots n'étaient pas dans l'édition de 1684.
3. Var. Aux sentiments. (1684.)
4. Var. Des esprits. (1684.)
5. Var. Au mouvement. (1684.)
6. V. *Recherche de la vérité*, t. II, 2e partie, ch. v, sur la mémoire et les habitudes.

XIX. Enfin je suppose qu'on conçoive distinctement, que lorsque plusieurs traces ont été formées dans le même temps, on ne peut en ouvrir quelqu'une, sans entr'ouvrir toutes les autres : et qu'ainsi il y a toujours plusieurs idées accessoires qui se présentent confusément à l'esprit, et qui ont rapport à la principale à laquelle on s'applique particulièrement ; et aussi plusieurs sentiments confus et mouvements indirects qui accompagnent la passion principale, celle qui ébranle l'âme et la transporte vers quelque objet particulier. Rien n'est plus certain que cette liaison des traces entre elles, et avec les différents cours des esprits [1] ; des idées entre elles, et avec les sentiments et les passions. Pour peu qu'on connaisse l'homme et qu'on fasse réflexion sur le sentiment intérieur qu'on a de ce qui se passe en soi-même, on découvrira plus de ces vérités en une heure que je n'en pourrais expliquer en un mois : pourvu qu'on ne confonde point l'âme avec le corps pour les unir entre eux, et qu'on distingue avec soin les propriétés dont la substance qui pense est capable, de celles qui appartiennent à la substance étendue. Et je crois devoir avertir que ces sortes de vérités sont d'une conséquence infinie, non seulement pour concevoir distinctement ce que j'ai dit jusqu'ici et ce que je dois dire dans la suite, mais généralement pour toutes les sciences qui ont quelque rapport à l'homme. Comme j'ai traité ce sujet fort au long dans la *Recherche de la vérité* et principalement dans le second livre, je n'ai pas cru devoir en parler d'abord ; et si même ces suppositions paraissent obscures et n'ouvrent pas assez l'esprit pour faire clairement comprendre ce que je dois dire ici, qu'on ait recours à ce même livre ; car je ne puis me résoudre à expliquer amplement une même chose plusieurs fois.

1. Var. Et avec les sentiments et les passions. (1684.)

CHAPITRE ONZIÈME.

De quelle sorte de mort il faut mourir pour voir Dieu ou s'unir à la
Raison et se délivrer de la concupiscence. C'est la grâce de la foi
qui nous donne cette heureuse mort. Les Chrétiens sont morts au
péché par le Baptême, et vivants en Jésus-Christ ressuscité. De la
mortification des sens et de l'usage qu'il en faut faire. On doit
s'unir aux corps ou s'en séparer, sans les aimer ni les craindre.
Mais le plus sûr, c'est même de rompre avec eux tout commerce,
autant que cela se peut.

I. La mort est une voie abrégée de se délivrer de la concupiscence et de rompre tout d'un coup cette union malheureuse
qui nous empêche de nous réunir à notre Principe. Mais il
n'est pas nécessaire que je prouve ici que se la procurer, c'est
commettre un crime qui, bien loin de nous réunir avec Dieu,
nous en sépare pour jamais. Il est permis de mépriser la vie,
et même de souhaiter la mort, comme saint Paul, pour être
avec Jésus-Christ : *Desiderium habens dissolvi et esse cum Christo.*
Mais on est obligé de conserver sa santé et sa vie ; et c'est la
grâce de Jésus-Christ qui doit nous délivrer de la concupiscence
ou de ce corps de mort qui nous attache aux créatures. *Infelix
ego homo : Quis me liberabit de corpore mortis hujus,* s'écrie le
même Apôtre, *gratia Dei per Jesum Christum.*

II. Certainement il faut mourir pour voir Dieu et s'unir à lui;
car personne ne peut le voir et vivre, dit l'Ecriture. Mais on
meurt véritablement à proportion qu'on quitte le corps, qu'on
se sépare du monde, qu'on fait taire ses sens, son imagination
et ses passions, par lesquelles on est uni à son corps, et par lui à
tous ceux qui l'environnent. On meurt à son corps et au monde

à proportion qu'on rentre en soi-même, qu'on consulte la vérité intérieure, qu'on s'unit et qu'on obéit à l'Ordre. La sagesse Éternelle est cachée aux yeux de tous les *vivants*. Mais ceux qui sont *morts* au Siècle et à eux-mêmes, ceux qui ont crucifié leur chair avec ses désirs déréglés [1] : ceux qui sont crucifiés avec Jésus-Christ, et à l'égard desquels le monde est crucifié : en un mot, ceux qui ont le cœur pur, *Beati mundo corde quoniam ipsi Deum videbunt* [2], et dont l'imagination n'est point salie, sont en état de contempler la vérité. Maintenant ils ne voient Dieu que confusément et imparfaitement *ex parte, per speculum, in ænigmate* [3]. Mais ils le voient véritablement, ils sont étroitement et immédiatement unis à lui, et ils le verront quelque jour face à face, car il faut connaître et aimer Dieu dès cette vie pour le posséder en l'autre.

III. Mais ceux qui vivent non seulement de la vie du corps, mais encore de la vie du monde, ceux qui jouissent des plaisirs et se répandent dans tous les objets qui les environnent, ne trouveront point la vérité. Car la sagesse n'habite point avec ceux qui vivent dans les délices. *Sapientia non invenitur in terra suaviter viventium* [4]. Il ne faut donc pas se donner la mort qui tue le corps et finit la vie : mais il faut se donner la mort qui abat le corps et diminue la vie, j'entends l'union de l'esprit au corps ou sa dépendance. Il faut commencer et continuer son sacrifice, et en attendre de Dieu la consommation et la récompense. Car la vie du Chrétien sur la terre est un Sacrifice continuel, par lequel il immole sans cesse son corps, sa concupiscence, son amour-propre à l'amour de l'Ordre : et sa mort précieuse aux yeux de Dieu est le jour de ses victoires et de ses triomphes en Jésus-Christ ressuscité, le précurseur de notre gloire, et le modèle de notre réformation éternelle.

IV. Saint Paul nous apprend que *notre vieil homme a déjà été crucifié avec* Jésus-Christ, parce qu'effectivement par le Sacrifice que Jésus-Christ a offert sur la croix, il nous a mérité, à nous particulièrement qui avons été lavés dans son sang par le Baptême, toutes les grâces nécessaires pour contrebalancer et même diminuer peu à peu le poids de la concupiscence, de manière que le péché ne règne plus en nous que par notre

---

1. *Job.* xxviii, 21.
2. *Matth.,* v.
3. *Cor.* xiii, 12.
4. *Job.* xxviii, 13. (Notes marginales de M.)

faute. Ainsi ne nous imaginons pas pour justifier notre lâcheté, que nous ne puissions point résister à la loi de la chair qui se révolte sans cesse contre la loi de l'esprit. La loi du péché serait la maîtresse absolue des mouvements de notre cœur, si Jésus-Christ ne l'avait point détruite par sa Croix ; mais nous, *qui sommes morts et ensevelis au péché par le Baptême*, qui sommes justifiés et ressuscités en Jésus-Christ glorifié, qui sommes animés de l'influence de notre chef, de l'esprit de Jésus-Christ, d'une force toute divine, nous ne devons pas croire que le ciel nous abandonne dans les combats, et que si nous sommes vaincus, c'est que le secours nous manque [1]. Jésus-Christ ne néglige point ceux qui l'invoquent ; c'est une impiété que de le croire, car *quiconque invoquera le Seigneur, sera sauvé*, disent toutes les Écritures.

V. *Certainement nous ne serions point glorifiés et assis dans le Ciel en Jésus-Christ ; nous n'aurions point la vie éternelle résidente en nous ; nous ne serions pas héritiers de Dieu et cohéritiers avec Jésus-Christ, citoyens de la sainte cité et enfants adoptifs de Dieu même*, ce que les Apôtres disent des Chrétiens, si Dieu n'était point fidèle dans ses promesses, en permettant que nous fussions tentés au-dessus de nos forces, ce que saint Paul nous défend de croire. Mais on peut dire avec vérité que nous sommes déjà glorifiés en Jésus-Christ, et le reste : parce qu'effectivement il ne dépend plus que de nous de conserver par la grâce le droit que la même grâce nous donne aux biens futurs ; et que c'est une espèce de brutalité, qui doit même surprendre les esprits, que l'homme perde par sa faute des biens infinis et se damne pour jamais par sa négligence.

VI. Cette vérité supposée comme incontestable, réveillons notre foi et notre espérance : cherchons les moyens d'assurer notre salut, et faisons en sorte que la grâce que Dieu ne peut pas répandre sur nous dans un autre dessein que celui de nous sanctifier et de nous sauver, nous sanctifie effectivement et nous fasse mériter les vrais biens. *Mortui enim estis, et vita vestra abscondita est cum Christo in Deo. Mortificate ergo membra*

1. Ceci est encore un point sur lequel Malebranche se sépare des jansénistes ou du moins des propositions qui, selon bon nombre de leurs partisans d'alors, leur étaient faussement attribuées. La première des cinq propositions condamnées et qui, paraît-il, se retrouve mot pour mot dans Jansénius, était ainsi formulée : « Quelques commandements de Dieu sont impossibles à des hommes justes qui veulent les accomplir, et qui font à cet effet des efforts selon les forces présentes qu'ils ont : la grâce qui les leur rendrait possibles leur manque. »

vestra quæ sunt super terram. Vous êtes morts, dit saint Paul,
et votre vie est cachée en Dieu avec Jésus-Christ; mortifiez
donc les membres de votre corps. Nous sommes morts au péché, parce que vivants en Jésus-Christ notre Chef, nous devons
et pouvons par son influence donner la mort au vieil homme;
il ne tient qu'à nous. Mais pour exécuter ce dessein, il faut,
suivant le conseil de saint Paul [1], travailler toute sa vie à la
mortification de ses sens, veiller avec soin à la pureté de son
imagination, régler sur l'Ordre tous les mouvements de ses passions : en un mot diminuer le poids du péché, qui, par les efforts actuels de la concupiscence excitée, est capable de contrebalancer les grâces les plus fortes et de nous séparer de Dieu [2].
Mortificate ergo membra vestra quæ sunt super terram. Si nous
faisons ce qui dépend de nous, la grâce agira selon toute son
efficace dans notre cœur : nous mourrons dans le sens de saint
Paul; *et enfin notre vie cachée en Dieu avec Jésus-Christ paraîtra
avec éclat, lorsque Jésus-Christ lui-même viendra à paraître tout
environné de gloire et de majesté.*

VIII. De tous les exercices propres à favoriser l'efficace de la
grâce, il n'y en a point de plus nécessaire que celui de la mortification des sens : car ce n'est que par notre corps que nous
sommes unis à ceux qui nous environnent. C'est principalement par le sentiment [3] que l'âme s'étend pour ainsi dire dans
toutes les parties de son corps: et par l'imagination et les passions elle se transporte [4] au dehors, et se répand dans toutes
les créatures. Mais comme les sens présentent à l'esprit les objets, l'imagination et les passions supposent les sens et en dépendent. Car il est certain que l'image corporelle d'un objet
sensible, (Il n'est pas question ici des figures qui sont l'objet
des mathématiques,) n'est que la trace et l'ébranlement que ce
même objet a produit dans le cerveau par le moyen des sens,
laquelle trace se renouvelle par l'action de l'imagination ou le
cours des esprits. A l'égard des passions elles ne peuvent aussi
être excitées que par le mouvement des esprits animaux, qui

1. Var. Mais pour exécuter ce dessein suivant le conseil que saint Paul donne
ici, il faut... (1684.)
2. La délectation de la grâce est destinée à contrebalancer en nous la concupiscence; mais si nous laissons celle-ci devenir trop forte, le contrepoids sera insuffi-
sant et nous ne retrouverons pas l'équilibre. Ceci est longuement développé dans
le *Traité de la nature et de la grâce*, 2e et 3e discours.
3. Var. Par le sens. (1684.)
4. Var. Qu'elle se transporte. (1684.)

suppose toujours que le cerveau, réservoir de ces esprits, soit ébranlé par les sens ou par l'imagination. Ainsi, celui qui mortifie ses sens combat dans son principe l'union de l'esprit au corps, ou plutôt sa dépendance [1]. Il diminue la vie animale, le poids du péché, la concupiscence, et favorise l'efficace de la grâce, qui seule peut nous réunir à notre principe [2].

VIII. Le sens le plus étendu, celui qui sert à tous les autres, et sans lequel l'imagination et les passions seraient toutes languissantes, c'est la vue. Pour peu de réflexion qu'on fasse sur soi-même et sur l'usage qu'on peut faire de ses yeux, on reconnaîtra qu'ils nous exposent tous les jours à mille dangers. Un regard indiscret est certainement capable de nous précipiter dans les enfers. Il fit tomber David dans un adultère, qui l'engagea ensuite dans un homicide. Ève se laissa tromper par le démon, parce qu'elle osa bien regarder fixement le fruit défendu, et qu'elle le trouva fort agréable à la vue, *Pulchrum visu, aspectuque delectabile*. Et s'ils avaient l'un et l'autre méprisé leurs sens comme des trompeurs et s'étaient défiés de leur témoignage, ils auraient apparemment conservé leur innocence. Il n'est pas fort à propos que je m'étende ici à prouver par les mauvais effets de la vue, la nécessité qu'il y a de fermer les yeux en bien des rencontres : il vaut mieux que j'explique les choses dans leur principe, et que je fasse voir l'usage légitime qu'on doit faire généralement de tous les sens : ce qui se réduira à l'usage le plus resserré qu'on en puisse faire.

IX. Voici le principe que je crois avoir démontré en plusieurs manières dans le premier livre de Recherche de la vérité. *Les sens ne nous sont donnés que pour la conservation de notre être sensible.* Ils sont parfaitement bien réglés par rapport à ce dessein : mais rien n'est plus faux, plus trompeur, plus déréglé qu'eux par rapport à l'usage que le monde en fait : en voici la preuve. Nous sommes composés d'un esprit et d'un corps : nous avons aussi deux sortes de bien à rechercher, celui de l'esprit et celui du corps. Le bien de l'esprit se reconnaît à la lumière, car c'est le vrai bien : celui du corps se discerne par sentiment, car c'est un faux bien ou plutôt ce n'est nulle-

---

1. En effet, l'union est dans l'ordre éternellement arrêté de la nature. La dépendance est un effet de la chute. La possibilité d'un retour à l'ordre est un effet de la grâce.

2. Var. L'édition de 1684 ajoutait : Il se donne enfin cette espèce de mort, sans laquelle il n'est pas possible de voir Dieu, comme le dit l'Écriture.

ment un bien. Si l'homme connaissait les objets sensibles tels qu'ils sont en eux-mêmes, sans y sentir ce qui n'y est pas, il ne pourrait les rechercher et s'en nourrir sans chagrin et sans une espèce d'horreur : et s'il sentait les vrais biens autrement qu'ils sont, et sans les connaître, il les aimerait brutalement et sans mérite. Car l'esprit ne peut et ne doit vivre que de la substance intelligible de la Raison : et il n'y a que les corps qui puissent nourrir les corps et les faire croître. Les biens intelligibles n'accommodent pas la machine ; et les biens sensibles dérèglent l'esprit. Ainsi, la lumière et l'évidence sont aux biens de l'esprit, ce que le sentiment et l'instinct sont aux biens du corps. Cela ne se peut contester.

X. La raison de tout ceci, c'est que Dieu n'a fait l'esprit que pour lui : il ne l'a pas fait afin qu'il s'occupât des objets sensibles, et qu'il conservât et conduisît par raison le corps qu'il *informe*. Pour connaître distinctement et par raison les rapports infinis que les corps qui nous environnent ont avec celui que nous animons ; pour savoir par exemple, quand on doit manger, combien et quels fruits, afin d'entretenir sa santé et sa vie ; il faudrait s'appliquer tout entier à la physique, et assurément on ne vivrait pas longtemps par ce moyen, du moins les enfants qui sont sans expérience. Mais la faim avertit du besoin et règle à peu près la quantité de la nourriture. Autrefois elle la réglait juste ; et elle la réglerait encore assez bien [1], si nous mangions des fruits tels que Dieu les fait croître. Le goût est une preuve courte et incontestable si certains corps sont ou ne sont pas propres à la nourriture. Sans connaître la tissure d'une pierre ou d'un fruit inconnu, il suffit de le présenter à la langue, portier fidèle, du moins avant le péché, de tout ce qui doit entrer dans la maison, pour s'assurer s'il n'y fera point de désordres. C'est la même chose des autres organes de nos sens. Rien n'est plus prompt que le toucher pour avertir qu'on se brûle, lorsqu'on touche imprudemment un fer chaud. Ainsi, l'esprit, laissant au sens la conduite du corps, il doit [2] s'appliquer à la recherche des vrais biens, contempler les perfections et les ouvrages de son auteur, étudier la loi Divine, et régler sur elle tous ses mouvements. Il faudrait seulement que ses sens l'avertissent avec respect et cessassent de l'interrompre

---

1. Var. Assez bien, n'était pas dans l'édition de 1684.
2. Var. Il peut. (1684.)

quand il leur imposerait silence. Cela était autrefois ainsi. Mais le péché du premier homme a changé cet ordre admirable ; et l'union de l'esprit et du corps demeurant la même, l'esprit s'est trouvé malheureusement gourmandé[1] par les sens, à cause de la perte qu'il a faite du pouvoir de leur commander, ainsi que j'ai déjà dit tant de fois.

XI. Les sens sont donc institués afin de fournir à l'homme des voies courtes et sûres pour discerner les corps par rapport à la conservation de la santé et de la vie. Qu'on s'en serve donc pour s'unir par le corps aux objets sensibles ou pour s'en séparer : cela est dans l'ordre. Je dis *s'unir*, ou se *séparer* : je ne dis point *aimer*, je ne dis pas *craindre* : car l'amour et la haine sont des mouvements de l'âme qui ne doivent jamais être déterminés par des sentiments confus. C'est la raison et non pas l'instinct qui la doit conduire. Que l'esprit aime ou n'aime pas le pain, cela est indifférent au corps. Si l'on en mange sans l'aimer, le corps ne laissera pas de s'en nourrir : et si on l'aime sans en manger, le corps n'en deviendra pas plus robuste ; mais d'un autre côté l'âme se corrompra et se déréglera. Car tout mouvement de l'âme qui, au lieu de tendre vers celui qui l'imprime sans cesse en elle, afin qu'elle l'aime uniquement, tend vers les corps, substances mortes, inférieures, inefficaces, est aveugle, déréglé, brutal. Ce ne sont point là des abstractions chimériques : ce sont des vérités nécessaires, des lois immuables, des obligations indispensables.

XII. Mais quoi ! peut-on s'unir aux corps sans les aimer ? peut-on fuir son persécuteur sans le craindre ? Oui, sans doute, on le peut : car je parle principalement des mouvements libres, qui certainement peuvent n'être pas conformes aux mouvements naturels. Mais qu'on ne le puisse pas, je le veux. Qu'en doit-on conclure ? Que le cœur de l'homme est tellement corrompu que son mal est incurable, et qu'il ne peut faire usage de ses sens, qu'il n'aigrisse et ne renouvelle ses plaies ; et qu'ainsi la mortification des sens est la chose du monde la plus nécessaire dans l'état où l'homme est réduit. Car enfin, doutera-t-on que Dieu n'agit que pour lui, qu'il n'imprime à l'âme du mouvement que pour lui, que tout amour des corps est déréglé, en un mot qu'on est indispensablement obligé d'aimer Dieu de tout son cœur, de toute son âme, de toutes ses forces.

---

1. Var. S'est trouvé dépendant et gourmandé. (1684.)

XIII. Quand l'âme est pénétrée de la présence de Dieu, et
qu'elle le regarde en opérant sans cesse dans les objets qui
frappent les sens ; quand l'esprit est actuellement convaincu de
l'impuissance générale des créatures, et appliqué à régler son
cœur selon ses lumières, sans doute il peut dans ce moment
s'unir au corps ou s'en séparer sans les aimer ni les craindre.
Mais il est vrai que ce temps de réflexion ne peut pas durer.
L'esprit se fatigue par son attention à ses devoirs; et les sens
venant à être touchés par quelque objet qui les flatte, l'âme,
surprise et contente d'abord par l'apparence du bien, ne manque
pas de suivre, par le mouvement qui lui est propre, celui des
humeurs et du sang. Tout plaisir excite et détermine le mouvement naturel de l'âme; et comme en tout temps on veut être
heureux, le mouvement libre de la volonté se conforme volontiers à ce mouvement naturel qu'excitent les sens. Il faut résister pour ne pas suivre ce mouvement. Mais en résistant on
se lasse, on perd le repos qu'on aime; on se rend malheureux
dès qu'on cesse de suivre l'attrait du plaisir qui rend heureux.

XIV. Il vaut mieux sortir d'un courant qui nous entraîne,
si nous cessons un moment d'y résister, que d'y demeurer dans
une action continuelle : du moins c'est là le plus sûr. Il vaut
donc mieux, autant que nous le pouvons, rompre le commerce
que nous avons par les sens avec les objets sensibles, que de
s'exposer à mille et mille dangers en se fiant sur ses propres
forces : forces certainement [1] vaines et trompeuses. Que l'imagination les exalte, que l'orgueil humain les défende, l'expérience
les confond, la foi les condamne et les rend méprisables. Du
moins prenons le plus sûr. Il s'agit de l'éternité, de l'alternative épouvantable de la félicité des Saints, et des supplices des
démons pour des siècles infinis. Nous pouvons heureusement
boucher les avenues par lesquelles s'entretient ce commerce dangereux des sens avec les faux biens. Le mouvement des pieds
et des mains est soumis à nos volontés. Il dépend de nous de
baisser la vue, de tourner la tête, de prendre la fuite. Nous
pouvons ainsi éviter le coup fatal que porte un objet infâme.
Mais ce coup étant reçu, le cerveau en demeure blessé, l'imagination salie, le cœur pénétré et corrompu. Tout ce qui se
produit par la force de ce coup dans le cerveau et dans les
nerfs qui excitent les passions, n'est nullement soumis à nos

1. Var. Dis-je. (1684.

volontés. De sorte que nous pouvons sans beaucoup de peine empêcher le mal par la mortification de nos sens, mais nous ne pouvons point le guérir sans des combats infinis. Heureux, trop heureux, si, sages à nos dépens, nous empêchons qu'il n'augmente et ne nous précipite dans les enfers.

XV. Tâchons donc de nous bien convaincre que nos sens sont des faux témoins, qui portent sans cesse le témoignage contre nous en faveur de nos passions : et que s'il est permis de les écouter pour le bien du corps, rien n'est plus dangereux que de les consulter pour le bien de l'âme. Que s'il est par exemple fort ridicule de prouver par raison que l'or ou les pierres précieuses ne sont pas propres à la nourriture, c'est agir contre l'ordre et le bon sens que d'examiner par le sentiment du goût, si le vin est un objet digne de notre amour et de notre application. Comprenons bien [1] que c'est la lumière qui doit régler les mouvements de l'âme, et le plaisir ceux du corps [2] : que la lumière ne trompe jamais, et qu'elle laisse l'esprit libre sans le pousser au bien qu'elle lui présente, afin qu'il l'aime librement et par raison ; que le plaisir au contraire trompe toujours, qu'il ôte ou diminue la liberté de l'esprit, et le pousse naturellement, non vers Dieu qui le produit, mais vers l'objet sensible qui semble le produire. Souvenons-nous de ces principes et tirons-en cette conséquence, que la mortification des sens est l'exercice le plus nécessaire à celui qui prétend vivre de Raison, suivre l'ordre, travailler à la perfection, s'assurer un bonheur solide, une félicité éternelle.

XVI. Comme j'ai prouvé fort au long dans le premier livre de la *Recherche de la vérité*, que nos sens nous trompent généralement en toutes choses, je ne crois pas devoir m'arrêter davantage à démontrer ce que je viens d'exposer. Je crains plutôt que ceux qui ont lu et médité mes autres écrits, ne trouvent à redire que je répète souvent les mêmes choses. Mais écrivant pour tout le monde, cela ne se peut autrement, car toutes ces vérités sont enchaînées et ont rapport les unes aux autres. Il faut connaître l'homme et ses maladies, du moins en partie, pour en comprendre les remèdes, et savoir la Morale par principes. Si je supposais pour connues toutes les vérités que j'ai

---

1. Var. Ces deux mots, n'étaient pas dans l'édition de 1684 et la même phrase se continuait.

2. Var. Et le plaisir et l'instinct, les mouvements et la situation du corps. (1684.)

prouvées ailleurs, tout le monde n'entendrait pas trop bien ce
que je veux dire : plusieurs pourraient s'en effrayer, et ce
livre aurait apparemment le même sort que l'infortuné Traité
de la Nature et de la Grâce, que je n'avais composé que pour
ceux qui savaient distinctement les vérités que j'avais déjà
suffisamment expliquées, ainsi que j'en avais averti; contre lequel néanmoins on s'est déchaîné de manière, qu'on m'a im-
puté les hérésies mêmes que j'y détruis dans leurs principes [1].

1. Ainsi on reproche à Malebranche de détruire la liberté de l'homme, et il prétend que c'est sa doctrine qui la sauve, parce que l'action toute-puissante et continuelle de Dieu peut seule *libérer* notre volonté. Il est aisé de voir où est, sur ce
point, l'illusion de Malebranche. Le péché original une fois posé avec les conséquences qu'en tire immédiatement le dogme chrétien, il est très vrai que le secours de la grâce, venant contrebalancer l'effet de la concupiscence, peut seul
rendre à l'homme sa liberté. Mais ce n'est pas tant la doctrine théologique de
Malebranche qui compromet le libre arbitre (Le présent chapitre vient de nous
montrer qu'en cette matière il entendait se séparer des jansénistes); c'est bien
plutôt sa métaphysique, c'est sa doctrine des causes occasionnelles, de Dieu,
seule cause véritable, créant continuellement en nous l'être et les manières
d'être, etc., etc. Voyez plus bas, pages 150, 153, 155 et les notes.

CHAPITRE DOUZIÈME.

De l'imagination. Ce terme est obscur et confus. En général ce que
c'est que l'imagination. Différentes sortes d'imagination. Ses effets
sont dangereux. De ce qu'on appelle dans le monde le bel esprit.
Cette qualité est fort opposée à la grâce de Jésus-Christ. Elle est
fatale à ceux qui la possèdent et à ceux qui l'estiment et l'admirent dans les autres sans la posséder.

Quoique les sens soient le premier principe de nos désordres
ou l'origine de l'union de l'esprit et du corps, qui maintenant
désunit l'esprit d'avec Dieu, néanmoins il ne suffit pas de régler leur usage afin que la grâce opère en nous selon toute son
efficace; il faut de plus faire taire l'imagination et les passions.
L'imagination dépend des sens aussi bien que les passions [1] :
mais elle a sa malignité particulière. Lorsque les sens l'ont
excitée, elle produit [2] des effets extraordinaires. Mais souvent,
quoique les sens ne l'ébranlent point actuellement, elle agit
par ses propres forces. Elle jette le trouble [3] dans toutes les
idées de l'âme par les fantômes qu'elle produit, et quelquefois
ces fantômes sont si agréables ou si terribles, si vifs et si animés qu'ils mettent en fureur [4] les passions par la violence des
mouvements qu'ils excitent. Mais j'appréhende que quelques
personnes ne conçoivent pas clairement ces vérités, il faut que
je les explique plus distinctement.

---

1. Que les passions, il est vrai. (1684.)
2. Var. Elle produit par elle-même. (1684.)
3. Var. Elle jette même quelquefois le trouble. (1684.)
4. Var. Et met en fureur. (1684.)

II. Ce terme, *Imagination*, est fort en usage dans le monde : mais j'ai peine à croire que tous ceux qui le prononcent y attachent une idée distincte. Je l'ai déjà dit et je le répète, car il n'y a point de mal d'y penser plus d'une fois : les mots les plus communs sont les plus confus, et le discours ordinaire n'est souvent qu'un jeu de paroles vides de sens, qu'on écoute et qu'on rend comme les échos la voix des bergers [1]. Pourvu qu'on s'entretienne agréablement, qu'on se communique les uns aux autres ses affections, qu'on se donne mutuellement des marques d'estime, on sort content de la conversation. On fait de la parole le même usage que de l'air et des manières : on s'unit les uns aux autres par les sens et les passions; et souvent la raison n'a point d'autre part à la société que celle de servir à la vanité et à l'injustice des hommes. Car la vérité n'est bonne à rien en ce monde. Ceux qui la recherchent sont des visionnaires, des esprits particuliers [2], des personnes dangereuses qu'il faut éviter comme l'air contagieux. Ainsi les paroles, dont le principal usage devrait être de représenter les idées pures de l'esprit, ne servent d'ordinaire qu'à exprimer des idées sensibles, et les mouvements de l'âme, qui ne se communiquent déjà que trop par les manières, l'air du visage, le ton de la voix, la posture et le mouvement du corps.

III. *Imagination* est un de ces termes que l'usage autorise et n'éclaircit pas : car l'usage ordinaire n'éclaircit que les mots qui réveillent les idées sensibles. Ceux qu'il substitue aux idées pures sont tous ou équivoques ou confus. Comme l'imagination n'est visible [3] que par les effets, et qu'il est difficile d'en connaître la nature, chacun prononce le même mot sans en avoir la même idée : peut-être même que bien des gens n'en ont nulle idée.

IV. L'imagination se peut considérer en deux manières : du côté du corps, et du côté de l'âme. Du côté du corps, c'est un cerveau capable de traces, et des esprits animaux propres à former ces traces. Qu'on conçoive par esprits animaux tout ce qu'on voudra s'imaginer, pourvu que ce soient des corps qui par leur mouvement, puissent agir dans la substance de la principale partie du cerveau. Du côté de l'esprit, ce sont des images

---

1. C'est ce que Leibniz appelle du *psittacisme*.
2. Qui préfèrent leur *sens particulier* à la tradition et à l'orthodoxie. C'est encore là une allusion à tous les reproches d'hérésie dont Malebranche était l'objet.
3. Var. Sensible. (1684.)

qui répondent aux traces, et de l'attention capable de former ces images ou ces idées sensibles. Car c'est notre attention qui, en qualité de cause occasionnelle, détermine le cours des esprits, par lequel les traces se forment, et auxquelles traces les idées sont attachées. Tout cela en conséquence des lois de l'union de l'âme et du corps.

V. Ces images ou ces traces, formées par la force de l'imagination, aussi bien que par l'action des objets, disposent le cerveau, réservoir des esprits, de manière que le cours de ces mêmes esprits est déterminé vers certains nerfs, dont les uns se répandent vers le cœur et les autres viscères, pour y produire de la fermentation ou du refroidissement, en un mot divers mouvements par rapport à l'objet présent aux sens ou à l'imagination : et les autres nerfs répondent aux parties extérieures du corps pour lui faire prendre la situation et le disposer au mouvement que demande ce même objet.

VI. Le cours des esprits animaux vers les nerfs qui répondent aux parties intérieures du corps, est accompagné des passions du côté de l'âme; et ces mêmes passions, produites originairement par l'action de l'imagination, fortifient, par une grande abondance d'esprits qu'elles font monter à la tête, la trace et l'image de l'objet qui les a fait naître. Car les passions réveillent, soutiennent, fortifient l'attention, cause occasionnelle du cours des esprits, qui forment la trace du cerveau, laquelle détermine un autre cours des esprits vers le cœur et les autres parties du corps pour entretenir les mêmes passions. Tout cela encore par l'économie admirable des lois de l'union de l'âme et du corps. Voilà une légère idée de l'imagination, et du rapport qu'elle a avec les passions. J'ai expliqué ailleurs [1] plus amplement cette matière. Mais je crois que cela suffit pour faire comprendre en quelque manière aux personnes attentives ce que j'entends en général par *imagination*, et en particulier que :

VII. Par imagination *salie ou corrompue*, j'entends un cerveau qui a reçu quelques traces assez profondes pour appliquer l'esprit et le corps par rapport à des objets indignes de l'homme : et que par *pureté* d'imagination j'entends un cerveau sain et entier ou sans ces traces criminelles qui corrompent l'esprit et le cœur.

---

1. *Recherche de la vérité*, liv. II et V. (Note marginale de M.)

Par imagination *faible et délicate*, j'entends un cerveau dont la partie principale, de laquelle dépend le cours des esprits, est facile à pénétrer et à ébranler.

Par imagination *fine et délicate*, j'entends un cerveau dont les fibres sont si délicates qu'elles reçoivent et conservent distinctement les moindres traces que le cours des esprits grave entre elles.

Par imagination *vive*, j'entends que les esprits animaux, qui forment les traces, sont trop agités par rapport à la consistance des fibres du cerveau.

Par imagination *spacieuse*, j'entends une abondance d'esprits capable de tenir dans un même temps tout ouvertes plusieurs traces du cerveau.

Par imagination *réglée*, j'entends que les passions ou quelque autre accident n'ait point forcé ou rompu quelque fibre de la partie principale du cerveau, qui doit obéir à l'attention de l'esprit.

Par *visionnaire*, j'entends un homme dont l'attention détermine à la vérité le cours des esprits, mais elle n'en peut pas bien mesurer [1] la force, ou retenir le mouvement. Ainsi le visionnaire pense à ce qu'il veut; mais il ne voit rien tel qu'il est. Car les traces étant trop grandes ou trop profondes, il ne voit rien dans son état naturel : il faut toujours rabattre quelque chose de ce qu'il dit. Tout le monde en ce sens est visionnaire à l'égard de certains sujets; ceux qui le sont le moins [2], sont les plus sages.

Par *insensé*, j'entends celui dont l'attention ne peut ni retenir ni déterminer le cours des esprits.

Par imagination *contagieuse et dominante*, j'entends une telle abondance d'esprits animaux, et si agités, qu'ils répandent sur tout le corps et principalement sur le visage un air de confiance qui persuade les autres. Tous les hommes, lorsqu'ils sont émus de quelque passion, et les visionnaires en tout temps ont l'imagination contagieuse et dominante.

VIII. Comme la substance et la disposition des fibres du cerveau est différente dans différentes personnes, et dans les mêmes en différents âges, et que les esprits animaux sont plus ou moins subtils, plus ou moins abondants, plus ou moins agités;

1. Var. Mais elle n'en peut mesurer. (1684.)
2. Var. Ceux qui le savent le mieux. (1684.)

on peut bien juger qu'il y a beaucoup plus de sortes d'imaginations que je n'en explique ici, et qu'il n'y a pas même assez de termes pour marquer exactement leurs différences. Car ce terme *imagination* n'est pas seulement l'expression abrégée de plusieurs idées, mais encore d'un nombre infini de rapports qui résultent de la comparaison de ces idées, lesquels rapports sont le caractère particulier des imaginations. Le cerveau seul disposé de telle ou telle manière, considéré sans rapport au mouvement, à l'abondance, à la solidité des esprits, ne fait point une telle ou telle imagination : c'est le rapport qui résulte de la qualité des esprits avec la substance des fibres du cerveau. Car celui qui a une grande abondance d'esprits fort agités et fort solides, n'a pas pour cela l'imagination vive et spacieuse, si d'ailleurs les fibres du cerveau sont trop solides, trop humides, trop entrelacées les unes dans les autres.

IX. Ces vérités supposées, je dis que l'imagination a des effets aussi dangereux qu'en ont les sens, et qu'ainsi il est nécessaire de la tenir dans le silence, afin que la grâce opère en nous selon toute son efficace.

X. Car premièrement l'imagination, aussi bien que les sens, ne parle que pour le bien du corps ; parce que naturellement, tout ce qui vient à l'esprit par le corps n'est que pour le corps. C'est un grand principe.

XI. Secondement l'imagination interrompt sans cesse l'esprit, lorsqu'elle est échauffée, et elle le contraint souvent de lui répondre et de l'entretenir aux dépens de la Raison. De plus on peut facilement éviter l'action des objets sensibles, et faire ainsi taire ses sens : car il dépend de nous de fermer les yeux ou de prendre la fuite. Mais on ne peut pas facilement dissiper les fantômes qu'excite l'imagination, et c'est une nécessité que l'esprit contemple tout ce qui se passe dans le cerveau.

XII. Troisièmement, les sens représentent assez au naturel les objets sensibles. Mais l'imagination les étend et les grossit, les embellit ou les rend difformes et terribles [1], de manière que souvent l'esprit en est tantôt charmé et tantôt épouvanté. Tel a le cœur corrompu par des désirs déréglés, que l'imagination toute seule a excités, qui se trouve guéri par l'accomplissement de ces mêmes désirs. La jouissance actuelle de l'objet de ses désordres, par laquelle il a consommé son crime, le délivre du

---

1. Var. Ce membre de phrase n'était pas dans l'édition de 1684.

moins pour quelque temps d'une passion qui devait à l'imagination toute sa force et tout son emportement [1].

XIII. Quatrièmement, les sens ne s'attachent qu'à certains objets qui nous environnent, et qui sont à leur portée : mais l'imagination rend l'esprit esclave de toutes choses. Elle l'unit au passé, au présent, au futur, aux réalités et aux chimères, aux êtres possibles et à ceux que Dieu ne peut créer, et que l'esprit ne peut comprendre. Elle tire de son propre fonds des fantômes terribles, et elle s'en effraye. Elle en fait naître de plaisants, et elle s'en réjouit. Elle change et détruit la nature de tous les êtres, et forme mille desseins extravagants, dans le monde qu'elle compose de réalités et de purs fantômes [2].

XIV. Enfin l'imagination, sans aller à la folie, trouble et dissipe toutes les véritables idées, et corrompt le cœur en une infinité de manières. Je serais trop long à expliquer les différents effets des diverses espèces d'imagination. Mais celle qui est la plus opposée à l'efficace de la grâce de Jésus-Christ, c'est ce qu'on appelle dans le monde le *bel esprit*. Car, plus l'imagination est instruite, plus elle est à craindre : la finesse, la délicatesse, la vivacité, l'étendue de l'imagination, grandes qualités aux yeux des hommes, étant le principe le plus fécond et le plus général de l'aveuglement de l'esprit et de la corruption du cœur. Comme j'avance là un paradoxe, on ne me croira pas sans preuves.

XV. L'esprit ne peut être raisonnable [3] que par la Raison : il ne peut être réglé [4] que par l'Ordre. Il ne tire sa perfection que de l'union immédiate et directe qu'il a avec Dieu. Au contraire, l'union de l'esprit au corps, le remplit de ténèbres, et le jette dans le désordre : parce que maintenant cette union ne peut s'augmenter sans diminuer celle qui lui est opposée. Or, c'est par l'imagination que l'esprit se répand dans les créatures : car ce n'est que par les idées pures et exemptes de fantômes qu'il s'unit à la vérité. Ainsi, plus l'imagination a de force, de vivacité, d'étendue, plus l'esprit s'occupe des objets sensibles. J'ai déjà dit tout ceci. Or, lorsque l'imagination est belle, fa-

---

1. C'est, avec beaucoup de grâce et de finesse, l'équivalent du proverbe populaire : La possession tue la passion.

2. Var. Et de fantômes. (1684.) Tout ce passage est à comparer avec les pages célèbres des *Pensées* de Pascal sur l'imagination.

3. Var. N'est raisonnable. (1684.)

4. Var. Il n'est réglé. (1684).

cile, nette et vive, les fantômes qu'elle forme sont vifs, animés, agréables, toujours au naturel, et au-dessus du naturel. Ainsi, celui qui par la force de son imagination fait naître dans son esprit mille objets différents, qui revêt ses fantômes d'ornements toujours à la mode, et leur donne certains mouvements mesurés qui ébranlent agréablement tout le cerveau ; celui-là, dis-je, se laisse charmer par son propre ouvrage , et, au lieu de contempler les choses en elles-mêmes, telles que leurs idées les représentent, il se fait un plaisir continuel de se donner la comédie, et d'applaudir aux fictions de son esprit.

XVI. Tous les hommes [1] cherchent naturellement des approbateurs, et le bel esprit n'en manqua jamais. Lorsqu'il parle, comme il parle bien, tout le monde l'écoute avec estime : comme il parle agréablement, tout le monde l'écoute avec plaisir : comme il n'avance que certaines vérités sensibles, faussetés réelles, car ce qui est vrai aux sens est faux à l'esprit, tout le monde lui applaudit. Mais un homme qui connaît, ou plutôt un homme qui par l'air de ceux qui le regardent, sent vivement qu'on l'admire, qu'on l'aime, qu'on l'honore, qu'on le révère, peut-il se défier de ses pensées, se persuader qu'il se trompe, et ne pas s'attacher, non seulement à ses propres visions qui l'enchantent, mais encore à ce monde qui lui applaudit, à ces amis qui le caressent, à ces disciples qui l'adorent, peut-il être uni étroitement avec Dieu, ayant tant de liaisons et de rapports aux créatures?

XVII. Le bel esprit est un homme d'honneur, j'y consens : il peut néanmoins être fourbe, et il y en a pour le moins autant de ce caractère que d'aucun autre. Il n'a point de vice, je le veux : il y en a néanmoins de débauchés et en grand nombre. Mais certainement le bel esprit tient au monde par une infinité d'endroits, car comment pourrait-il être mort au monde, le monde vivant si fort pour lui? Le bel esprit est agité sans cesse par des mouvements de vanité, car tous ses commerces ne font qu'irriter la concupiscence de l'orgueil. Le bel esprit, j'entends principalement ici [2] ce bel esprit qui vit au milieu du monde choisi, qui tend sans cesse à prendre dans les esprits une situation avantageuse, ou qui par la réputation qu'il s'est

---

1. Var. Or, tous les hommes. (1684.)
2. Var. J'entends toujours. (1684.)

déjà faite est devenu véritablement l'esclave de tous ceux qui le regardent comme leur maître ; le bel esprit, dis-je, est donc séparé de Dieu, plus qu'aucun autre, et il n'y a nulle apparence de retour. Que la délectation de la grâce se répande dans son cœur dix fois le jour, elle trouvera toujours ce cœur rempli de sentiments et de mouvements qui l'étoufferont. Que la lumière éclaire son esprit et dissipe ses fantômes, l'imagination saura bien les reproduire [1]. Il y a trop de fers à briser et de liaisons à rompre pour délivrer ce captif, mais ce captif aime ses chaînes : il ne sent point sa servitude, il en fait gloire.

XVIII. Un débauché n'est pas toujours actuellement dans la débauche : le sang et les humeurs n'y pourraient pas suffire ; et lorsque la fermentation cesse, le débauché a honte de ses désordres. Mais le sang fournit toujours assez d'esprits pour entretenir la concupiscence de l'orgueil. Quel temps sera donc favorable à l'efficace de la grâce? Le fourbe a continuellement des remords qui le troublent et qui l'inquiètent : mais le bel esprit n'a nul remords. Est-ce un crime, dira-t-il, que d'avoir de l'esprit, et de mériter l'estime des honnêtes gens? Ce n'est pas un crime que d'avoir de l'esprit : mais c'est une erreur que de prendre l'imagination pour l'esprit. Ce n'est point un crime que de mériter l'estime des autres : mais c'est une illusion que de s'imaginer qu'on la mérite ; je ne dis pas pour avoir dans sa tête abondance d'esprits animaux ou une juste proportion des fibres du cerveau avec ces esprits, en quoi consiste le bel esprit [2] : mais même pour être uni avec la Raison de la manière la plus pure et la plus étroite qui se puisse. On ne mérite aux yeux de celui qui seul sait connaître et récompenser le mérite, que par la conformité avec l'Ordre, que par le bon usage de sa liberté [3] : usage qu'on ne peut bien régler que par le secours de la grâce, et dont celui qui se glorifie perd le mérite, parce qu'il ne rend pas à Dieu seul la gloire qui lui est due. Dieu a-t-il créé les autres hommes afin qu'ils s'occupent de nous et qu'ils nous aiment, afin qu'ils se tournent vers nous et qu'ils nous admirent, qu'ils courent après nous, qu'ils se lient [4] à nous?

1. Var. Les produire. (1697.)

2. Var. Ces mots : En quoi consiste le bel esprit, n'étaient pas dans l'édition de 1684.

3. Et dans la science, on n'arrive à la vérité que par la méthode, non par l'abondance et la vivacité des *esprits*.

4. Var. Se lient. (1684.)

Certainement Dieu veut être adoré de ses créatures. Mais quoi, adoré? Qu'on se prosterne devant ses Autels, qu'on brûle de l'encens en abondance, qu'on mêle les voix avec les instruments pour faire retentir les églises d'airs agréables composés à sa louange? Non, sans doute. Dieu est esprit, et il veut être adoré en esprit et en vérité. Il veut l'homme tout entier, ses pensées, ses mouvements, ses actions. Mais le bel esprit plus qu'aucun autre s'attire les regards et arrête sur lui les mouvements des autres hommes. Au lieu de prendre lui-même la posture d'un homme qui adore, et de tourner les esprits et les cœurs vers celui-là seul qui doit être adoré, il s'élève dans l'esprit de l'homme : il y prend une place honorable. Il entre jusque dans le sanctuaire de ce Temple sacré, la demeure principale du Dieu vivant; et par l'éclat et le faste sensible qui l'environne, il prosterne les imaginations faibles à ses pieds, et se fait rendre un culte véritable, un culte spirituel, un culte qui n'est dû qu'à Dieu.

XIX. Mais celui qui cherche l'estime des hommes, et qui dérobe à Dieu ce qu'il estime le plus dans ses créatures, pourrait-il attirer sur lui les grâces du Ciel? *Dieu qui résiste aux superbes*, le préviendra-t-il de ses bénédictions? L'esprit de Dieu repose volontiers sur ceux qui sont humbles et que le monde méprise, ce sont des vérités certaines par l'Ecriture. Il éclaire ceux qui rentrent en eux-mêmes, l'expérience l'apprend. Mais il aveugle ces imaginations vives et éclatantes, qui se répandent sans cesse au dehors : car la vérité habite en nous. De plus, la grâce, soit de lumière, soit de sentiment, n'a point son effet dans l'esprit et dans le cœur de ceux qui sont unis à tout ce qui les environne : cela est évident par les choses que je viens de dire. Le bel esprit qui cherche la gloire, n'en trouvera donc qu'une vaine et passagère, et tombera pour jamais avec les esprits d'orgueil dans l'ignominie qui lui est due.

XX. Mais cette beauté d'esprit si fatale à ceux qui la possèdent, et qui s'en glorifient, est encore fort dangereuse pour ceux qui l'estiment et qui l'admirent sans la posséder; c'est une vérité qu'il faut savoir. Rien n'est plus contagieux que l'imagination; et ceux qui l'ont vive et dominante, sont toujours les maîtres de ceux qui les regardent fixement. Leur air et leurs manières répandent, pour ainsi dire, la conviction et la certitude dans tous ceux qui les considèrent; car ils passionnent si vivement toutes choses, que lorsqu'on ne rentre pas

en soi-même pour confronter ce qu'ils disent avec les réponses
de la vérité intérieure, ce qui est fort difficile à faire en leur
présence, on reçoit leurs sentiments, je ne dis pas sans en examiner les preuves, je dis même sans comprendre ces sentiments [1]. On demeure convaincu, sans savoir précisément de
quoi on est convaincu, parce qu'on est pénétré, qu'on est
ébloui, qu'on est dominé.

XXI. Néanmoins on doit savoir que de tous les hommes, ceux
qui sont les plus sujets à l'erreur, ceux dont les sentiments sont
les plus dangereux, ceux dont les mouvements sont les moins
réglés, ce sont les imaginations vives et dominantes. Car, plus
le cerveau est rempli d'esprits, plus l'imagination se révolte,
plus les passions s'animent, plus le corps parle haut, qui ne
parla jamais qu'en faveur du corps, que pour unir et soumettre l'esprit au corps et le séparer de celui qui seul peut donner à l'âme [2] la perfection dont elle est capable. Il faut donc travailler à faire taire sa propre imagination et se mettre en garde
contre ceux qui la flattent et qui l'excitent. Il faut éviter autant que l'on peut le commerce du monde : car lorsque la concupiscence, soit de l'orgueil, soit des plaisirs, est actuellement
excitée, la grâce n'opère point en nous selon toute son efficace.

XXII. Car enfin l'homme est sujet à deux espèces de concupiscence, à la concupiscence des plaisirs, et à la concupiscence
de l'élévation et de la grandeur. C'est à quoi on ne pense point
assez. Lorsque l'homme jouit des plaisirs sensibles, son imagination se salit; et la concupiscence charnelle s'excite et se fortifie. De même lorsqu'il se répand dans le monde, qu'il cherche
des établissements, qu'il fait des amis, qu'il acquiert de la réputation, l'idée qu'il a de lui-même s'étend et se grossit dans
son imagination, et la concupiscence de l'orgueil se renouvelle
et s'augmente. Il y a naturellement dans le cerveau des traces
pour entretenir la société civile et travailler à l'établissement
de sa fortune, comme il y en a qui ont rapport à la conservation de la vie et à la propagation de l'espèce. Nous sommes
unis aux autres hommes en mille manières aussi réellement
qu'à notre corps : et toute union aux créatures nous désunit
maintenant d'avec Dieu, parce que les traces du cerveau ne
sont plus soumises à nos volontés.

1. Var. Cette fin de phrase, depuis les mots : on reçoit leurs sentiments..., n'était
pas dans l'édition de 1684.
2. Var. A l'esprit. (1684.)

XXIII. Tous les hommes reconnaissent assez bien le déréglement de la concupiscence charnelle. Ils s'en défient, ils en ont quelque horreur, ils évitent en partie ce qui peut l'irriter. Mais il y en a très peu qui fassent une sérieuse réflexion sur la concupiscence de l'orgueil, et qui appréhendent de la réveiller et de l'augmenter. Chacun s'abandonne indiscrètement dans le commerce du monde et s'embarque sans crainte sur cette mer orageuse, comme l'appelle saint Augustin. On se laisse conduire à l'esprit qui y règne, on aspire à la grandeur, on court à la gloire. Car le moyen de demeurer immobile au milieu de ce torrent de gens qui nous environnent et qui nous insultent s'ils nous laissent derrière eux? Enfin on se fait un nom, mais un nom qui rend d'autant plus esclave, qu'on a fait plus d'efforts pour le mériter : un nom qui nous lie étroitement aux créatures et qui nous sépare du Créateur : un nom illustre dans l'estime des hommes, mais un nom d'orgueil que Dieu confondra [1].

1. On peut comparer ces dernières pages aux chapitres consacrés à l'orgueil, par Bossuet, dans son *Traité de la concupiscence*.

CHAPITRE TREIZIÈME.

Des passions. Ce que c'est. Leurs effets dangereux. Il faut les modérer. Conclusion de la première partie de ce traité.

I. Les sens, l'imagination et les passions vont toujours de
compagnie : on ne peut les examiner et les condamner séparé-
ment. Ce que j'ai dit des sens et de l'imagination s'étend naturellement aux passions. Ainsi on peut bien juger ce que je vais
dire, de ce que j'ai déjà dit : car je ne ferai qu'expliquer un
peu plus au long ce que j'ai été obligé de dire en partie, à
cause de l'étroite union de toutes nos facultés [1].

II. Par les passions je n'entends point les sens qui les produisent, ni l'imagination qui les excite et qui les entretient. J'entends le mouvement de l'âme et des esprits causé par les sens et
par l'imagination, et qui agit à son tour sur la cause qui les
produit : car tout cela n'est qu'une circulation continuelle [2] de
sentiments et de mouvements qui s'entretiennent et se reprodui-
sent. Si les sens produisent les passions, les passions en échange,
par le mouvement qu'elles excitent dans le corps, unissent les
sens aux objets sensibles. Si l'imagination excite les passions,
les passions par le contrecoup du mouvement des esprits réveillent l'imagination : et chacune de ces choses s'entretient, ou
est produite [3] par l'effet dont elle est la cause; tant est admirable l'économie du corps humain et la liaison mutuelle de

---

1. Var. De toutes les parties de notre être. (1684.)
2. Var. J'entends le mouvement de l'âme et des esprits causé par une circulation
continuelle. (1684.)
3. Var. Reproduite. (1684.)

toutes les parties qui le composent. Cela mérite d'être expliqué
plus au long à cause des conséquences qu'il en faut tirer.

III. Les passions sont des mouvements de l'âme qui accompagnent celui des esprits et du sang, et qui produisent dans le
corps, par la construction de la machine, toutes les dispositions
nécessaires pour entretenir la cause qui les a fait naître. A la
vue d'un objet qui ébranle l'âme, supposons que cet objet soit
un bien, il se fait deux cours ou deux épanchements d'esprits
animaux du cerveau dans les autres parties du corps. Les uns
se répandent ou tendent à se répandre dans les membres extérieurs, les pieds, les bras, et si les pieds et les bras sont hors
de service, dans les poumons et les organes de la voix, afin de
nous disposer et ceux qui sont avec nous à nous unir à cet
objet. L'autre partie des esprits s'insinue dans les nerfs qui répondent au cœur, aux poumons, au foie et aux autres viscères,
pour proportionner la fermentation et le cours du sang et des
humeurs par rapport au bien présent. De sorte que la trace
que la présence du bien ou l'imagination forme dans le cerveau,
et qui détermine ces deux épanchements d'esprits, est entrete-
nue par les nouveaux esprits que ce second épanchement hâte [1]
de fournir au cerveau, par les secousses réitérées et violentes
dont ils ébranlent les nerfs qui environnent les vaisseaux où
sont les humeurs et le sang, matière dont les esprits se forment
sans cesse.

IV. Comme tout doit être plein d'esprits, depuis le cerveau,
origine des nerfs, jusqu'aux extrémités des mêmes nerfs et
que [2] la trace du bien répand [3] avec force les esprits dans toutes les parties du corps, pour leur donner un mouvement violent et extraordinaire, ou leur faire prendre une posture forcée ;
il est nécessaire que le sang monte à la tête promptement et
abondamment, par l'action des nerfs qui environnent, serrent
ou lâchent les vaisseaux qui le contiennent. Autrement le cerveau ne répandant point assez d'esprits dans les membres du
corps, on ne pourrait pas conserver longtemps l'air, la posture
et le mouvement nécessaire à l'acquisition du bien et à la fuite
du mal. On tomberait même en défaillance : car cela arrive
toujours, lorsque le cerveau manque d'esprits, et que se rompt

1. Var. Tâche. (1684.)
2. Var. Des mêmes nerfs, qui se distribuent dans les membres. (1684.)
3. Var. La trace du bien répandant... (1684.)

la communication qu'il a par leur moyen avec les autres parties du corps.

V. Ainsi le corps de l'homme est une machine admirable, composée d'une infinité de canaux et de réservoirs qui ont tous ensemble des rapports infinis. Et le jeu merveilleux de cette machine dépend uniquement du cours des esprits, qui est déterminé différemment par les ressorts qui se débandent et les ouvertures qui se lâchent et se resserrent par l'action des objets sur les sens, et par le mouvement de la partie principale du cerveau : mouvement qui dépend en partie de la volonté, et en partie du cours des esprits, excité par les traces de l'imagination et de la mémoire.

VI. Mais ce qu'il faut ici principalement remarquer, c'est que le cours des esprits dans les nerfs qui répondent aux viscères, et qui fait monter le sang dans la tête pour fournir les esprits nécessaires, afin de disposer les dehors du corps par rapport à l'objet présent, agit avec choix, et ne fournit au cerveau que les humeurs propres à conserver la trace qui excite la passion. Ou, si on le veut, car il n'importe, le sang et les humeurs qui montent à la tête se séparent de manière, que ce qui est propre à former les esprits convenables à la passion qui domine, y demeure, et que le reste retourne par la circulation aux lieux dont il a été tiré. Or ces esprits étant formés, ils sont d'abord déterminés vers la trace, cause primitive de tous ces remuements, pour l'entretenir, et réveiller même toutes les traces accessoires capables de la fortifier [1]. Et c'est encore de cette trace et des traces accessoires que ces nouveaux esprits reçoivent leur direction, et sont déterminés comme les premiers en deux épanchements, l'un pour le dehors [2] et l'autre pour le dedans du corps. Car, tant que la passion dure, il se fait sans cesse cette circulation admirable des esprits et du sang, qui fait jouer la machine par rapport à l'objet présent aux sens ou à l'imagination [3], avec une justesse et un ordre merveilleux.

VII. De là on peut voir que les passions, qui sont très sagement établies par rapport à leur fin, savoir la conservation de la santé et de la vie, l'union de l'homme avec la femme, la so-

---

1. Premiers linéaments d'une théorie mécanique de l'association des idées.
2. Var. Pour les dehors. (1684.)
3. Var. Par rapport à l'objet présent. (1684.)

ciété, le commerce, l'acquisition des biens sensibles, sont extrêmement contraires à l'acquisition des vrais biens, des biens de
l'esprit, des biens dus à la vertu et au mérite.

VIII. Car 1°. Elles ne sont point soumises à nos volontés.
Rien n'est plus difficile que de les modérer à cause de la perte
que nous avons faite par le péché du pouvoir que nous devrions avoir sur notre corps.

2° [1]. Tout le mouvement qu'elles excitent naturellement dans
l'âme, n'est que pour le bien du corps, selon cette maxime, que
tout ce qui arrive à l'esprit par le corps n'est que pour le
corps.

3° Lorsqu'elles sont excitées, elles remplissent toute la capacité de l'esprit et du cœur. Les traces et l'ébranlement du cerveau qu'elles entretiennent par la contribution qu'elles tirent
des viscères, et qu'elles font monter promptement et abondamment dans la tête, troublent toutes nos idées ; et le branle et
le mouvement qu'elles donnent à la volonté, par le sentiment
vif et agréable qui les accompagne, corrompt notre cœur et
nous fait tomber dans mille désordres.

4° Mais lorsqu'elles ont cessé de nous agiter, l'imagination
demeure salie par les traces qu'elles ont faites dans le cerveau,
dont les fibres ont été ou pliées ou rompues par la violence des
esprits qu'elles ont mis en mouvement. Ces traces dissipent souvent l'attention de l'esprit et renouvellent ordinairement les
passions qui les ont produites, lorsque le sang s'est chargé de
nouveau de parties [2] propres à cette espèce de fermentation,
qui peut fournir abondance d'esprits convenables à cette même
passion.

5° Les passions par leur cours rapide se font un chemin glissant et ouvert dans les nerfs qui vont au cœur et aux autres
parties internes, pour y exciter les mouvements propres à les
faire renaître ; de sorte que la moindre chose qui ébranle le
cerveau est capable de les renouveler.

6° Enfin toutes les passions se justifient de manière qu'il
n'est pas possible, dans le temps qu'elles agitent l'esprit, de

---

1. Var. L'édition de 1684 comptait ici un alinéa de plus. Voici cet alinéa supprimé :

Elles sont si contraires à la vertu et au mérite qu'il faut les sacrifier et les anéantir, pour mériter le nom et la récompense d'un homme solidement vertueux ou
d'un parfait chrétien.

2. Var. Des parties. (1684.)

juger solidement de l'objet qui les excite : car leur malignité
est telle, qu'elles ne sont point contentes, que la raison ne porte
des jugements qui les favorisent.

IX. Car 1° Elles font valoir le jugement des sens, quoique
faux témoins, bien loin de pouvoir passer pour juges devant
la Raison.

2° Elles ne représentent les objets que du côté faux et trompeur qui les accommode.

3° Elles réveillent toutes les traces et les idées accessoires
qui entrent dans leur parti, et font taire tout le reste.

4° Elles couvrent d'apparences honorables de raison, de justice, de vertu, leur conduite déréglée et leurs desseins criminels. L'avaricieux, par exemple, se cache à soi-même la honte,
l'injustice, la cruauté de son avarice. Il se déguise sa passion
par des pensées de tempérance, de modération, de prudence, de
pénitence, et peut-être même de charité, de libéralité, de magnificence, par des desseins imaginaires, et qu'il n'exécutera
jamais. Car les passions ont assez d'adresse pour faire servir à
leur justification les vertus mêmes qui leur sont opposées. Enfin
les passions sont toujours accompagnées d'un certain sentiment
de douceur qui corrompt leur juge et le paie content s'il les
favorise : au lieu qu'elles le maltraitent cruellement s'il les
condamne à la mort. Car quel présent peut-on offrir plus agréable et plus charmant que le plaisir, à celui qui veut invinciblement être heureux; puisque c'est le plaisir actuel qui rend
actuellement heureux? Et quel traitement est plus rude que
celui que les passions font à l'esprit, lorsqu'il veut les sacrifier
à l'amour de l'ordre? Certainement il ne peut les frapper sans
se blesser. Car lorsqu'elles sont en défense, le même coup que
nous leur portons, et qui ne leur ôte souvent la vie que pour
peu de temps, nous donne la mort par contre-coup, ou plutôt
nous réduit dans un état qui nous paraît pire que la mort
même.

X. Il est donc visible que ceux qui, bien loin de modérer
leurs passions, font tous leurs efforts pour les satisfaire, qui
vivent par humeur, qui agissent par inclination, qui jugent de
tout par fantaisie, en un mot qui suivent tous les mouvements
de la machine, et se laissent conduire sans savoir qui les conduit ni où on les mène; s'éloignent sans cesse de leur vrai
bien, le perdent peu à peu entièrement de vue, en effacent
même le souvenir, et courent en aveugles se précipiter dans

l'abîme, où se trouvent tous les maux et la privation éternelle de tous les biens.

XI. Il est vrai que quelquefois la grâce est assez forte pour arrêter tout court celui qui s'abandonne aux mouvements de ses passions, et que Dieu, par bonté, tonne, éclaire, parle dans l'esprit d'une voix terrible, qui renverse l'homme et la passion qui l'emporte. Mais Jésus-Christ fait rarement de semblables faveurs; et celui-là est bien insensé qui se jette dans le précipice, s'attendant que Dieu fasse un miracle pour le garantir de la mort.

XII. Mais qu'y a-t-il à faire pour modérer ses passions? Je l'ai déjà dit dans le septième chapitre, et ailleurs, mais le voici en peu de mots.

1° Il faut éviter les objets qui les excitent, et mortifier ses sens.

2° Il faut tenir son imagination dans le respect qu'elle doit à la raison, ou faire sans cesse révulsion dans les esprits qui par leur cours entretiennent les traces criminelles.

3° Il faut chercher les moyens de rendre ses passions ridicules et méprisables, les éclairer par la lumière, les confronter à l'ordre, et par quelque effort d'esprit en découvrir la honte, l'injustice, le dérèglement, les suites malheureuses et pour cette vie-ci et pour l'autre.

4° Ne point former de dessein lorsqu'elles sont excitées, et ne faire jamais le premier pas dans une affaire par leur direction et leur inspiration.

5° Prendre l'habitude et se faire une loi de consulter la Raison en toutes choses : et lorsqu'on y a manqué par surprise ou autrement, changer de conduite, et porter du moins la honte qu'on mérite, pour avoir agi en bête par la construction et le mouvement de la machine, bien loin de justifier sa sotte démarche par une conduite injuste et criminelle.

6° Travailler à augmenter la *force* et la *liberté* de son esprit pour supporter le travail de l'attention et pour suspendre son consentement jusqu'à ce que l'évidence l'emporte. Sans ces deux qualités, on ne peut recevoir de la Raison des [1] règles sûres de sa conduite.

Enfin pour suivre ces règles qui détruisent les passions, il faut surtout avoir recours à la prière, et s'approcher avec con-

____

1. Var. Les. (1684.)

fiance et avec humilité de celui qui est venu nous délivrer par la force de sa grâce de ce corps de mort ou de cette loi de la chair qui se révolte à tous moments contre la loi de l'esprit. Car la Raison toute seule et tous les moyens que la Philosophie fournit ne peuvent sans l'influence du second Adam nous délivrer de l'influence maligne du premier, ainsi que j'ai déjà dit tant de fois, et que je ne crains point de répéter, parce que je n'appréhende point qu'on y pense trop.

XIII. Voilà en général tout ce qui regarde la première partie de cet essai de Morale. D'abord j'ai fait voir que la *vertu* consiste précisément dans *l'amour habituel et dominant de l'ordre immuable*. Ensuite j'ai parlé des deux qualités principales qui sont nécessaires à l'acquisition de la vertu; savoir de la *force* et de la *liberté* de l'esprit. Après cela j'ai fait connaître les causes *occasionnelles* de la *lumière* et des *sentiments*, sans lesquels on ne peut acquérir ni conserver l'amour de l'Ordre. Et enfin, j'ai expliqué les causes *occasionnelles de certains sentiments contraires à ceux de la grâce*, et qui en diminuent l'efficace, afin qu'on les évitât. Ainsi je ne pense pas avoir rien oublié de ce qui est nécessaire en général pour acquérir et pour conserver la vertu. Je viens donc à la seconde partie, qui doit être non des *vertus*, mais des *devoirs* de la vertu. Car je ne reconnais qu'une seule et unique vertu, qui rende solidement vertueux ceux qui la possèdent: savoir l'amour dominant [1] de l'ordre immuable.

1. Var. L'amour habituel et dominant. (1684.)

DEUXIÈME PARTIE.

DES DEVOIRS.

CHAPITRE PREMIER.

Les justes font souvent de méchantes actions. L'amour de l'ordre doit être éclairé pour être réglé. Trois conditions pour rendre une action parfaitement vertueuse. Il faut étudier les devoirs de l'homme en général, et prendre un temps chaque jour pour en examiner en particulier l'ordre et les circonstances.

I. Toutes les actions des personnes qui ont une solide vertu, ne sont pas pour cela solidement vertueuses. Il s'y rencontre presque toujours quelque défaut ou quelque imperfection ; et souvent même ce sont de véritables péchés. La raison de cela, c'est que l'homme n'agit pas toujours par l'influence de son habitude dominante, mais par l'activité de la passion qui est actuellement excitée. Car, si l'habitude dominante dort, pour ainsi dire, et que les autres soient réveillées, les actions d'un homme de bien pourront être criminelles en plusieurs manières. Mais de plus, quoique l'habitude dominante de l'amour de l'ordre soit actuellement excitée dans un homme juste, peut-être arrivera-t-il dans ce même moment qu'il fera des actions défectueuses et imparfaites, et même directement opposées à l'Ordre qu'il aime actuellement et qu'il prétend suivre. Car outre qu'il est difficile de rendre une obéissance exacte à l'Ordre connu, souvent le zèle indiscret et mal réglé nous fait agir contre l'Ordre que nous ne connaissons pas. Afin qu'une action soit vertueuse en toutes manières, il ne suffit donc pas qu'elle procède d'un homme de bien, ni d'un homme actuellement ému de l'amour de l'Ordre, il faut qu'elle soit conforme à l'ordre dans toutes ses circonstances : et cela même, non par une espèce de hasard qui détermine heureusement le mouvement actuel de l'âme, mais par la force de la Raison, qui nous conduise de manière que nous remplissions tous nos devoirs.

II. Aussi, quoiqu'il suffise, pour être juste et agréable à Dieu, que l'amour de l'Ordre soit notre habitude dominante, néanmoins, pour être parfait, il faut savoir régler cet amour par la connaissance exacte de ses devoirs. On peut même dire que celui qui néglige ou méprise cette connaissance n'a nullement le cœur droit, quelque zèle qu'il sente en lui-même pour l'Ordre. Car enfin l'Ordre veut être aimé par raison, et non point uniquement par l'ardeur de cet instinct qui remplit souvent de zèle indiscret les imaginations trop vives, et tous ceux qui [1], n'étant point accoutumés à rentrer en eux-mêmes, prennent à tout moment les inspirations secrètes de leurs passions pour les réponses infaillibles de la vérité intérieure.

III. Il est vrai que ceux qui ont l'esprit si faible et les passions si fortes, qu'ils ne sont point en état de se conseiller eux-mêmes ou plutôt de prendre conseil de celui qui éclaire tous les hommes, sont excusables devant Dieu; pourvu que de bonne foi ils demandent et suivent les avis de ceux qu'ils croient les plus gens de bien et les plus sages. Mais ceux qui ont de l'esprit ou assez de vanité pour se piquer d'en avoir, sont criminels devant Dieu, s'ils entreprennent quelque dessein sans le consulter, je veux dire sans consulter la Raison, quelque ardent que soit le zèle qui les transporte. Car il faut s'accoutumer à discerner [2] les réponses de la vérité intérieure, qui éclaire l'esprit par l'évidence de ses lumières, du langage et des secrètes inspirations des passions qui le troublent et le séduisent par des sentiments vifs et agréables, mais toujours obscurs et confus.

IV. L'amour de l'ordre exige donc trois conditions, afin

1. Var. Ceux qui (1684).
2. Car il faut discerner (1685).

qu'une action lui soit conforme. La première, qu'on examine, autant qu'on en est capable, l'action en elle-même et ses circonstances. La seconde, qu'on suspende son consentement, jusqu'à ce que l'évidence l'emporte, ou l'exécution jusqu'à ce que la nécessité l'oblige à ne pas différer davantage. La troisième, qu'on obéisse promptement, exactement, inviolablement à l'ordre connu. La *force* de l'esprit doit faire porter courageusement le travail de l'attention. La *liberté* de l'esprit doit arrêter et régler sagement le désir du consentement. La *soumission* de l'esprit doit faire suivre pas à pas la lumière, sans jamais ni la prévenir ni s'en écarter [1]. Et c'est *l'amour de l'Ordre* qui doit animer ces trois puissances, par lesquelles, quoique caché dans le fond du cœur, il se fait paraître aux yeux du monde et sanctifie devant Dieu toutes nos démarches.

V. Mais, comme il n'est pas possible qu'un homme, qui ne serait pas instruit dans la morale, pût dans des rencontres imprévues reconnaître l'Ordre de ses devoirs, quelque force et quelque liberté d'esprit qu'il eût ; il est nécessaire de prévenir ces [2] occasions, où le temps ne permet pas de rien examiner, et par une sage prévoyance s'instruire en général de ses devoirs, ou des principes incontestables sur lesquels on doit régler sa conduite dans les occasions particulières. Cette étude de ses devoirs doit sans doute être préférée à toutes les autres. Sa fin, sa récompense, c'est l'éternité. Et celui qui s'applique aux langues, aux mathématiques, aux affaires, au lieu d'étudier les règles générales de sa conduite, ressemble à un voyageur insensé qui s'amuse ou s'égare, et que la nuit surprendra [3] : mais une nuit éternelle qui le privera pour jamais du séjour de sa patrie, le remplira d'un immortel désespoir, et le laissera exposé à la colère terrible de l'Agneau, au pouvoir des démons, ou plutôt à la justice d'un Dieu vengeur.

1. En lisant ce passage on se reporte naturellement aux propositions de Descartes : « Ma seconde maxime était d'être le plus ferme et le plus résolu en mes actions, que je pourrais... Les actions de la vie ne souffrant souvent aucun délai... Éviter soigneusement la précipitation et la prévention... » (*Discours de la méthode.*)

2. Var. Les. (1684.)

3. Il est inutile de relever ce qu'il y a d'excessif dans cette phrase : un injuste mépris des sciences, d'abord ; puis une idée exagérée des difficultés de la morale. Même au point de vue de l'honnêteté, il y a quelquefois plus de profit à agir qu'à se demander avec des hésitations et des scrupules sans fin, comment il faut qu'on agisse. Ce n'est pas qu'il faille prendre absolument au pied de la lettre ce mot de Diderot : « On a toujours des mœurs quand on passe les trois quarts de sa vie à travailler ; » mais la vérité est entre les deux.

VI. Qui voudrait examiner en détail tous les devoirs des conditions, entreprendrait un ouvrage dont il ne verrait pas l'accomplissement, quelque infatigable qu'il fût dans le travail. Pour moi, je ne me sens pas assez de force pour m'engager dans un dessin si vaste et si difficile; et tout ce que je prétends faire maintenant, c'est de marquer en général [1] les devoirs que tout homme doit rendre à Dieu, à son prochain et à soi-même, autant qu'il en est capable. C'est à chacun d'examiner ses devoirs particuliers par rapport aux obligations générales et essentielles, et selon les circonstances qui changent à tout moment. Il faut prendre tous les jours quelque temps réglé pour cela, et ne pas s'attendre de trouver dans les livres, ni peut-être dans les autres hommes, autant de sûreté et de lumière qu'on en trouvera en soi-même, si de bonne foi, dans le mouvement de l'amour de l'ordre, on consulte fidèlement la vérité intérieure [2].

1. Var. L'édition de 1684 ajoutait : Et principalement pour mon utilité particulière.

2. Cette fin atténue l'exagération que nous avons relevée dans certaines expressions du paragraphe précédent. Examiner chaque jour sa conscience pendant « quelque temps », se consulter soi-même de bonne foi, en présence des circonstances variées de la vie active, cela suffit; et il n'est pas nécessaire d'abandonner la science ou les affaires, pour creuser indéfiniment la casuistique ou la métaphysique de la morale.

CHAPITRE DEUXIÈME.

Nos devoirs envers Dieu se doivent rapporter à ses attributs, à sa puissance, à sa sagesse, à son amour. Dieu seul est cause véritable de toutes choses. Devoirs que nous devons rendre à sa puissance, qui consistent principalement en des jugements clairs et dans des mouvements réglés par ces jugements.

I. L'ordre immuable et nécessaire demande que la création dépende du Créateur, que toute expression se rapporte à son modèle, et que l'homme fait à l'image de Dieu, vive soumis à Dieu, uni à Dieu, semblable à Dieu en toutes les manières possibles ; soumis à sa puissance, uni à sa sagesse, parfaitement semblable à lui dans tous les mouvements de son cœur. *Soyez parfaits*, disait *Jésus-Christ* à ses disciples, *comme votre père céleste est parfait. Estote ergo vos perfecti, sicut et Pater vester cælestis perfectus est* [1]. Il est vrai que nous ne serons véritablement semblables à Dieu, que lorsque absorbés dans la contemplation de son essence, nous serons tout [2] pénétrés de ses lumières et de ses plaisirs. Mais c'est à cela que nous devons tendre. C'est à cela que la foi nous donne droit d'espérer ; c'est à cela qu'elle nous conduit ; c'est ce qu'elle commence à faire par la réformation intérieure que la grâce de Jésus-Christ opère en nous. Car la foi nous conduit à l'intelligence de la vérité et nous mérite la charité. Or, l'intelligence et la charité sont les deux traits essentiels qui réforment les esprits sur celui qui se dit

---

1. Cette citation était en marge dans l'édition de 1684, avec le renvoi à S. Mathieu, v, 48.
2. Var. Tous. (1684).

vérité et charité dans les saintes Écritures. *Mes bien-aimés*, dit saint Jean [1], *nous sommes déjà enfants de Dieu, mais il ne paraît pas encore ce que nous serons quelque jour. Nous savons néanmoins que lorsqu'il paraîtra, nous lui serons semblables, parce que nous le verrons tel qu'il est. Et tous ceux qui ont cette espérance se sanctifient pour être saints comme lui. Heureux*, dit Jésus-Christ même [2], *sont ceux qui ont le cœur pur, car ils verront Dieu.*

II. Pour découvrir les devoirs que nous devons rendre à Dieu, il faut considérer avec attention tous ses attributs essentiels, et nous consulter nous-mêmes par rapport à eux. Il faut surtout examiner sa puissance, sa sagesse et son amour, et de notre part nos jugements et nos mouvements. Car ce n'est que par des jugements et des mouvements, que les esprits rendent à Dieu ce qu'ils lui doivent, ce culte spirituel que Dieu, qui est esprit, demande de nous [3] ; et c'est uniquement à cause de la puissance, de la sagesse et de l'amour de Dieu [4], que nous lui devons indispensablement de très grands devoirs.

III. Lorsque en pensant à Dieu on ne voit encore qu'une réalité ou une perfection infinie, on reconnaît que l'ordre veut qu'on estime Dieu infiniment. Mais de cela seul on ne juge pas nécessairement qu'il le faille adorer, craindre, aimer [5] d'un amour d'union, espérer en lui, et le reste. Dieu considéré seulement en lui-même, ou sans aucun rapport à nous, n'excite point les mouvements de l'âme qui la transportent vers le bien ou la cause de son bonheur, et qui lui donnent les dispositions propres pour en recevoir les influences. Rien n'est plus clair, que l'être infiniment parfait doit être infiniment estimé. Il n'y a point d'esprit qui puisse refuser à Dieu ce devoir spéculatif : car ce devoir ne consiste que dans un simple jugement qu'on ne peut suspendre quand l'évidence est entière. Aussi les impies, ceux qui n'ont point de religion, ceux qui nient la providence, rendent volontiers ce devoir à Dieu. Mais, comme ils s'imaginent que Dieu ne se mêle point de nos affaires, et qu'il

---

1. *S. Jean*, III, 2. (M.)

2. *Math.* v, 8.

3. Var. Cette fin de phrase depuis les mots : ce culte spirituel… n'était pas dans l'édition de 1684.

4. Var. De l'amour divin. (1684.)

5. Var. Ce mot est simplement suivi d'un etc., et le reste de la phrase manque dans l'édition de 1684.

n'est point la cause véritable et immédiate[1] de tout ce qui se fait ici-bas, que nous ne pouvons point avoir de commerce de société, d'union avec lui, ni par une raison, ni par une puissance commune en quelque manière, ils suivent brutalement tous les mouvements agréables de leurs passions, et rendent à une nature aveugle les devoirs et l'attention que méritent uniquement la sagesse et la puissance du créateur.

IV. Les impies raisonnent assez conséquemment, mais ils pèchent dans le principe ; et on ne peut pas facilement leur faire comprendre que Dieu exige des devoirs de sa créature, lorsqu'on ne les désabuse pas des fausses maximes dont ils sont remplis. Que si Dieu, par exemple, se mêlait de nos affaires, le monde n'irait pas comme il va, l'injustice ne serait pas[2] sur le trône, ni les corps arrangés aussi irrégulièrement qu'ils le sont ; que le monde défiguré comme il est, ne peut être l'ouvrage que d'une nature aveugle ; que Dieu n'exige pas de nous, viles créatures, des honneurs indignes de lui ; que ce qui nous paraît juste ne l'est point en lui-même ou ne l'est point devant Dieu, qui, si cela était, punirait souvent celui qu'il doit récompenser : car souvent les derniers malheurs nous surprennent dans le temps même que nous faisons des bonnes œuvres. J'ai réfuté ailleurs ces faux principes ; et si on ne conçoit pas clairement ce que je vais dire, on peut lire ce que j'ai écrit de la Providence dans les *Entretiens sur la métaphysique* et dans les *Méditations chrétiennes*[3].

V. Pour reconnaître donc nos devoirs dans leur principe, il ne suffit pas de considérer sans rapport à nous l'Être infiniment parfait. Au contraire il faut surtout prendre garde que nous dépendons de la *puissance* de Dieu ; que nous sommes unis à sa *sagesse*, et que nous n'avons de mouvement[4] que par son esprit, que par l'*amour* qu'il se porte à lui-même. Nous dépendons de la *puissance* de Dieu ; car nous n'existons que par elle, nous n'agissons que par elle, nous ne pouvons rien que par elle. Nous sommes unis à la *sagesse* de Dieu : car ce n'est que par elle que nous sommes éclairés, ce n'est qu'en elle que nous dé-

---

1. Donc, si vous niez la théorie des causes occasionnelles, il n'y a plus de devoirs envers Dieu : voilà bien l'esprit de système.

2. Var. Ne serait jamais. (1684.)

3. Var. On peut lire les huit premières *Méditations chrétiennes*. (1684.)

4. Ce mouvement, c'est ce qui fait à la fois, selon Malebranche, l'inclination et la volonté.

couvrons la vérité, nous ne sommes raisonnables que par elle, qui seule est la Raison universelle des intelligences. Enfin nous n'avons de mouvement que par l'esprit divin, que par son amour. Car, comme Dieu n'agit que par sa volonté, comme il n'agit que par l'amour qu'il se porte à lui-même, tout l'amour que nous avons pour le bien n'est qu'une effusion ou qu'une impression de l'amour par lequel Dieu s'aime. Nous n'aimons insensiblement et naturellement que Dieu, parce que nous n'aimons et nous ne pouvons aimer que le bien, et que le bien, j'entends la cause du bonheur, ne se peut trouver qu'en Dieu, nulle créature ne pouvant agir par elle-même dans les esprits. Il faut encore expliquer tout ceci plus au long pour en tirer les règles de notre conduite. Je commence par la *puissance* et par les devoirs qu'on lui doit rendre.

VI. C'est à Dieu seul que la gloire et l'honneur appartiennent. C'est vers lui seul que tous les mouvements des esprits doivent tendre, parce que c'est dans lui seul que réside la *puissance*. Toutes les volontés des créatures sont par elles-mêmes inefficaces. Il n'y a que celui qui donne l'être qui puisse donner les manières de l'être [1], puisque les manières des êtres ne sont que les êtres mêmes de telle ou telle façon [2]. Rien n'est plus évident à celui qui sait consulter [3] la vérité intérieure : car qu'y a-t-il de plus évident, que si Dieu, par exemple, conserve un corps toujours dans le même lieu, nulle créature ne pourra le mettre dans un autre, et que l'homme ne peut même remuer son bras, que parce que Dieu veut bien s'accorder à faire ce que l'homme ingrat et stupide pense faire. C'est la même chose des manières d'être des esprits. Si Dieu conserve ou crée l'âme dans une manière d'être qui l'afflige, telle qu'est la douleur, nul esprit ne pourra l'en délivrer, ni lui faire sentir du plaisir, si Dieu ne s'accorde avec lui pour exécuter ses désirs. Or c'est par cet accord et cette libéralité toute divine [4] que Dieu, sans rien perdre de sa puissance, sans rien diminuer de sa grandeur, sans rien retrancher de sa gloire [5], fait part aux créatures de

1. Que dit de plus Spinoza?

2. Ici, l'édition de 1684 donnait, dans une note marginale : Voyez la 5e et la 6e des *Méditations chrétiennes*.

3. Var. L'édition de 1684 ajoutait : Dans un grand silence.

4. Var. Toute singulière. (1684.)

5. Le XVIIe siècle se préoccupe beaucoup plus de ne rien retrancher de la toute-puissance de Dieu que de porter atteinte à la liberté de l'homme.

sa gloire, de sa grandeur, de sa puissance. *Ego Dominus, hoc est nomen meum, gloriam meam alteri non dabo* (Isaïe, XXXXI, 8 [1].)

VII. Dieu a soumis aux Anges le monde présent : ils agissent, et c'est Dieu qui fait tout. Dieu a donné à Jésus-Christ, comme chef de l'Eglise, une souveraine puissance sur toutes les nations de la terre. C'est lui qui nous obtient les vrais biens [2]; mais c'est Dieu seul qui les répand ; lui seul agit dans les âmes ; lui seul rompt la dureté des cœurs. Jésus-Christ, comme homme, prie, intercède, désire, fait l'office d'avocat, de médiateur, de souverain prêtre. Mais Dieu seul opère, Dieu seul a la *puissance*. Lui seul est la cause et le principe de toutes choses : lui seul aussi en doit être la fin. C'est vers lui que doivent tendre tous les mouvements des esprits : c'est à lui seul que l'honneur et la gloire appartiennent. Telle est la loi éternelle, nécessaire, inviolable, que Dieu a établie par la nécessité même de son être, par l'amour nécessaire qu'il se porte à lui-même, amour toujours conforme à l'Ordre et qui fait même de l'Ordre la loi inviolable de tous les esprits. Quand Dieu cessera de se connaître tel qu'il est, quand il cessera de s'aimer autant qu'il le mérite, quand il cessera d'agir selon ses lumières et par le mouvement de son amour, quand il cessera de suivre cette loi, alors on pourra impunément désirer la gloire ou la rendre à quelque autre qu'à lui. Alors on pourra sans crainte se réjouir et se consoler dans l'amitié des créatures. On pourra aimer et être aimé, adorer et se faire adorer, se montrer au monde pour s'attirer l'estime et l'amour du monde. On pourra s'élever et se mettre en vue comme un objet digne d'occuper les esprits et les cœurs que Dieu n'a faits que pour lui ; on pourra s'occuper soi-même ou de soi [3], ou de la puissance imaginaire des créatures.

VIII. Oui sans doute, rien n'est plus chrétien, rien n'est plus raisonnable que ce principe : *Que Dieu seul fait tout, et qu'il ne communique sa puissance aux créatures qu'en les établissant causes occasionnelles, pour agir par elles d'une manière qui porte le caractère d'une sagesse infinie, d'une nature immuable, d'une cause universelle* : de telle manière que toute la gloire que mérite l'ouvrage de la créature se rapporte uniquement au créa-

---

1. Cette citation était en marge dans l'édition de 1684.
2. Var. C'est Jésus-Christ qui distribue les vrais biens. (1684 et 1697.)
3. Var. Ou de soi-même. (1684.)

teur, les créatures exécutant par une puissance qu'elles n'ont pas des desseins formés avant leur naissance. Qu'y a-t-il de plus saint que ce principe qui fait clairement comprendre à ceux qui sont capables de le bien entendre qu'il est souvent permis de s'approcher des objets de nos sens par le mouvement de notre corps, mais qu'il faut réserver pour Dieu seul tous les mouvements de notre âme ? Car on peut, et souvent même on doit s'approcher de la cause *occasionnelle* de nos sentiments, mais on ne doit jamais l'aimer. On peut se lier aux autres hommes, mais on ne doit point les adorer par le mouvement de son amour comme nos biens, ou comme capables de nous faire aucun bien. Il ne faut aimer et craindre que la cause *véritable* des biens et des maux, il ne faut aimer, craindre que Dieu dans les créatures. Heureux celui qui met son espérance en Dieu, et maudit est celui qui met dans l'homme sa confiance. *Maledictus homo qui confidit in homine et ponite carnem brachium suum.* (Jer. XVII, 5.)

IX. Apparemment c'était là la philosophie du généreux Mardochée, et qu'il avait apprise à Esther, sa chère fille adoptive. Car les Juifs avaient une philosophie plus sainte que celle que nous ont laissée les païens. Certainement, c'est dans un mouvement conforme aux principes de cette philosophie, qu'elle fait à Dieu cette prière en lui exposant les vrais sentiments de son cœur. *Délivrez-nous, Seigneur, par la force de votre bras, et secourez-moi, qui ne cherche qu'en vous le secours qui m'est nécessaire. Seigneur, qui pénétrez les cœurs, vous savez que je hais la gloire des méchants et que je déteste la couche des incirconcis et de tous ceux qui ne sont point de ma nation. Vous savez que c'est pour moi une nécessité malheureuse, et que j'ai en abomination la couronne que je porte aux jours que je parais en public, cette marque funeste de ma grandeur et de ma gloire. Je l'ai, Seigneur, en une extrême horreur, et je ne la porte jamais lorsque je suis à moi-même. Je n'ai jamais mangé à la table d'Aman, et je n'ai jamais pris de plaisir dans les festins du Roi même. Jamais votre servante n'a eu de joie qu'en vous, Seigneur Dieu d'Abraham, depuis que j'ai été transportée ici jusqu'à présent.* Cette grande reine prend Dieu à témoin qu'elle n'a jamais eu de joie qu'en lui seul. *Tu scis quod nunquam lætata sit ancilla tua, ex quo huc translata sum usque in præsentem diem, nisi in te, Domine, Deus Abraham.* Quoique femme d'un prince qui commandait à cent vingt-sept provinces, quoique parmi les plaisirs, elle n'a que des mépris pour la grandeur et que de l'horreur pour les débris d'une cour voluptueuse ; elle demeure immobile au milieu de tant d'attraits, et Dieu seul est l'objet de tous les mouvements de son âme. *Numquam lætata est ancilla tua, nisi in te Deus Abraham.* Que de fermeté d'esprit, que de grandeur d'âme ! c'est là ce qu'apprend la loi de Dieu ! Mais c'est aussi ce que démontre ce principe, que Dieu seul fait tout, et que les créatures ne sont que les causes *occasionnelles de* l'éclat qui paraît les environner et des plaisirs qu'ils semblent répandre. Mais il faut expliquer plus en particulier les devoirs qu'on doit rendre à la puissance, qui ne se trouve qu'en Dieu seul.

X. Tous nos devoirs ne consistent proprement qu'en des jugements et en des mouvements de l'âme, ainsi que j'ai déjà dit. *Car Dieu est esprit, et il veut être adoré en esprit et en vérité*, et toutes les actions extérieures ne sont que les suites de l'action de notre esprit. Cette perception claire que *Dieu seul a la puissance*, nous oblige à former les jugements qui suivent.

1° Que Dieu seul est la cause véritable de notre être.

2° Que lui seul est la cause de la durée de notre être ou de notre temps.

3° Que lui seul est la cause de nos connaissances.

4° Que lui seul est la cause des mouvements naturels de nos volontés [1].

*

1. Les mouvements naturels sont ceux qui constituent l'exercice même de la volonté. « Le mouvement naturel que Dieu imprime sans cesse en l'âme pour la porter à l'aimer, ou pour me servir d'un terme qui abrège plusieurs idées... la volonté. » (*De la nature et de la grâce*, 3e discours, 1re partie, v.) C'est le mouvement qui, « selon l'institution de la nature » devait nous laisser tous pleinement libres, parce qu'il ne nous poussait invinciblement que vers le bien en général et non vers aucun bien particulier. Le mouvement qui nous porte vers les biens particuliers (c'est-à-dire partiels, imparfaits, faux par conséquent), voilà ce qui est de nous, abstraction faite de l'impulsion première, que nous détournons et déréglons ainsi : « *Le pouvoir que nous avons d'aimer différents biens est un pouvoir misérable, pouvoir de péché.* » (*Méditations chrétiennes*, vi, 17.) Ou encore : « Tu n'as ce pouvoir de consentir aux faux biens que par l'amour que Dieu t'imprime sans cesse pour le bien en général. *Les consentements qui ne sont qu'erreur et que péché sont uniquement de toi* ; car les consentements qui tendent au bien ne sont pas tant des consentements que des mouvements qui continuent et que tu ne dissipes pas. » (*Méditations chrétiennes*, vi, 19.) Ainsi ce pouvoir misérable, ce pouvoir de péché, c'est ce qu'on appelle vulgairement le libre arbitre ; et de quoi, selon Malebranche, est-il le résultat ? D'un affaiblissement ! Car si nous ralentissons et dissipons en nous l'action divine, ne croyons pas que ce soit l'effet d'une puissance réelle et positive. Non ! « Selon l'institution de la nature tous les hommes sont également libres... mais la concupiscence corrompt le cœur et la raison : or *l'homme ayant perdu le*

5° Que lui seul est la cause de nos sentiments, le plaisir, la douleur, la faim, la soif, etc.

6° Que lui seul est la cause de tous les mouvements de notre corps [1].

7° Que ni les hommes, ni les anges, ni les démons, ni aucune créature ne peut par elle-même nous faire ni bien ni mal : qu'ils peuvent néanmoins, comme causes *occasionnelles*, déterminer Dieu, en conséquence de quelques lois générales, à nous faire du bien et du mal, par le moyen du corps auquel nous sommes unis.

8° Que nous non plus, nous ne pouvons faire ni bien ni mal à personne par nos propres forces, mais seulement obliger Dieu, par nos désirs pratiques [2], en conséquence des lois de l'union de l'âme et du corps, à faire du bien et du mal aux autres hommes. Car c'est nous qui voulons remuer notre bras et notre langue, mais Dieu seul sait et peut les remuer [3].

pouvoir d'*effacer les traces des plaisirs sensibles et d'arrêter les mouvements de la concupiscence*, cette liberté, égale chez tous les hommes s'ils n'eussent point péché, est devenue inégale selon les différents degrés de la lumière, et selon que la concupiscence agit diversement en eux... » (*De la nature et de la grâce*, 3e discours, 1re partie, xi.) Malebranche est donc bien près de dire, comme les Jansénistes, que le libre arbitre invoqué par les philosophes, est une *maladie*, la maladie de l'âme déchue, et que cette liberté n'est qu'un état de désordre, amené par l'abandon où nous avons mérité que Dieu nous laissât. « C'est la seule grâce, dit en 1705, le P. Quesnel, qui *prévient, réveille, guérit, applique et fait agir et mouvoir la volonté*. » Et il achève sa pensée par la comparaison suivante : « La main vivante du Sauveur et la *main morte* de la fille de Jaïre, jointes ensemble, sont un symbole de la grâce et *de la volonté* qui s'unissent et concourent inséparablement à la justification et aux bonnes œuvres par le *consentement que la grâce opère dans la volonté* et que la volonté donne par la grâce qui la ranime, la sanctifie, la meut et la fait agir. » Ainsi, pour le P. Quesnel, nous ne sommes vraiment libres que quand nous cessons de vouloir par nous-mêmes; et il va jusqu'à penser que cette suspension de toute volonté personnelle vaut mieux que la liberté même dont A. en jouissait avant la chute. « Chef pour chef, le second Adam pour le premier; grâce pour grâce; grâce excellente, efficace, puissante, divine, telle qu'est celle du Sauveur; pour la grâce commune d'Adam, faible, périssable, *soumise à la liberté*, proportionnée à l'homme sain et innocent, et qui ne produisait que des mérites humains. » Malebranche est-il ici bien éloigné de ces théories?

1. « Nous n'agissons que par le concours de Dieu, et notre action, considérée comme efficace et capable de produire quelque effet, n'est pas différente de celle de Dieu. » (15e *Éclaircissement sur la Recherche de la vérité*.)

2. Nos désirs qui tendent à l'action sans y parvenir par eux-mêmes et qui « n'obligent » Dieu, que parce que Dieu s'est obligé lui-même à y répondre par un acte efficace. Ces désirs pratiques, c'est ce que les autres philosophes appellent les volontés.

3. Ainsi en résumé : 1° Le mouvement initial de notre volonté vient de Dieu; 2° Quand ce mouvement initial se continue et nous porte vers le vrai bien, ce n'est

XI. *Ces jugements demandent de nous les mouvements qui suivent.*

1º N'aimer que Dieu d'un amour d'union ou d'attachement, puisque lui seul est la cause de notre bonheur, petit ou grand, passager ou durable. Je dis d'un amour d'union : car on doit aimer son prochain, non comme son bien ou la cause de son bonheur, mais comme capable de jouir avec nous [1] du même bonheur. Ce mot *aimer* est équivoque, on doit y prendre garde.

2º N'avoir de joie qu'en Dieu seul. Car celui qui se réjouit en autre chose, juge que cette autre chose peut le rendre heureux ; ce qui est un faux jugement, qui ne peut causer qu'un mouvement déréglé.

3º Ne s'unir jamais aux causes *occasionnelles* de son bonheur contre la défense de la cause véritable ; car ce serait obliger Dieu, en conséquence de ses lois, à servir l'iniquité [2].

4º Ne s'y point unir sans un besoin particulier, car le pécheur doit éviter les plaisirs, puisque le plaisir rend actuellement heureux et que le bonheur est une récompense que le pécheur ne mérite point ; outre que le plaisir dont on jouit à l'occasion des corps fortifie la concupiscence, trouble l'esprit et corrompt le cœur en mille manières. C'est là le principe de la nécessité de la pénitence.

pas parce que nous y coopérons, c'est parce que nous ne l'affaiblissons pas et que nous ne le détournons pas ; 3º Quand nous l'affaiblissons et le détournons, c'est que nous avons perdu le pouvoir de résister à la concupiscence et que la grâce ne l'a pas réformée en nous ; 4º Les désirs pratiques qui sont en nous viennent donc ou d'un pouvoir supérieur (Dieu et sa grâce) ou d'une puissance inférieure à laquelle nous ne résistons pas (la concupiscence) ; 5º Les actes qui suivent ces désirs pratiques ne sont pas de nous, pas plus que les sentiments qui les accompagnent, pas plus que les effets qui en découlent.

1. Var. Ces deux mots : avec nous, n'étaient pas dans l'édition de 1684.

2. Cette idée revient souvent dans Malebranche. « N'abusons point de sa puissance (de Dieu). Malheur à ceux qui la font servir à des passions criminelles ! Rien n'est plus sacré que la puissance, rien n'est plus divin. C'est une espèce de sacrilège que d'en faire des usages profanes ; c'est faire servir à l'iniquité le juste vengeur des crimes. » (*Entretiens métaphysiques*, VII, 14.) « Le plaisir étant une récompense, c'est faire une injustice que de produire dans son corps des mouvements qui obligent Dieu en conséquence de sa première volonté ou des lois générales de la nature, à nous faire sentir du plaisir lorsque nous n'en méritons pas... Dieu étant juste, il ne peut se faire qu'il ne punisse un jour la violence qu'on lui fait, quand on l'oblige de récompenser par le plaisir des actions criminelles que l'on commet contre lui. Lorsque notre âme ne sera plus unie à notre corps, Dieu n'aura plus l'obligation qu'il s'est imposée de nous donner des sentiments qui doivent répondre aux traces du cerveau, et il aura toujours l'obligation de satisfaire à sa justice ! Ainsi, ce sera le temps de sa vengeance et de sa colère. » (*Recherche de la vérité*, IV, 10.)

5° Ne craindre que Dieu, puisque D'eu seul peut nous punir. Il faut craindre Dieu en cette vie, pour ne le point offenser. Le jour viendra qui, excluant le péché, bannira aussi toute crainte.

6. N'avoir de tristesse que de son péché, puisqu'il n'y a que le péché qui oblige un Dieu juste à nous rendre malheureux. Celui qui s'attriste de la perte d'un faux bien, lui rend honneur et le regarde comme un vrai bien; et celui qui s'attriste d'un malheur auquel il ne peut remédier se chagrine en vain. L'amour-propre éclairé ne s'attriste que de ses désordres, et la charité que de ceux des autres.

7° Quoique Dieu seul puisse nous rendre malheureux, on ne doit point le haïr, mais il faut le craindre. Il n'y a que celui qui est endurci dans son péché qui, par amour-propre, puisse haïr Dieu; parce que, sentant bien qu'il ne veut point obéir à Dieu, ou sachant bien, comme les damnés, qu'il n'y a plus pour lui [1] d'accès ou de retour vers Dieu, l'amour invincible du bonheur lui inspire sans cesse une haine invincible contre celui qui seul peut être la cause du malheur.

8° On ne doit point ni haïr ni craindre les causes occasionnelles du mal physique ou du malheur. On peut s'en séparer; mais il ne faut jamais s'en séparer contre la volonté de la cause véritable, j'entends contre l'Ordre ou la loi divine.

9° L'homme ne *doit vouloir faire* que ce que Dieu veut; puisque l'homme ne *peut faire* que ce que Dieu fait. S'il n'a point le *pouvoir* d'agir, il est visible qu'il ne doit point *vouloir* agir. L'Ordre ou la *loi divine* doit être sa loi, ou la règle de ses désirs et de ses actions, puisque ses désirs ne sont efficaces que par la *puissance* et l'action de Dieu seul. Je ne puis remuer le bras par ma propre force: je ne dois donc pas le remuer selon mes propres désirs. La loi de Dieu doit régler tous les effets de la puissance, non seulement en Dieu, mais encore dans toutes les créatures. L'Ordre ou la loi de Dieu est commun à tous les esprits: la puissance de Dieu est commune à toutes les causes. On ne peut donc se dispenser de se soumettre à la loi de Dieu puisqu'on ne peut agir que par l'efficace de la puissance.

10° L'homme néanmoins peut vouloir être heureux, il ne peut pas même vouloir être malheureux. Mais il ne doit rien vouloir ou faire pour devenir heureux, que ce que l'Ordre per-

1. Var. L'édition de 1684 ajoutait ici : Dans l'état où il se plaît.

met. On ne trouvera jamais le bonheur, si on le cherche par la
puissance de Dieu contre sa loi. C'est abuser de la puissance
que de s'en servir contre la volonté de celui qui la communique. Et le voluptueux qui veut être heureux en ce monde le
sera peut-être en partie en conséquence des lois naturelles,
mais il sera éternellement malheureux dans l'autre en conséquence de l'ordre immuable de la justice, ou par la nécessité
de la loi divine, qui veut que tout abus des choses divines soit
éternellement puni par la puissance divine. Car rien n'est
plus saint, plus sacré, plus divin que la puissance; et celui qui
se l'attribue, celui qui la fait servir à ses plaisirs, à son orgueil,
à ses désirs particuliers, commet un crime dont Dieu seul peut
connaître et punir l'énormité.

11° C'est une injustice abominable que de tirer vanité de sa
noblesse, de sa dignité, de sa qualité, de sa science, de ses richesses et de toute autre chose. Que *celui qui se glorifie le fasse
dans le Seigneur* et lui rapporte toutes choses; puisque hors de
Dieu il n'y a ni grandeur ni puissance. L'homme peut s'estimer
quelque chose et se préférer à son cheval. Il peut et doit estimer
les autres hommes et généralement toutes les créatures : Dieu
leur a fait véritablement part de son être. Mais à parler exactement, il ne leur a point fait part de sa puissance et de sa gloire.
Dieu fait tout ce que l'homme croit faire: il mérite seul tout
l'honneur qu'on rend à ses créatures: il mérite seul tous les
mouvements des esprits. Ainsi celui qui veut être aimé, honoré,
craint des autres hommes sans rapport à Dieu, veut se mettre
à la place du Tout-Puissant et partager avec lui les devoirs
qu'on ne doit rendre qu'à la puissance, l'adoration intérieure
qui n'est qu'à celui qui est scrutateur des cœurs [1].

12° De même celui qui craint, aime, honore les créatures,
comme de *véritables puissances*, commet une espèce d'idolâtrie :
et sa faute devient très criminelle, lorsque sa crainte et son
amour vont jusqu'à cet excès, qu'ils dominent dans son cœur
sur la crainte et l'amour de Dieu. Lorsqu'il est moins disposé
à s'occuper du créateur que des créatures, par une disposition
acquise par choix ou par des actes libres, il est en abomination
devant Dieu.

13° Tout le temps qu'on perd ou qu'on n'emploie pas pour

1. Var. Cette fin de phrase, depuis les mots : l'adoration intérieure..., n'était pas
dans l'édition de 1684, ni dans celle de 1697.

Dieu, qui seul est la cause de la durée de notre être, est un vol ou plutôt une espèce de sacrilège. Dieu n'agit que pour sa gloire et non pour notre plaisir; et alors du moins, autant qu'il est en nous, nous rendons son action inutile à ses desseins.

14° Généralement tout don que Dieu nous fait et que nous rendons inutile par rapport à sa gloire est un vol. Dieu, par la nécessité de sa loi, nous en demandera compte.

15° La puissance en un mot par laquelle Dieu nous crée à tout moment et avec toutes nos facultés, lui donne un droit indispensable sur tout ce que nous sommes, et sur ce qui nous appartient, qui certainement ne nous appartient, qu'afin que le rendant à Dieu avec toute la fidélité et la reconnaissance possible, nous puissions mériter par ses dons de le posséder lui-même par Jésus-Christ notre Seigneur et notre chef, qui nous tire de notre état profane pour nous sanctifier et nous rendre dignes d'honorer le Père et le Fils [1] dans l'unité du Saint-Esprit, durant des siècles infinis [2].

1. Var. Nous rendre dignes d'entrer, comme enfants adoptifs, en société de biens avec le Père et le Fils. (1684.)

2. Malebranche a insisté en mille endroits sur cette création continuelle de toutes nos facultés par l'action de Dieu. Il l'a rarement fait avec plus d'énergie que dans le passage suivant du *Traité de la nature et de la grâce* (3e discours, 1re partie, 1) : « Il n'y a rien de plus informe que la substance des esprits si on la sépare de Dieu : car qu'est-ce qu'un esprit sans intelligence et sans raison, sans mouvement et sans amour? Cependant c'est le Verbe et la sagesse de Dieu qui est la Raison universelle des esprits, et c'est l'amour par lequel Dieu s'aime qui donne à l'âme tout le mouvement qu'elle a vers le bien. L'esprit ne peut connaître la vérité que par la liaison naturelle et nécessaire avec la vérité même : il ne peut être raisonnable que par la Raison : enfin il ne peut en un sens être esprit et intelligence que parce que sa propre substance est éclairée, pénétrée, perfectionnée par la lumière de Dieu même... De même, la substance de l'âme n'est capable d'aimer le bien que par l'union naturelle et nécessaire avec l'amour naturel et substantiel du souverain bien : elle n'avance vers le bien qu'autant que Dieu la transporte : elle n'est volonté que par le mouvement que Dieu lui imprime sans cesse... »

CHAPITRE TROISIÈME.

Des devoirs qu'on doit rendre à la sagesse de Dieu. Elle seule éclaire l'esprit en conséquence des lois naturelles dont nos désirs sont les causes occasionnelles qui déterminent leur efficace. Jugements et devoirs des esprits à l'égard de la Raison universelle.

I. Après avoir reconnu les principaux devoirs que nous devons rendre à la *puissance* de Dieu, il faut examiner ceux que nous devons à sa *sagesse*, lesquels, quoique moins connus, ne sont pas moins dus. Toute créature dépend essentiellement du Créateur. Tout esprit aussi est uni essentiellement à la Raison. Nulle créature ne peut agir par ses propres forces, nul esprit aussi ne peut s'éclairer de ses propres lumières. Car toutes nos idées claires viennent uniquement de la Raison universelle qui les renferme : de même que toute notre force vient uniquement de l'efficace de la cause générale, qui seule a la puissance. Celui qui croit être à lui-même sa lumière et sa raison, n'est pas moins trompé que celui qui croit posséder véritablement la puissance. Et celui qui rend grâces à son bienfaiteur pour les fruits de la terre qui ne sont propres qu'à nourrir le corps, est bien ingrat, bien superbe, ou du moins bien stupide, s'il refuse de reconnaître qu'il doit à Dieu les vrais biens, la nourriture de l'esprit, la connaissance de la vérité.

II. L'esprit de l'homme a deux rapports essentiels. Il est uni à la Raison universelle, et par elle il a ou peut avoir commerce avec toutes les intelligences et avec Dieu même. Il est uni à un corps, et par lui il a ou peut avoir rapport avec toutes les créatures sensibles. C'est la puissance de Dieu qui est uniquement le principe efficace ou le lien de ces deux unions. Mais l'homme impuissant et stupide s'imagine que c'est par l'efficace de ses propres volontés qu'il est sage et puissant, qu'il s'unit au monde intelligible dont il contemple les rapports, et au monde visible dont il admire les beautés.

III. Dieu seul, en conséquence des lois de l'union de l'âme et du corps, fait dans l'homme tous les mouvements corporels, qui l'approchent des objets sensibles ou qui l'en éloignent. Mais comme la cause occasionnelle de ces mouvements ne sont que les différents désirs de sa volonté, l'homme s'attribue le pouvoir de faire ce qu'il n'y a que Dieu qui opère en lui. L'effort même qui accompagne ses désirs, effort pénible, effort, marque certaine d'impuissance et de dépendance, effort souvent inefficace, effort que Dieu lui fait sentir pour abattre son orgueil, et lui faire mériter ses dons : cet effort, dis-je, sensible et confus, lui persuade qu'il a de la force ou de l'efficace [1]. Comme il sent bien qu'il veut remuer son bras, et qu'il ne voit ni ne sent point en lui l'opération divine ; d'autant plus que Dieu est exact et fidèle à exécuter ses désirs, d'autant plus est-il infidèle à reconnaître ses bontés.

IV. De même Dieu seul, en conséquence des lois naturelles de l'union de l'esprit avec la Raison, découvre à l'homme toutes les idées qui l'éclairent et le promène pour ainsi dire, dans le pays de la vérité où habite l'âme, pour lui en montrer l'ordre et les merveilles. Mais comme la cause occasionnelle de la présence ou de l'éloignement des idées ne sont que les différents désirs de nos volontés, nous nous attribuons indiscrètement le pouvoir de faire ce qu'il n'y a que Dieu qui opère en nous. Et l'effort même, qui accompagne notre attention, effort pénible, marque certaine d'impuissance et de dépendance, effort souvent

1. Malebranche est revenu plusieurs fois, notamment dans les *Entretiens méta-physiques*, v, 6, sur ce caractère trompeur, suivant lui, de l'effort. L'illusion par laquelle il se trompe lui-même est visible. Toutes nos facultés, la mémoire, l'imagination, le langage, le raisonnement, le libre arbitre, ont ainsi un aspect négatif, marque de notre imperfection, qu'il est toujours aisé de mettre en relief. Ainsi on a dit de nos jours : « L'effort suppose obstacle, limitation, et se ramène au désir : ce qui le constitue, c'est la limite de l'être, c'est le non-être. » (Fouillée, *Philosophie de Platon*, tome II, p. 531.) On pourrait dire de même que l'impossibilité d'une intuition immédiate et complète est ce qui « constitue » le raisonnement. Ce serait vrai en partie, mais en partie seulement. Il faut voir ce qu'il y a de positif et, comme on disait au xviie siècle, de perfection, dans ces actes ainsi arrêtés et limités.

inefficace, effort que Dieu nous fait sentir pour punir notre orgueil et nous faire mériter ses dons : cet effort, dis-je, sensible et confus, nous persuade comme celui que nous faisons pour remuer les membres de notre corps, que nous sommes l'auteur des connaissances qui accompagnent nos désirs. Car comme l'opération de Dieu en nous [1] n'a rien de sensible, et que nous avons sentiment intérieur de notre propre attention ; nous regardons cette même attention comme la cause véritable des effets qui l'accompagnent ou qui la suivent avec une fidélité inviolable ; par la même raison que nous attribuons à nos volontés la puissance de mouvoir les corps, et aux objets les qualités sensibles dont nous sommes touchés à leur occasion.

V. Celui qui par le mouvement de son corps, s'approche ou s'éloigne des objets sensibles, se sentant lui-même frappé par les corps qu'il choque, croit bien qu'il est la cause du transport de son propre corps, mais du moins ne croit-il pas donner l'être à ceux qui l'environnent. Mais celui, qui par l'application de son esprit, quitte, pour ainsi dire, le corps et s'unit uniquement à la Raison, il s'imagine tirer de son propre fonds les vérités qu'il contemple. Il croit donner l'être aux idées qu'il découvre, et former pour ainsi dire de sa propre substance le monde intelligible dans lequel il se perd. Comme les choses qu'il voit alors ne le touchent point ou ne frappent point ses sens, il s'imagine qu'elles n'ont point hors de lui de réalité véritable. Car chacun juge de la réalité des êtres, comme de la solidité des corps, par l'impression qu'ils font sur les sens.

VI. Certainement l'homme n'est point à lui-même sa sagesse, sa lumière. Il y a une Raison universelle qui éclaire tous les esprits, une substance intelligible commune à toutes les intelligences, substance immuable, nécessaire, éternelle. Tous les esprits la contemplent sans s'empêcher les uns les autres : tous la possèdent sans se nuire les uns aux autres : tous s'en nourrissent, sans rien diminuer de son abondance. Elle se donne à tous, et tout entière à chacun d'eux. Car tous les esprits peuvent pour ainsi dire embrasser une même idée dans un même temps et différents lieux, tous la posséder également, tous la pénétrer ou en être pénétrés.

VII. Deux hommes ne peuvent pas se nourrir d'un même fruit, embrasser le même corps et, s'ils sont éloignés, entendre

---

1. Var. Les deux mots : en nous, n'étaient pas dans l'édition de 1684.

la même voix, ni même souvent regarder les mêmes objets. Toutes les créatures sont des êtres particuliers, qui ne peuvent être un bien général et commun. Ceux qui possèdent ces biens particuliers, en privent les autres, et par là les irritent et en font des ennemis ou des envieux [1]. Mais la Raison est un bien commun, qui unit d'une amitié parfaite et durable ceux qui la possèdent. Car c'est un bien qui ne se divise point par la possession, qui ne s'enferme point dans un espace, qui ne se corrompt point par l'usage. La vérité est indivisible, immense, éternelle, immuable, incorruptible : *Numquam marcescit sapientia, inextinguibile est lumen illius*, dit l'Ecriture.

VIII. Or cette sagesse commune et immuable, cette Raison universelle, c'est la sagesse de Dieu même, celle par laquelle et pour laquelle nous sommes faits. Car Dieu nous a créés par sa puissance pour nous unir à sa sagesse, et par elle nous faire cet honneur de pouvoir lier avec lui une société éternelle, avoir communion de pensées et de désirs, et par là lui devenir semblables autant qu'en est capable une créature. *In se permanens sapientia omnia innovat*, dit le sage, *et per nationes in animas sanctas se transfert, amicos Dei et Prophetas constituit : neminem enim diligit Deus, nisi eum qui cum sapientia habitat* [2]. La sagesse, quoique immuable en elle-même, renouvelle toutes choses. C'est elle qui nous rend amis de Dieu : parce que Dieu n'aime que celui qui habite avec la sagesse. Car enfin nous n'avons de société avec lui que par son Fils, son Verbe, la Raison universelle des intelligences, incarnée dans le temps et rendue visible pour éclairer des esprits grossiers et charnels, et les conduire par leurs sens, par une autorité sensible, jusqu'à l'intelligence de la vérité [3], mais toujours Raison, toujours sagesse, toujours lumière et vérité. Car celui qui renonce à la Raison universelle, renonce à l'auteur de la foi, qui est la Raison même rendue sensible et proportionnée à la faiblesse des hommes, qui n'écoutent que leurs sens. Rien sans doute n'est plus conforme à la Raison que ce que la foi nous enseigne : plus on y pense, plus on s'en convainc, pourvu que la foi conduise toutes les démarches de l'esprit, et que l'imagination ne

---

1. N'y aurait-il pas là une réminiscence de la théorie de Hobbes, peut-être même une allusion réfléchie? Malebranche devait tendre à croire, comme Pascal, que cette théorie pouvait être vraie de la nature déchue et abandonnée à elle-même.

2. *Sap.* VII, 27, 28. (M.)

3. Var. Les mots : de la vérité, n'étaient pas dans l'édition de 1684.

vienne point à la traverse dissiper par de vains fantômes ou des pensées humaines, la lumière que cette même foi répand en nous.

IX. Pour reconnaître donc nos devoirs envers Dieu, comme sagesse ou Raison universelle des intelligences, il ne suffit pas d'être convaincu en toutes manières de l'union de l'esprit avec Dieu, il faut encore examiner avec soin les lois de l'union de l'âme et du corps ; parce que nous sommes tellement situés entre Dieu et les corps, que plus l'union de l'esprit et du corps s'augmente et se fortifie, plus l'union de l'esprit avec Dieu s'affaiblit et diminue ; et au contraire moins le corps agit sur l'esprit, plus l'esprit consulte librement la Vérité intérieure. Je n'expliquerai point ici en particulier quelles sont les lois de l'union et de l'esprit et du corps, on doit s'en être instruit ailleurs. Qu'on se souvienne du moins en général, que nos sentiments répandent notre âme dans notre corps, et la rendent attentive à ses besoins ; et que notre imagination et nos passions la répandent dans tous ceux qui nous environnent ; que le corps ne parle jamais à l'esprit que pour le corps, et qu'il nous tire insolemment de la présence de notre maître intérieur, qui ne nous parle jamais que pour le bien ou la perfection de notre être ; en un mot que notre union avec la Raison est maintenant si faible et si délicate, que le moindre sentiment qui nous frappe, la rompt actuellement, quelque effort que nous fassions pour rentrer en nous-mêmes et retenir nos idées qui se dissipent.

X. *Jugements qu'on doit former en l'honneur de la Raison universelle.*

1º Il n'y a point plusieurs sagesses, ou plusieurs *Raisons*.

2º L'homme n'est pas à lui-même, ni à nul autre, sa sagesse et sa lumière, ni nulle intelligence à aucune autre.

3º Dieu par sa *puissance* est la cause de nos perceptions ou de nos connaissances claires, en conséquence de nos désirs ou de notre attention. Mais c'est uniquement la substance intelligible et commune de la vérité qui en est la forme, l'idée, l'objet immédiat. L'esprit séparé de la *Raison* ne peut connaître aucune vérité. Il peut bien par l'action de Dieu sur lui sentir sa douleur, son plaisir [1], et toutes les autres modifications particulières dont sa substance est capable ; mais il ne peut connaître

---

1. Var. L'édition de 1684 ajoutait ici : sa perception.

en lui-même des vérités communes à tous les esprits. Car l'homme qui dépend de la *puissance* de Dieu pour être heureux et puissant, doit encore être uni à sa *sagesse* pour devenir raisonnable, sage, juste, parfait en toutes manières.

4° Nous ne tirons donc point des objets les idées que nous en avons.

5° Les hommes que nous appelons nos *maîtres*, ne sont donc que des *moniteurs* [1].

6° Et lorsque nous rentrons en nous-mêmes, pour découvrir quelque vérité que ce soit, ce n'est pas nous qui nous répondons, mais c'est le maître intérieur [2] qui habite en nous, celui qui préside immédiatement à tous les esprits, et leur rend à tous les mêmes réponses [3].

XI. Tout cela se réduit à cette proposition générale de Jésus-Christ, que nous n'avons qu'un Maître, Jésus-Christ lui-même, qui nous éclaire par l'évidence de ses lumières, quand nous rentrons en nous-mêmes ; et qui nous instruit sûrement par la foi, lorsque nous consultons l'autorité visible et infaillible de l'Église, qui conserve le sacré dépôt de sa parole écrite ou non écrite.

XII. De ce grand principe naissent les devoirs qui suivent.

1° Ne point tirer vanité de ses connaissances, mais en remercier humblement celui qui en est le principe et l'auteur.

2° Rentrer en soi-même autant qu'on le peut : écouter plus volontiers la Raison, que les hommes.

3° Ne se rendre qu'à l'évidence, et à l'autorité infaillible [4].

4° Lorsque les hommes parlent, ne pas manquer de confronter ce qu'ils disent à nos oreilles, avec ce que la Raison répond à notre esprit : ne les croire jamais que sur des faits, et encore comme par provision.

5° Ne leur parler jamais, du moins avec un air de confiance, avant que la Raison nous ait parlé à nous-mêmes par son évidence.

6° Leur parler toujours en *moniteurs*, et non en *maîtres* : les

---

1. Idée souvent développée par Malebranche. Voyez particulièrement *Méditations chrétiennes*, II, 15.

2. Var. Et lorsque nous rentrons en nous-mêmes, nous ne nous répondons pas, mais le maître intérieur... (1684.)

3. Ici, l'édition de 1684 donnait la note marginale suivante : *Vos autem nolite vocari Rabbi ; unus est enim Magister vester*, XXIII, 8. — Voyez le livre de saint Augustin, *De magistro*.

4. Var. L'édition de 1684 ajoutait : De l'Église.

interroger souvent, et par diverses manières les mener insensiblement au Maître, à la Raison universelle, en les obligeant de rentrer en eux-mêmes. On ne les instruit que par cette voie.

7° Ne disputer jamais pour disputer; et ne proposer même jamais la vérité aux autres, lorsque la compagnie, la passion, ou quelque autre raison fait assez connaître qu'on ne rentrera pas en soi-même pour écouter la décision du juste juge.

8° Ne consulter la Raison que sur des sujets dignes d'elle, et qui nous soient utiles, soit pour nous porter au bien ou pour nous unir à la vérité; soit pour nous régler le cœur ou pour acquérir quelque force et [1] quelque liberté d'esprit.

9° Ne conserver chèrement dans sa mémoire, autant que cela se peut, que des principes certains et féconds en conséquences, que des vérités nécessaires, que les réponses précieuses de la vérité intérieure.

10° Négliger ordinairement les faits, ceux-là principalement qui n'ont point de règle certaine [2], tels que sont les actions des hommes : cela n'éclaire point l'esprit, et corrompt souvent le cœur [3].

11° Notre loi inviolable c'est l'Ordre : ce n'est point la coutume, souvent opposée à l'Ordre et à la Raison [4]. Suivre l'exemple sans le confronter avec l'Ordre, c'est agir en bête, et uniquement par machine. Encore vaut-il mieux, ce qui ne vaut rien du tout, faire sa loi de son plaisir, que d'obéir sottement à de méchantes et fâcheuses coutumes. Il faut que notre vie ou notre conduite rende honneur à notre Raison, et soit digne des grandes qualités que nous portons.

12° Mépriser la délicatesse, la beauté, la force même de l'imagination et toutes les études qui cultivent cette partie de nous-mêmes qui nous rend si estimables et si agréables aux yeux du monde. Une imagination trop délicate ou trop instruite ne se soumet pas volontiers à la Raison. C'est toujours le corps qui parle par l'imagination; et lorsque le corps parle, c'est une nécessité malheureuse, il faut que la Raison se taise ou soit négligée.

---

1. Var. On. (1684.)

2. Var. De règles certaines. (1684.)

3. Comparez les phrases de Descartes sur l'histoire, dans la 1re partie du *Discours de la méthode*.

4. Malebranche n'admet pas, comme Descartes, une morale provisoire, s'en rapportant à la coutume tant que la science certaine n'est pas fondée.

13º Pour se fortifier dans ce mépris, il faut souvent et avec une application particulière, comparer à la lumière intérieure ce qui brille à l'imagination, afin de faire évanouir l'éclat trompeur et charmant dont elle couvre ses folles pensées : il ne faut presque jamais avoir égard aux manières dont on se paie dans le monde.

14º Fermer avec soin les avenues par lesquelles l'âme sort de la présence de son Dieu et se répand dans les créatures. Un esprit dissipé sans cesse par l'action des objets sensibles ne peut rendre à la Raison le respect et l'assiduité qui lui sont dus. C'est mépriser la Raison que de donner à ses sens toute liberté.

15º Aimer ardemment la vérité, la sagesse, la Raison universelle. Regarder comme un grain de sable par rapport à elle tout l'or du Pérou. *Omne aurum in comparatione illius arena est exigua*[1], dit le Sage. La prier sans cesse par son attention[2]: faire son plaisir de la consulter, d'entendre ses réponses, de lui obéir, comme elle fait elle-même *ses délices de converser parmi nous*[3], et toujours au milieu de nous.

1. *Sap.* VII, 9. (Note marginale de M.)

2. On se rappelle la définition donnée plus haut, 1re partie, v, 4. « L'attention de l'esprit est une prière naturelle par laquelle nous obtenons que la Raison nous éclaire. »

3. *Prov.* LXXXIII, 4. (*Id.*)

CHAPITRE QUATRIÈME.

Des devoirs dus à l'amour Divin. Notre volonté n'est qu'une impression continuelle de l'amour que Dieu se porte à lui-même, qui seul est le bien véritable. On ne peut aimer le mal, mais on peut prendre pour un mal ce qui n'est ni bien ni mal. De même on ne peut haïr le bien, mais le vrai bien [1] est effectivement le mal des méchants ou la cause véritable de leurs misères. Afin que Dieu soit bon à notre égard, il faut que notre amour soit semblable au sien ou toujours soumis à la loi Divine. Mouvements ou devoirs.

I. Nous dépendons de la puissance de Dieu, et nous ne faisons rien que par son efficace : nous sommes unis à sa sagesse, et nous ne connaissons rien que par sa lumière : mais nous sommes encore tellement animés par son amour, que nous ne sommes capables d'aimer aucun bien que par l'impression continuelle de l'amour qu'il se porte à lui-même. C'est ce qu'il faut maintenant expliquer pour marquer en général nos devoirs envers Dieu.

II. Certainement Dieu ne peut agir que pour lui-même : il n'a point d'autre motif que son amour-propre : il ne peut vouloir [2] que par sa volonté; et sa volonté n'est point, comme en nous, une impression qui lui vienne d'ailleurs et qui le porte ailleurs. Comme il est à lui-même son bien, son amour ne peut être qu'amour-propre : sa fin c'est lui-même, et ne peut être que lui-même. Ainsi Dieu ne donne point aux esprits un amour qui tende où ne tend pas le sien; puisque l'amour du bien dans

1. Var. Mais c'est que le vrai bien... (1684.)
2. Var. Dieu ne peut vouloir. (1684.)

les esprits n'est produit que par la volonté de Dieu, laquelle n'est autre chose que l'amour qu'il se porte à lui-même. L'amour en Dieu ne doit tendre que vers lui, car Dieu se suffit à lui-même. Mais l'amour des créatures ne doit point s'arrêter aux créatures, il doit tendre uniquement à Dieu [1]. Car il n'y a point [2] deux ou plusieurs biens véritables : il n'y en a qu'un seul, puisqu'il n'y a [3] qu'une cause véritable. Il n'y a donc que Dieu d'aimable, j'entends d'un amour d'union. Ainsi, comme Dieu ne peut pas vouloir qu'on aime ce qui n'est point aimable ni qu'on n'aime pas ce qui est aimable, supposé qu'on soit capable d'aimer, c'est une nécessité que notre amour venant de Dieu, tende uniquement vers lui, et se rapporte à lui dans la première institution de la nature.

III. Dieu créant donc les esprits, et voulant les rendre heureux, il leur imprime sans cesse l'amour du bien : et comme il n'agit que pour lui, et que le bien n'est et ne peut être qu'en lui, cet amour naturel du bien ne les porte par lui-même que vers Dieu : car cet amour est semblable à celui que Dieu se porte à lui-même. Cet amour aussi est invincible, puisque c'est une impression puissante et continuelle de l'amour Divin; et il n'est point différent de notre volonté, puisque ce n'est que par les différentes déterminations de cet amour que nous pouvons aimer tous les objets qui ont l'apparence du bien [4].

IV. De là il est clair que nous ne pouvons point aimer le mal, et que nous n'avons point pour cela de mouvement. Néanmoins nous pouvons par erreur prendre le mal pour le bien, et aimer alors le mal par choix [5], en aimant le bien d'un amour naturel. Nous pouvons [6] aimer le mal, ou plutôt ce qui n'est ni bien ni mal, par un abus abominable du bon amour, que Dieu imprime sans cesse en nous, pour se faire aimer de nous, comme étant seul notre bien ou capable de nous rendre heureux. Car nous devons surtout prendre garde que toutes les créatures, quoique parfaites ou bonnes en elles-mêmes, ne sont ni bonnes

---

1. Var. Ces deux phrases, depuis : L'amour en Dieu, n'étaient pas dans l'édition de 1684.

2. Var. Mais de plus il n'y a point... (1684.)

3. Var. Car il n'y a. (1684.)

4. Voyez dans la *Recherche de la vérité*, le 4e livre *des Inclinations*, ch. i et ii.

5. Var. Et aimer alors le mal en aimant le bien ; aimer le mal par choix, en aimant le bien... (1684.)

6. Var. Dans l'édition de 1684, les mots : *nous pouvons*, manquaient, et la même phrase se continuait.

ni mauvaises par rapport à nous, puisqu'elles n'ont point véritablement la puissance de nous faire ni bien ni mal. Comme elles sont causes occasionnelles du bien ou du mal, du plaisir ou de la douleur, nous pouvons nous y unir ou nous en séparer par le mouvement de notre corps : mais nous ne pouvons raisonnablement ni les aimer ni les craindre, parce que tout mouvement qui ne tend point vers Dieu, qui en est le principe et la fin, est déréglé, et mérite d'être puni s'il est libre.

V. Il est clair aussi que nous ne pouvons pas haïr le bien, puisque, voulant invinciblement être heureux, nous ne pouvons pas nous séparer de celui qui nous rend heureux. Néanmoins nous pouvons par erreur prendre le bien pour le mal, et alors haïr le bien par la haine que nous avons pour le mal. Mais cette haine dans le fond n'est qu'un mouvement d'amour. Nous ne fuyons le mal que par le mouvement d'amour que nous avons pour le bien. Car, Dieu nous ayant faits pour être heureux en l'aimant, il ne nous a pas donné de mouvement pour nous séparer de lui, mais pour nous unir à lui. Les pécheurs ou les damnés haïssent Dieu d'une haine invincible et irréconciliable, mais c'est par l'amour même que Dieu leur a donné pour l'aimer. Car Dieu n'étant plus leur bien, mais leur mal, ou la cause de leurs supplices, selon ces paroles de l'Ecriture : *Cum electo electus eris, et cum perverso perverteris* [1] ; ils le haïssent par le mouvement invincible que Dieu, toujours immuable dans sa conduite, leur donne pour le bonheur.

VI. Pour bien comprendre cela, il suffit d'observer que c'est le plaisir actuel qui rend actuellement et formellement heureux, et la douleur malheureux. Or, un damné sent la douleur, un pécheur endurci la craint. Le damné connaît que Dieu seul en est la cause véritable, le pécheur le croit, ou du moins il l'appréhende [2]. Il faut donc, par le désir même qu'ils ont d'être heureux, qu'ils abusent l'un et l'autre du mouvement que Dieu leur donne pour les unir à lui, et qu'ils s'en séparent : puisque, plus ils sont unis à Dieu, plus Dieu agit en eux, plus aussi éprouvent-ils qu'ils sont malheureux. Les bienheureux au contraire, et par une raison semblable, ne peuvent cesser d'aimer Dieu. Et ceux qui ont accès auprès de Dieu,

---

1. *Ps.* xvii, 27. (Note marginale de M.)

2. Var. Le damné connaît que Dieu seul en est la cause : le pécheur le croit. (1684.) L'édition de 1697 ne contient pas non plus : ou du moins il l'appréhende.

ceux qui espèrent de trouver en lui leur bonheur, les pécheurs,
qui par la foi en Jésus-Christ ont espérance de retour et de
grâce, peuvent par le désir invincible de leur bonheur, aimer
et craindre Dieu. C'est là l'état où nous sommes réduits en
cette vie.

VII. Or, afin que l'amour naturel que Dieu imprime sans
cesse en nous, demeure amour et ne se change point en haine;
afin que l'amour du bonheur nous rende heureux, qu'il nous
porte et nous unisse à Dieu, au lieu de nous en séparer; en
un mot afin que Dieu soit ou demeure bien à notre égard, et
ne devienne point un mal, il faut que notre amour soit toujours conforme ou semblable à l'amour Divin; il faut que nous
aimions la perfection, aussi bien que la félicité! Il faut que
nous demeurions unis à la sagesse de Dieu, aussi bien qu'à sa
puissance. Car Dieu en créant l'homme, lui a donné, dans l'a-
mour du bien, et par l'impression de l'amour qu'il se porte à
lui-même, comme deux amours, celui de la félicité et celui de
la perfection. Par l'amour de la félicité il l'a uni à sa puissance,
qui seule peut le rendre heureux; et par l'amour de la perfection il l'a uni à sa sagesse, qui seule le peut rendre parfait et
qui doit le conduire [1] comme sa loi inviolable. Dieu est pour
ainsi dire, divinement animé de ces deux amours, ils sont inséparables en lui, et ils ne peuvent se séparer en nous, sans
nous perdre entièrement. Car la puissance de Dieu est sage et
juste; sa sagesse est toute-puissante; et celui qui prétend conserver en lui l'amour de sa félicité sans celui de sa perfection,
s'unir à la puissance pour être heureux, sans se former sur la
sagesse pour être parfait, corrompt cet amour de la félicité qui
ne servira [2] qu'à le rendre éternellement malheureux. Car l'a-
mour de Dieu sur toutes choses en tant que puissant, en tant
que cause unique de notre félicité, n'est pas précisément ce
qui nous justifie. C'est l'amour de Dieu, en tant que vérité et
justice, c'est l'amour de l'ordre immuable, l'amour de la loi
Divine. On ne peut plaire à Dieu, si l'on ne veut, si l'on n'aime
ce qu'il veut et ce qu'il aime. L'ordre immuable qui est la Loi
de toutes les volontés Divines, doit donc être aussi la nôtre [3].

1. Var. A sa sagesse, qui seule doit le conduire... (1684.)

2. Var. Et celui qui prétend conserver en lui l'amour de la félicité, sans celui de
la perfection, l'amour de la sagesse, de la justice, de l'ordre immuable; cet amour
de la félicité ne servira... (1684.)

3. Var. Les quatre dernières phrases, depuis les mots : Car l'amour de Dieu sur
toutes choses..., n'étaient pas dans l'édition de 1684.

Dieu par sa puissance ne fera pas le bien des hommes, mais leur mal, si par sa sagesse il n'est point leur loi ou le principe de leur réformation intérieure. Car le bonheur est une récompense. Pour le posséder, il ne suffit pas de le désirer, il faut le mériter ; et l'on ne peut le mériter, si l'on ne règle les mouvements de son cœur sur la loi inviolable de toutes les intelligences, sur celui sur lequel l'homme a été formé et sur lequel il doit être réformé. En un mot l'amour de l'ordre immuable de la justice doit toujours être joint à l'amour d'union, qui se rapporte à la puissance de Dieu [1], afin que notre amour étant semblable à l'amour Divin, il nous conduise à toute la félicité et à toute la perfection dont nous sommes capables.

VIII. Car il faut observer que dans l'état où nous sommes maintenant, il arrive souvent que notre bonheur et notre perfection se combattent, et qu'il est nécessaire de prendre parti : ou de sacrifier sa perfection à son bonheur, ou son bonheur à sa perfection ; ou l'amour de l'ordre à son plaisir, ou son plaisir à l'amour de l'ordre. Or, quand on sacrifie son bonheur à sa perfection, son plaisir à l'amour de l'ordre, on mérite. Car on obéit à la Loi Divine, à ses propres dépens, et par là on prononce hautement que Dieu est juste et puissant ; jugement conforme à celui que Dieu porte de lui-même. Car nos actions ne sont méritoires que lorsqu'elles expriment les jugements que Dieu porte de ses attributs [2]. On abandonne à Dieu ce qui dépend uniquement de lui, notre félicité, et par cette soumission on rend honneur à sa puissance. Il dépend [3] en partie de nous d'obéir à la Loi Divine ; et il n'en dépend nullement de jouir du bonheur. Ainsi, nous devons remettre entre les mains de Dieu notre propre félicité, et nous appliquer uniquement à notre perfection : faisant cet honneur à Dieu de le croire à sa parole [4], de se confier à sa justice et à sa bonté, et de vivre contents par la foi dans la fermeté de notre espérance ; selon

1. Var. En un mot, l'amour de conformité, qui se rapporte à l'ordre immuable, à la sagesse de Dieu, doit toujours être joint à l'amour d'union, qui se rapporte à sa puissance. (1684.)

2. Var. Après les mots : à ses propres dépens, le texte de l'édition de 1684 était ainsi rédigé : Et par là on rend honneur à la sagesse de Dieu, à la Raison universelle ; on abandonne à Dieu...

3. Var. Car il dépend. (1684.)

4. Comparez plus haut 1re partie, I, 18. « Faisant cet honneur à la Raison de la croire sur parole et de se consoler sur ses promesses. »

ces paroles : *Justus meus ex fide vivit* [1]. Dieu est certainement juste et fidèle : il nous donnera tout le bonheur que nous aurons mérité; notre patience ne sera point infructueuse. Mais quelque grand que soit notre désir et notre application à la recherche de notre bonheur, il ne sera [2] point cause que Dieu nous en fasse jouir, sans l'avoir mérité. Ce désir excessif nous en rendra peut-être indignes [3], selon ces paroles admirables de Jésus-Christ : *Si quelqu'un veut me suivre, qu'il renonce à lui-même, qu'il se charge de sa croix et vienne avec moi, car celui qui se voudra sauver se perdra ; et celui qui se perdra pour l'amour de moi, se sauvera* [4].

IX. Or, cette contrariété qui se trouve maintenant entre notre bonheur et notre perfection, vient de l'union de l'esprit et du corps, qui s'est changée en dépendance, en punition du péché. Car ce sont les ébranlements involontaires des fibres de la partie principale du cerveau qui sont les causes occasionnelles de nos sentiments agréables ou pénibles, et par conséquent de notre bonheur ou de notre malheur présent [5]. Le corps auquel nous sommes unis n'a pas les mêmes intérêts que la Raison. Il a ses besoins particuliers : il les demande avec hauteur, et il maltraite l'âme qui les lui refuse. Et la raison au contraire ne fait que des menaces et des reproches, qui ne sont point ni si vifs, ni si pressants que le plaisir et que la douleur actuelle. Ainsi, il faut se résoudre généreusement à être malheureux en cette vie pour conserver sa perfection et sa justice : et sacrifier son corps, ou plutôt son bonheur actuel, pour demeurer inséparablement uni à la raison, et soumis à la Loi Divine : content de l'avant-goût des vrais biens et ferme dans l'espérance que cette même loi Divine, cette même Raison incarnée, sacrifiée, glorifiée dans notre nature, ou notre nature en elle, saura bien nous rendre tout ce que nous aurons perdu pour lui obéir.

X. Ce principe [6] que notre volonté, ou le mouvement naturel et nécessaire de notre amour n'est qu'une impression continuelle de l'amour de Dieu, qui nous unit à sa puissance pour

---

1. *Heb.* x. 38. (Note marginale de M.)
2. Var. Cela ne sera. (1684.)
3. Var. Peut-être un jour indignes. (1684.)
4. *Math.* xvi, 24. C'est le texte latin qui était cité dans l'édition de 1684.
5. Var. De notre bonheur ou de notre malheur. (1684.)
6. Var. Cette perception claire. (1684.)

nous conduire à sa sagesse ou nous conformer à sa loi[1], est fécond en conséquences; en voici quelques-unes des plus générales[2].

1° Tout mouvement d'amour qui ne tend point vers Dieu est inutile et vain: car les créatures sont impuissantes. Mais de plus, il conduit au mal ou fait de la cause de notre bien celle de notre mal. Ainsi, tout plaisir qui ne vient à l'âme que par le corps est trompeur, puisqu'il détermine vers les corps, substances inefficaces, le mouvement naturel de notre amour pour Dieu. Le voluptueux se trompe. La nature, qu'il fait injustement servir à ses désirs, n'est point une nature aveugle dont on puisse abuser impunément[3].

2° Tout mouvement d'amour qui n'est point conforme à l'ordre immuable, qui est la loi inviolable des créatures et même du Créateur, est déréglé; et Dieu étant juste, ce mouvement l'obligera tôt ou tard à devenir[4] notre mal ou la cause de notre misère.

3° On ne peut s'unir à Dieu comme à son bien, si on ne se conforme à Dieu comme à sa loi. Et la converse[5] est vraie : On ne peut se conformer à la loi Divine, et par cette conformité devenir parfait, sans s'unir à sa puissance, et par cette raison devenir heureux, car Dieu est essentiellement juste[6].

XI. Cette vérité peut encore s'exprimer ainsi, selon l'analogie de la foi. Nous n'avons accès auprès de Dieu, société avec Dieu, part à la félicité de Dieu, que par la Raison universelle, la sagesse éternelle, le Verbe divin qui s'est fait chair, à cause que l'homme est devenu charnel, et par sa chair s'est fait victime, à cause que l'homme est devenu pécheur, et par le sacrifice de sa victime, s'est fait médiateur, la Raison purement intelligible n'étant plus, dans l'homme corrompu qui ne peut plus ni la consulter ni la suivre, le lien de la société entre Dieu et lui.

Mais il faut remarquer sur toutes choses que la Raison en s'incarnant n'a rien changé de sa nature, ni rien perdu de sa puissance. Elle est immuable et nécessaire : elle est seule la loi

---

1. Var. Pour nous conformer à sa sagesse ou à sa loi. (1684.)

2. Var. Nous oblige à former ces jugements. (1684.)

3. Var. Cet alinéa 1° renfermait simplement la phrase suivante dans l'édition de 1684 : Tout mouvement d'amour qui ne tend point vers Dieu, est inutile et conduit au mal, ou fait de la cause de notre bien celle de notre mal.

4. Var. Ce mouvement l'oblige à devenir. (1684.)

5. La proposition dans laquelle on a renversé l'ordre des termes.

6. Var. Cette fin de phrase : Car Dieu..., n'était pas dans les éd. de 1684 et de 1697.

inviolable des esprits : elle seule a le droit de commander. La foi n'est point contraire à l'intelligence de la vérité ; elle y conduit, elle unit l'esprit à la Raison et rétablit par elle pour jamais notre société avec Dieu. Il faut se conformer au Verbe fait chair ; parce que le Verbe intelligible, le Verbe sans la chair est maintenant une forme trop abstraite, trop sublime et trop pure, pour former ou réformer des esprits grossiers et des cœurs corrompus ; des esprits qui ne trouvent point de prise sur tout ce qui n'a point de corps, et que tout ce qui ne les touche point les rebute. Mais l'intelligence succédera à la foi ; et le Verbe quoique uni pour toujours à notre chair, nous éclairera un jour d'une lumière purement intelligible [1].

Le Verbe s'est fait victime, parce que le Verbe sans victime n'a rien qu'il puisse offrir : il ne peut être Pontife [2], il ne peut donner à des pécheurs de société avec Dieu sans réconciliation et sans sacrifice. Et nous devons aussi nous conformer à lui en cet état ; parce qu'outre que c'est nous qui sommes les criminels, nous faisons partie de la victime qui doit être purifiée, consacrée et sacrifiée, avant que d'être clarifiée et consommée en Dieu pour l'éternité. Mais la vie de Jésus-Christ n'est notre modèle, que parce qu'elle est conforme à l'ordre, notre modèle indispensable et notre loi inviolable. Il faut suivre Jésus-Christ jusqu'à la croix, parce que l'Ordre veut que ce corps de péché soit anéanti en l'honneur de la Raison, à la gloire de celui dont il nous sépare. L'Ordre veut que nous méritions par des peines volontaires dont le corps est l'occasion, le bonheur dont Dieu seul est la cause véritable [3] et dont nous avons été justement privés à cause des plaisirs injustes que nous avons indignement exigés d'un Dieu juste [4]. Voilà des vérités bien rebattues, mais ce sont des vérités bien nécessaires.

XII. *Mouvements ou devoirs.*

1º N'aimons donc que Dieu d'un amour d'union ; et lorsque nous sentons s'exciter en nous quelque amour pour la créature, quelque joie dans la créature, étouffons ces sentiments ; recon-

---

1. Var. Cette phrase, depuis : Mais l'intelligence..., n'était pas dans l'édition de 1684.

2. *Omnis Pontifex ad offerendum munera et hostias constituitur ; unde necesse est et hunc Christu habere aliquid quod offerat. Heb.* viii, 3. (Note marginale de M.

3. Var. Est la cause. (1684.)

4. Voyez plus haut 2e partie, ch. ii, 11, 3º, et les divers textes cités dans la note.

naissons que Dieu seul a la puissance, et qu'il ne nous anime
de son amour que pour nous unir à lui.

2° Fuyons les plaisirs, car ils nous séduisent et nous corrompent. Le plaisir est le caractère du bien : et Dieu seul peut
nous en faire sentir [1]. Mais son opération n'ayant rien de visible, nous regardons les objets qui ne sont que les occasions
de nos sentiments, comme s'ils en étaient la cause, et nous les
aimons comme nos biens ; ou du moins nous n'aimons que
nous-mêmes, que notre propre bonheur, lorsque nous en
jouissons. Or tout plaisir qui nous porte à l'amour des corps,
substances inférieures à notre être, nous dérègle : et comme
l'âme n'est point à elle-même la cause de son bonheur, elle
est aveugle, elle est ingrate, elle est injuste, si elle aime son
propre plaisir, sans rendre à la véritable cause qui le produit
en elle, l'amour et le respect qui lui sont dus. Mais de plus,
peut-on aimer Dieu au milieu des plaisirs ? peut-on augmenter
actuellement sa charité, lorsqu'on irrite et qu'on fortifie sa
concupiscence en mille manières? Tout ce qui vient à l'âme
par le corps, n'est que pour le corps : le plaisir la séduit, la
corrompt, la tue [2].

3° L'amour de la grandeur, de l'élévation, de l'indépendance
est abominable : celui qui désire qu'on l'estime et qu'on l'aime,
fait horreur [3]. Quoi ! les esprits faits pour contempler la Raison
universelle, pour aimer la puissance du vrai bien, s'occuperont
de nous, et nous aimeront! impuissants comme nous sommes,
nous voudrions des admirateurs, des imitateurs, des sectateurs [4]?
Certainement celui qui ne voit pas l'injustice de l'orgueil, n'a
nul commerce avec la Raison; et celui-là y renonce entièrement
qui connaît cette injustice et ne craint point de la commettre.

4° Aimons l'Ordre, c'est la loi de Dieu, il le suit inviolablement, il l'aime invinciblement. Pensons-nous pouvoir impunément nous dispenser de le suivre? Si nous l'abandonnons, la

1. Var. Nous en faire jouir. (1684.)

2. Var. Cette dernière phrase depuis : Tout ce qui vient à l'âme... n'était pas
dans l'édition de 1684.

3. Malebranche va ici plus loin encore que Pascal qui prononce également ces
mots « fait horreur », à propos de ceux qui ne veulent pas laisser connaître leurs
misères, au moins à un confesseur; mais qui se borne à dire qu'il n'est pas juste
de vouloir que les autres hommes nous estiment « *plus que nous ne le méritons.* »
(V. *Pensées*, art. 2, parag. 8 de l'édition Havet.)

4. Var. Impuissants comme nous sommes, nous souffrirons des adorateurs! Corrompus comme nous sommes, nous voudrions des... (1684 et 1697.)

justice impitoyable du Dieu vivant nous poursuivra. Mais si notre amour se conforme à cette loi, nous serons heureux et parfaits tout ensemble, nous aurons société avec Dieu et part à sa félicité et à sa gloire.

5° On ne peut être raisonnable que par la Raison universelle : on ne peut être sage que par la sagesse éternelle : on ne peut être juste et saint que par la conformité avec l'Ordre immuable. Contemplons donc incessamment la Raison, aimons ardemment la sagesse, suivons inviolablement la loi divine. Réformons-nous sur notre modèle : il s'est fait semblable à nous pour nous rendre semblables à lui. Il est maintenant à notre portée ; il est proportionné à notre faiblesse. Il est pour ainsi dire encore devant nous [1], ouvrons les yeux pour le voir. Il est au milieu de nous : rentrons en nous-mêmes pour le consulter. Il nous sollicite sans cesse ; rendons-nous à sa voix, n'endurcissons point nos cœurs. Mais il est encore dans le Saint des Saints établi Pontife selon l'Ordre de Melchisédech [2], toujours vivant pour intercéder pour nous, et nous donner les secours dont nous avons un besoin extrême. Approchons-nous avec confiance [3] du vrai propitiatoire [4] de Jésus-Christ, Sauveur des pécheurs ; Chef de l'Église, Architecte du Temple éternel ; en un mot, cause occasionnelle de la Grâce, sans laquelle nous sommes trop corrompus et trop misérables, pour travailler à notre réformation, estimer et goûter les vrais biens, et même désirer sincèrement d'être délivrés de nos maux.

1. Var. Il est devant nous. (1684.)

2. C'est-à-dire prêtre éternel. (*Tu es sacerdos in æternum secundum ordinem Melchisedec,* dit le Psaume.) L'Écriture ne donnant pas la généalogie de Melchisédec et gardant le silence sur sa naissance et sur sa mort, son sacerdoce a été considéré comme étant la figure du sacerdoce éternel de Jésus-Christ. Voyez saint Paul, ép. aux Hébreux, c. v et vii.

3. Var. Approchons-nous donc... (1684.)

4. Le *propitiatoire* des Juifs était une sorte de trône ou de table en or, placée au-dessus de l'arche d'alliance. C'est là que Dieu rendait sa présence sensible au grand prêtre. Le mot est donc pris ici au figuré.

CHAPITRE CINQUIÈME.

Les trois personnes divines impriment chacune leur propre caractère
dans les esprits, et nos devoirs les honorent également toutes
trois. Car nos devoirs ne consistent que dans des mouvements intérieurs, qui doivent néanmoins paraître au dehors à cause de la
société que nous avons avec les autres hommes.

I. Les trois personnes divines de la Trinité sainte impriment
chacune leur propre caractère dans les esprits qu'ils ont créés
à leur image. Le Père, à qui la puissance est attribuée, leur fait
part de son pouvoir, les ayant établis causes occasionnelles de
tous les effets qu'ils produisent. Le Fils leur communique sa
sagesse et leur découvre toutes les vérités [1] par l'union étroite
qu'ils ont avec la substance intelligible, qu'il renferme comme
Raison universelle. Le Saint-Esprit les anime et les sanctifie par
l'impression invincible qu'ils ont pour le bien et par la charité
ou l'amour de l'Ordre qu'il répand dans les cœurs. Comme le
Père engendre son Verbe, l'esprit de l'homme connaît qu'il
existe ; mais de plus, par ses désirs il est la cause occasionnelle
de ses connaissances [2] ; et comme le fils est avec le Père principe
d'amour substantiel et divin, nos connaissances excitées par
nos désirs, qui seuls sont véritablement en notre puissance,
sont en nous le principe de tous les mouvements réglés de notre
amour.

II. Il est vrai que le Père engendre son Verbe de sa propre

1. Var. Toute vérité. (1684.)
2. Var. L'esprit de l'homme par ses désirs est la cause occasionnelle de ses connaissances. (1684.)

substance. Mais c'est que Dieu seul est à lui-même essentiellement et substantiellement sa sagesse et sa lumière. Il est encore vrai que le Père et le Fils ont par eux-mêmes leur amour mutuel : mais c'est que Dieu seul est uniquement à lui-même et son bien et sa loi. Mais, comme nous ne pouvons point être à nous-mêmes notre Raison, la lumière ne peut point être une émanation naturelle de notre substance. Et comme nous ne sommes point à nous-mêmes ni notre bien ni notre loi, il faut que tout le mouvement que nous avons, nous vienne d'ailleurs et nous porte ailleurs, nous unisse à notre bien et nous conforme à notre modèle.

III. Dieu a fait toutes choses par sa sagesse et dans le mouvement de son Esprit et de son amour : nous n'agissons aussi jamais qu'avec connaissance et que par amour. Les trois personnes divines font également toutes choses : ce que nous faisons aussi sans connaissance et sans une volonté pleine et entière, ce n'est point proprement notre ouvrage. Le Père a droit, pour ainsi dire, de mission sur son Fils : il dépend aussi de nous de penser à ce que nous voulons [1]. Le Fils envoie le Saint-Esprit qui procède de lui et du Père en unité de principe : notre amour suppose aussi la lumière, il en procède, il en est produit. Enfin l'amour, qui procède d'une connaissance claire, s'aime soi-même et l'objet de sa connaissance et la connaissance même : comme l'amour substantiel aime infiniment la substance divine, dans le Père qui engendre, dans le Verbe engendré, et dans le Saint-Esprit lui-même procédant du Père et du Fils.

IV. Tous les rapports de l'esprit de l'homme avec la Trinité sainte ne sont que des ombres et des traits imparfaits, qui ne peuvent imiter le principe de tous les êtres, qui par une propriété incompréhensible de l'être infini, se communique sans se diviser et forme une société de trois personnes différentes dans l'unité d'une même substance. Mais, quoique l'image de la divine Trinité que nous portons soit fort imparfaite par rapport à notre principe, il n'y a rien de plus grand pour une pure créature que cette faible ressemblance. Nous ne travaillons à notre perfection qu'autant que nous la rétablissons; et nous n'assurons notre bonheur, qu'autant que nous nous réformons

---

1. Une fois que notre intelligence est donnée avec tout ce qu'y met, y meut, y dirige l'action divine

sur notre modèle. Tous nos jugements véritables et tous nos mouvements réglés, tous les devoirs que nous rendons à la sagesse, à la puissance, et l'amour divin, sont autant de traits qui nous reforment sur notre modèle [1] : et la disposition habituelle à former de ces jugements et de ces mouvements est la véritable perfection de la créature, essentiellement dépendante du souverain bien, et faite uniquement pour trouver dans sa ressemblance avec Dieu [2], sa perfection et son bonheur. Cependant il faut l'avouer, et on le reconnaît assez, je n'ai fait que bégayer dans la comparaison que je viens de faire de l'âme avec la Trinité sainte. Ce mystère est incompréhensible, et d'ailleurs je n'ai point d'idée claire de l'âme. Comment donc pourrais-je en marquer précisément les rapports? Dieu nous a créés à son image et à sa ressemblance. Le fait est certain : mais c'est une énigme réservée pour le ciel. Il est bon néanmoins d'entrevoir cette grande vérité, afin que l'esprit pense à l'excellence de son être, et qu'il souhaite de connaître clairement ce qu'il aperçoit confusément [3].

V. Comme les trois personnes de la Trinité sainte ne font qu'un même Dieu, ne sont qu'une même substance, tous les devoirs qui semblent se rapporter particulièrement à une personne, honorent également les deux autres. Tout mouvement réglé rend honneur à la puissance du Père, comme à son bien, à la sagesse du Fils, comme à sa loi; à l'amour mutuel du Père et du Fils, comme à son principe. Et au contraire tout péché ou tout amour des créatures déshonore la puissance véritable, choque la Raison universelle et résiste au Saint-Esprit : et c'est pour cela qu'on ne peut séparer entièrement les devoirs qu'on doit rendre à la puissance, de ceux qu'on doit rendre à la sagesse et à l'amour substantiel et divin, ce qui m'a obligé de répéter les mêmes choses en différentes manières dans les trois chapitres précédents.

VI. Quoique tous les devoirs que les esprits doivent rendre à Dieu, esprit pur, et qui veut être adoré en esprit et en vérité, ne consistent que dans des jugements véritables et dans des mouvements d'amour conformes à ces jugements; néanmoins

1. Var. Sont autant de pas qui nous approchent de la source de tous les biens. (1684.)

2. Var. Dans ses devoirs. (1684.)

3. Var. La fin de ce paragraphe, depuis la phrase : Cependant il faut l'avouer, et on le reconnaît assez..., n'était pas dans l'édition de 1684.

les hommes, étant composés d'esprit et de corps, vivant entre
eux en société, élevés dans un même culte extérieur de religion, et liés par là à certaines cérémonies, se trouvent obligés à
une infinité de devoirs particuliers, mais qui se rapportent tous
nécessairement à ceux que je viens de marquer en général.
Tous ces devoirs sont arbitraires, du moins dans leur principe;
mais les devoirs spirituels sont par eux-mêmes absolument nécessaires. On peut se dispenser des devoirs extérieurs, mais on
ne peut jamais se dispenser des autres. Ils dépendent d'une loi
inviolable, de l'Ordre immuable et nécessaire. Les devoirs extérieurs ne sanctifient point par eux-mêmes celui qui les rend à
Dieu : ils ne reçoivent leur mérite et leur prix que des devoirs
spirituels qui les accompagnent. Mais tous les mouvements de
l'âme réglés sur des jugements véritables honorent directement
et par eux-mêmes les perfections divines.

VII. C'est par exemple un devoir arbitraire dans son principe
que d'entrer la tête nue dans une Église. Mais entrer en la présence de Dieu sans respect et sans quelque mouvement de religion, ce n'est point un devoir arbitraire, c'est un devoir
essentiel. Celui qui pour quelque raison particulière ne peut se
découvrir, peut assister couvert au sacrifice; les femmes sont
dispensées de ce devoir : et pourvu que l'on sache que ce n'est
point mépris, mais besoin, il ne faut point ordinairement de
dispense. Il n'y a que ceux qui ont l'esprit faux, que les critiques ou les faibles, qui y puissent trouver à redire. Mais personne ne peut assister au sacrifice, et se dispenser d'y offrir à
Dieu le sacrifice de l'esprit et du cœur, des louanges et des
mouvements qui honorent Dieu. Celui qui se prosterne au pied
des autels, bien loin de mériter, bien loin d'honorer Dieu par
ce devoir extérieur, commet un crime énorme, si par cette
action il ne tend qu'à s'attirer l'estime du monde. Mais celui
qui, bien qu'immobile au dehors, est agité au dedans par des
mouvements conformes à ce que la Foi et la Raison nous ap-
prennent des attributs divins, rend honneur à Dieu, s'approche
de lui et s'unit à lui, se conformant à la loi immuable par des
mouvements réglés, qui laissent après eux une habitude ou
une disposition de charité; il se purifie et se sanctifie véritablement. Mais la Religion de bien des gens n'est point spirituelle; ils ne s'arrêtent souvent qu'à l'extérieur qui les frappe
et qui les détermine à faire par imitation ce qu'ils n'ont point
dessein de faire.

VIII. Certainement c'est manquer au respect qu'on doit à la Raison universelle, que de s'en séparer par l'usage du vin ; ou que de sortir hors de soi-même, où elle habite et où elle rend ses réponses, et se laisser transporter par ses passions dans un monde où l'imagination est la maîtresse. En un mot s'éloigner volontairement, sans quelque nécessité, de la présence de son bien et de la Raison, c'est un mouvement qui déshonore la Majesté Divine, c'est manquer de religion et commettre une espèce d'impiété. Mais les hommes ne jugent pas ainsi des choses. Ils jugent du fond par l'extérieur et par les manières. Ils s'imagineront que c'est un grand crime que de faire dans un lieu saint une action qui par elle-même n'est point indécente : et ils ne pensent pas que rien n'est plus indécent, que de manquer en quelque lieu qu'on soit, aux devoirs essentiels d'une créature raisonnable. Celui qui est religieux jusqu'à la superstition, passe pour un saint dans leur esprit ; et le philosophe chrétien n'est qu'un impie, s'il n'abandonne la Raison pour entrer dans leurs sentiments et observer religieusement leurs coutumes.

IX. Il est vrai que le philosophe se conduit mal, s'il néglige les devoirs extérieurs et s'il scandalise les simples. *Il vaudrait mieux pour lui, qu'on lui attachât une pierre au cou, et qu'on le jetât au milieu de la mer* [1]. Tout homme par ses manières doit rendre témoignage de sa foi, et porter les autres hommes, toujours sensibles aux manières, à des mouvements qui honorent Dieu. Il faut dans tout ce qui a rapport à Dieu prendre humblement l'air ou la posture d'un homme qui adore : c'est du moins faire le sot et le ridicule que de prendre un autre air. Mais lorsque les manières sont superstitieuses, et portent les esprits à des jugements et à des mouvements qui déshonorent les attributs divins, alors c'est impiété que de les prendre. Ces manières sont peut-être pardonnables à ceux qui n'ont de Dieu qu'une idée fort confuse. Mais celui qui est mieux instruit dans la religion, et qui a une connaissance plus particulière des perfections divines, ne doit rien faire, par respect humain, qui démente ses lumières.

X. L'esprit n'est capable que de penser et de vouloir. Ainsi le culte spirituel ne consiste que dans des jugements et des mouvements de l'âme. Celui qui pense et qui aime comme Dieu pense et comme il aime, celui qui juge des attributs divins

____

1. *Math.* XVIII, 6. (Note marginale de M.)

comme Dieu en juge, et qui règle ses mouvements comme Dieu
sur la loi divine l'Ordre immuable : celui-là, dis-je, honore
Dieu, et il est aimé de Dieu, parce qu'il lui ressemble. Certainement si la Foi en Jésus-Christ nous justifie, c'est qu'elle met
notre esprit dans une situation qui adore Dieu, c'est que celui
qui proteste qu'on ne peut avoir d'accès auprès de Dieu ni de société avec lui que par Jésus-Christ, juge de Dieu et des créatures
comme Dieu en juge. Il prononce par sa foi que Dieu est Dieu,
qu'il est infini, et que la créature par rapport à Dieu n'est rien ;
jugement qui s'accorde avec celui que Dieu porte de lui-même
et de ses créatures. Toute autre religion que la chrétienne est
impie : car toute autre prononce un faux jugement de la Divinité. Le Déiste, le Mahométan, le Socinien [1] dit à Dieu qu'il
n'est pas Dieu, lorsqu'il prétend avoir accès auprès de Dieu
sans l'Homme-Dieu. Car l'attribut essentiel de la Divinité c'est
l'infinité ; et du fini à l'infini, la distance est infinie, le rapport
est nul.

XI. La plupart des Chrétiens ont l'esprit juif : leur religion
n'est point spirituelle et par conséquent n'est point raisonnable. *La vie éternelle c'est de connaître le vrai Dieu et Jésus-Christ
son fils unique :* c'est d'avoir des sentiments dignes des attributs
divins et des mouvements conformes à ces sentiments. C'est de
connaître Jésus-Christ, qui seul nous donne accès auprès du
Père, et répand la charité dans nos cœurs. C'est de se bien convaincre que lui seul est Souverain Prêtre des vrais biens ou la
cause *occasionnelle* de la Grâce, afin de s'approcher de lui avec
confiance, et par son secours exciter en soi des mouvements
conformes à la connaissance qu'il nous a donnée du vrai culte,
qui honore la Majesté Divine. Mais chacun se fait une théologie,
une religion, ou du moins une dévotion particulière, dont l'a-
mour-propre est le motif, les préjugés le principe et les biens
sensibles la fin. Le culte divin ne consiste souvent qu'en sacrifices extérieurs, en prières vocales, en cérémonies établies pour
élever à Dieu les esprits, et qui ne servent maintenant à la plupart qu'à consoler par leur magnificence l'imagination fatiguée
par le dégoût qu'ils trouvent à rendre à Dieu leurs devoirs. La
coutume, le respect humain, l'hypocrisie, transportent leurs

---

1. Sociniens (de *Socin*, mort en Pologne en 1684) nom devenu commun à toutes
les sectes du XVIe et XVIIe siècle qui ont nié la divinité de Jésus-Christ et rejeté à
peu près tous les mystères. Ce n'est, disent les théologiens, qu'un déisme pallié ou
mitigé.

corps dans l'Église. Mais leur esprit et leur cœur n'y entrent
point. Et si le prêtre offre Jésus-Christ à Dieu en leur présence,
ou plutôt si Jésus-Christ lui-même s'offre à son Père pour leurs
péchés sur nos autels, ils sacrifient de leur côté à l'ambition, à
l'avarice, à la volupté, des sacrifices spirituels dans tous les
lieux où leur imagination les transporte.

<h1 style="text-align:center">CHAPITRE SIXIÈME.</h1>

En général des devoirs de la société. Deux sortes de sociétés. Tout se doit rapporter à la société éternelle. Différentes espèces d'amour et de respect [1]. Principes généraux de nos devoirs à l'égard des hommes. Ces devoirs doivent être extérieurs et relatifs. Danger qu'il y a de rendre aux hommes les devoirs intérieurs. Le commerce du monde fort dangereux.

I. Après avoir expliqué en général les devoirs que nous devons rendre à Dieu, il faut examiner ceux que nous devons aux hommes, puisque Dieu nous a faits pour vivre en société avec eux, sous une même loi, la Raison universelle, et par dépendance d'une même puissance, celle du Roi des Rois et du souverain Seigneur de toutes choses.

II. Nous pouvons faire avec les hommes deux sortes de sociétés : une société de quelques années, et une société éternelle ; une société de commerce, et une société de religion : je veux dire une société animée par les passions, subsistante dans une communion de biens particuliers et périssables, et dont la fin soit la commodité et la conservation de la vie du corps [2], et une société réglée par la Raison, soutenue par la foi, subsistante dans la communion des vrais biens, et dont la fin soit une vie bienheureuse pour l'éternité.

III. Le grand dessein, ou plutôt l'unique dessein de Dieu, c'est la Cité Sainte, la Jérusalem céleste, où habitent la vérité et la justice. Les autres sociétés périront, quoique Dieu soit im-

---

1. Var. Et d'honneur. (1684.)
2. Var. La conservation du corps. (1684.)

muable dans ses desseins, marque certaine qu'elles ne sont point son véritable ou principal dessein [1]. Mais cette société spirituelle subsistera éternellement : le royaume de Jésus-Christ n'aura point de fin : son temple sera éternel, son sacerdoce ne sera point changé par un autre : Dieu l'a confirmé par un serment solennel [2]. *Juravit Dominus et non pœnitebit eum Tu es Sacerdos in æternum secundum ordinem Melchisedech.* La maison de Dieu se bâtit sur des fondements inébranlables, sur ce Fils bien-aimé en qui Dieu a mis sa complaisance, et par qui toutes choses subsisteront à la gloire de celui qui leur donne l'être.

IV. Lorsque nous faisons quelque établissement ici-bas, ou que nous en procurons à nos amis, nous bâtissons sur le sable, nous logeons nos amis dans un bâtiment qui menace ruine. Tout foundra sous nos pieds, du moins à la mort. Mais nous travaillons pour l'éternité, lorsque nous entrons dans l'édifice du Temple du vrai Salomon, et lorsque nous y faisons entrer les autres : cet ouvrage subsistera dans tous les siècles. C'est donc là le bien que nous devons nous procurer, et aux autres hommes : c'est là la fin principale de tous nos devoirs : c'est là la sainte société que nous devons commencer ici-bas par la charité que nous sommes obligés d'avoir les uns pour les autres. Car enfin, puisque le dessein de Dieu dans les sociétés périssables n'est que de fournir à Jésus-Christ, architecte du Temple éternel, les matériaux propres à former son Eglise, il n'est pas possible que nous manquions à des devoirs essentiels, lorsque entrant dans les desseins de celui qui veut sauver tous les hommes, nous faisons servir toutes nos puissances pour hâter son grand ouvrage et procurer aux hommes les biens pour lesquels Dieu les a faits.

V. En effet, ne nous imaginons pas que Jésus-Christ nous commande absolument autre chose que de nous procurer mutuellement les vrais biens, lorsqu'il nous ordonne de nous aimer les uns les autres. Quels sont les biens dont il a comblé ses Apôtres et ses Disciples? Leur a-t-il donné, comme ces faux amis à ceux qui entrent dans leurs passions, des biens périssables ? Les a-t-il toujours délivrés d'entre les mains de leurs persécuteurs ? Non, sans doute. Ce ne sont donc pas là nos principaux devoirs de charité. Il faut secourir son prochain, et

---

1. Var. Cette fin de phrase, depuis les mots : Marque certaine..., n'était pas dans les éditions de 1684 et de 1697.

2. Var. Cette phrase : Dieu l'a confirmé..., n'était pas dans l'édition de 1684.

lui conserver la vie, comme on est obligé de conserver la
sienne propre : mais il faut préférer le salut du prochain et à
sa vie et à la nôtre.

VI. *Aimer*, ce terme est donc équivoque. Il signifie trois choses fort différentes, et qu'il faut distinguer avec soin [1]. Il signifie s'unir de volonté à un objet comme à son bien, ou à la cause
de son bonheur : se conformer à quelqu'un comme à son modèle ou à la règle de sa perfection : avoir de la bienveillance
pour quelqu'un, ou souhaiter qu'il soit et heureux et parfait.
L'amour d'*union* n'est dû qu'à la puissance de Dieu : l'amour
de *conformité* n'est dû qu'à la loi divine, l'ordre immuable.
Nulle créature n'est capable d'agir en nous : personne ne peut
être notre loi vivante ou notre parfait modèle. Jésus-Christ
même quoique impeccable, quoique Raison incarnée, a fait des
choses que nous ne devons point faire : parce que les circonstances n'étant point les mêmes, la Raison intelligible nous le
défend, loi inviolable, modèle indispensable de toutes les intelligences.

VII. Ainsi nous ne devons point aimer notre prochain d'un
amour d'*union* ni d'un amour de *conformité*. Mais nous pouvons
et devons l'aimer d'un amour de *bienveillance*. Nous devons
l'aimer en ce sens, que nous devons lui désirer sa perfection et
son bonheur : et comme nos désirs pratiques sont causes occasionnelles de certains effets qui sont utiles à ce dessein, nous
devons faire tous nos efforts pour leur procurer une solide
vertu, afin qu'ils méritent les vrais biens qui en sont la récompense. C'est véritablement à cela que nous oblige le commandement que Jésus-Christ nous a fait dans l'Évangile, de nous
aimer les uns les autres, comme nous-mêmes, et comme il nous
a aimés lui-même.

VIII. *Honorer*, ce terme est encore équivoque. Il marque une
soumission d'esprit à la puissance véritable, un respect ou une
soumission extérieure à la cause occasionnelle, et une simple
estime qu'on fait de quelque chose, à cause de l'excellence de
son être ou de la perfection qu'elle possède ou qu'elle est capable de posséder.

IX. Il n'y a que Dieu seul à qui soit due cette espèce d'honneur qui consiste dans la soumission de l'esprit à la puissance

---

1. Dans la 1re partie, ch. iii, par. 8, Malebranche ne distinguait que deux espèces d'amour, l'amour de bienveillance et l'amour d'union.

véritable. On ne doit honorer directement et absolument que Dieu dans les puissances qu'il a établies : et quoiqu'on doive rendre exactement aux supérieurs légitimes les honneurs et les soumissions extérieures que les lois ou les coutumes autorisent, et qu'on y doive joindre le respect intérieur, à cause de la puissance qu'ils représentent [1], toute la soumission de l'âme doit se rapporter uniquement à Dieu seul. C'est bassesse d'esprit que de craindre la plus excellente des créatures : c'est Dieu seul qu'il faut craindre en elle. Néanmoins on doit estimer chaque chose à proportion de l'excellence de son être, ou de la perfection qu'elle possède ou qu'elle est capable de posséder. Ainsi l'amour de bienveillance, le respect et la soumission relative et extérieure, et la simple estime sont, que je sache, les principes généraux auxquels se peuvent rapporter tous les devoirs qu'on doit rendre aux autres hommes.

X. Il y a cette différence entre les devoirs que la Religion nous oblige à rendre à Dieu et ceux que la société demande que nous rendions aux autres hommes, que les principaux devoirs de la Religion sont intérieurs et spirituels, parce que Dieu pénètre les cœurs, et qu'absolument parlant il n'a nul besoin de ses créatures ; et que les devoirs de la société sont presque tous extérieurs. Car outre que les hommes ne peuvent savoir nos sentiments à leur égard, si nous ne leur en donnons des marques sensibles, ils ont tous besoin les uns des autres, soit pour leur instruction particulière, soit enfin pour mille et mille secours dont ils ne peuvent se passer.

XI. Ainsi exiger des autres hommes les devoirs intérieurs et spirituels, qu'on ne doit qu'à Dieu, esprit pur, scrutateur des cœurs, seul indépendant et suffisant à lui-même, c'est un orgueil de démon. C'est vouloir dominer sur les esprits : c'est s'attribuer la qualité de scrutateur des cœurs ; c'est en un mot exiger ce qu'on ne nous doit point. Mais de plus c'est exiger [2] ce qui nous est entièrement inutile : car que fait aux autres hommes notre adoration intérieure, et que nous fait la leur ? S'ils exécutent fidèlement nos volontés, de quoi pouvons-nous nous plaindre ? S'ils regardent Dieu même en notre personne, s'ils l'aiment et le craignent en nous, certainement nous nous attribuons la puissance et l'indépendance, si nous ne sommes

---

1. Ces deux membres de phrase, depuis : Et qu'on y doive joindre.... n'étaient pas dans l'édition de 1684.

2. Var. Et exiger... (1681 et 1697).

pas contents. *Servi*, dit saint Paul, *obedite per omnia Dominis car-
nalibus, non ad oculum servientes, quasi hominibus placentes, sed
in simplicitate cordis, timentes Deum.* C'est Dieu qu'il faut craindre dans l'obéissance qu'on rend aux hommes. *Timentes Deum.*
Il continue. *Quodcumque facitis, ex animo operamini sicut Domino et non hominibus.* Il faut rendre service avec affection,
comme à Dieu qui connaît les cœurs, et non à des hommes : à
Dieu, qui a la puissance de nous récompenser, et non à des
hommes, dont toutes les volontés sont par elles-mêmes inefficaces. *Scientes*, continue-t-il, *quod a Domino accipiatis retributionem hæreditatis. Domino Christo servite*, Servez le Seigneur
Jésus-Christ et ne vous rendez pas les esclaves des hommes.
Vous avez été rachetés d'un grand prix. *Pretio redempti estis,
nolite fieri servi hominum*[1].

XII. Comme il y a une étroite union entre l'âme et le corps,
et un rapport mutuel entre les mouvements de l'une et l'autre
de ces deux substances, il est très difficile de s'approcher, par
le mouvement de son corps, d'un objet, cause *occasionnelle* du
plaisir, sans s'y unir par le mouvement de son amour, comme
s'il en était la cause *véritable*. De même il est difficile que l'i-
magination, éblouie par l'éclat qui environne les grands, s'a-
batte et se prosterne devant eux, sans que l'âme elle-même
suive ce mouvement, ou du moins sans qu'elle s'abaisse. L'âme
effectivement doit alors se prosterner ; mais c'est devant la
puissance du Dieu invisible, qu'elle doit honorer dans son
Prince où elle réside visiblement.

XIII. L'âme qui se sent en quelque manière heureuse par le
plaisir dont elle jouit, lorsque le corps se nourrit d'un fruit dé-
licieux, doit alors aimer ; mais aimer Dieu seul, qui agit en
elle, et qui seul peut agir en elle. Mais nos sens, révoltés par
le péché, nous troublent l'esprit : ils nous retirent insolemment
de la présence de Dieu, et ne nous occupent que de cette matière inefficace que nous tenons entre nos mains, et que nous
broyons sous nos dents. Ils nous forcent à croire que ce fruit
contient et répand la saveur agréable qui nous réjouit. Car[2],
comme la puissance de Dieu ne paraît point à nos yeux, nous
ne voyons rien que ce fruit à quoi nous puissions attribuer la
cause de notre félicité passagère[3]. Nos sens ne nous sont don-

----

1. I *Cor.* vii, 23. (Note marginale de M.)
2. Var. Et. (1684.)
3. Var. De notre félicité présente. (1684.)

nés que pour la conservation de notre être sensible : que leur
importe donc d'où vienne ce fruit, pourvu qu'ils en aient : d'où
procède ce plaisir, pourvu qu'ils en goûtent?

XIV. De même notre imagination dissipe bientôt toutes ces
idées abstraites d'une puissance invisible, lorsqu'on est en présence de son Souverain. La loi divine, l'Ordre immuable, la
Raison, ce n'est qu'un fantôme qui s'évanouit et qui disparaît,
lorsque le prince ordonne, ou lorsqu'il parle avec empire. La
Majesté du Prince, l'éclat sensible de la grandeur, l'air respectueux et craintif où est tout le monde, et où tout le monde doit
être, ébranlent de telle manière le cerveau d'un ambitieux et
de la plupart des hommes, en qui pour lors les passions sont
excitées, qu'il y a peu d'esprits assez fermes [1] pour consulter la
loi divine, penser à la puissance du Dieu invisible, rentrer en
soi-même, et écouter les jugements que prononce en nous celui
qui préside immédiatement à tous les esprits.

XV. C'est à cause de cette étroite union de l'esprit et du
corps, qui par le péché s'est changée en dépendance, que rien
n'est plus dangereux que le commerce du grand monde, et
qu'il est nécessaire d'avoir une vocation particulière, des raisons fortes et extraordinaires, pour s'y engager. On ne forme
là ordinairement que des sociétés dont l'ambition et la volupté
sont le principe et la fin, et qui n'étant point conduites ni par
la Raison ni par la Foi, mais par des passions toujours in-
constantes et toujours injustes, se rompent facilement, et pré-
cipitent les hommes dans les derniers malheurs. Enfin ceux
qui n'ont point assez de grandeur, de courage, ni de fermeté
d'esprit pour rendre à Dieu leurs devoirs, en présence du Prince,
dans l'embarras des affaires, lorsqu'ils sont en vue à trop de
gens, en un mot ceux qui se laissent éblouir, étourdir, renverser par le commerce du monde, tel qu'il puisse être, doivent
l'éviter, et se mettre l'esprit en telle situation, qu'ils puissent
avec liberté honorer et aimer la puissance véritable, se conformer à la loi divine, rendre à Dieu ses devoirs intérieurs et
spirituels. Ces devoirs sont indispensables, et certainement on
ne doit rien au prochain, si ce qu'on lui doit nous empêche de
rendre à Dieu ce que nous lui devons indispensablement.

XVI. Il n'y a presque jamais rien à gagner parmi les hom-

1. « Il faudrait avoir une raison bien épurée pour regarder comme un autre
homme le grand seigneur environné, dans son superbe sérail, de quarante mille ja-
nissaires. » (Pascal, *Pensées*, art. 3.)

mes. Leur langage est corrompu comme leur cœur : il ne fait naître dans l'esprit que de fausses idées, il n'inspire que l'amour des objets sensibles. Mais leur exemple est encore plus dangereux. Car, outre qu'il est moins conforme à la Raison que le discours, c'est un langage vivant et animé, qui persuade invinciblement tous ceux qui ne sont point sur leurs gardes. L'homme écoute souvent ce qu'on dit, sans penser à le faire; mais il est tellement porté à l'imitation qu'il fait machinalement comme les autres. Rien n'oblige à faire ce qu'on entend dire et qu'on ne fait point. Mais c'est blesser la société, c'est se rendre odieux ou ridicule, c'est se faire passer pour un esprit bizarre et capricieux, en un mot, c'est faire une espèce de schisme, que de condamner par une conduite particulière celle que le monde suit.

XVII. Néanmoins la charité et notre constitution naturelle nous obligent souvent à vivre en société. Tout le monde ne peut pas porter la vie des solitaires, et principalement ceux à qui le commerce du monde est le plus dangereux. Il faut qu'ils voient et soient vus, qu'ils parlent et qu'ils entendent parler. Le commerce sans passions délasse l'esprit et lui donne de la force. Il faut donc vivre avec les hommes. Mais il en faut choisir qui soient raisonnables, ou du moins capables d'entendre raison et de se soumettre à la Foi, afin de travailler ensemble à notre sanctification et à la leur. Car il faut maintenant bâtir pour l'éternité, commencer ici-bas une société éternelle, se hâter pendant qu'il fait jour d'entrer dans le repos du Seigneur, et d'y faire entrer les autres; afin que notre société soit avec le Père et son Fils Jésus-Christ dans l'unité du Saint-Esprit par une charité immortelle, qui procédera sans cesse par rapport à nous de la puissance et de la sagesse de Dieu, dont l'influence continuelle sera la cause [1] de notre perfection et de notre félicité éternelle.

1. Var. La cause efficace. (1684 et 1697.)

CHAPITRE SEPTIÈME.

Les devoirs d'estime sont dus à tout le monde, aux derniers des
hommes, aux plus grands pécheurs, à nos ennemis et à nos persécuteurs, aux mérites aussi bien qu'aux natures. Il est difficile de
régler exactement ces sortes de devoirs [1] et ceux de bienveillance,
à cause de la différence des mérites personnels et relatifs et de
leurs combinaisons. Règle générale et la plus sûre qu'on puisse
donner sur cette matière.

I. Les trois principes généraux, auxquels on peut rapporter
tous les devoirs particuliers que nous devons rendre aux hommes, sont, ainsi que j'ai dit dans le chapitre précédent, la simple *estime*, qu'on doit proportionner à l'excellence et à la *perfection* de chaque être ; le *respect*, ou la soumission relative de
l'esprit, qu'on doit proportionner à la *puissance* subalterne des
causes occasionnelles intelligentes ; et l'amour de *bienveillance*,
qui est dû à tous ceux qui sont capables de jouir des biens qui
peuvent nous être communs avec eux.

II. La simple estime est un devoir qu'on doit rendre à tous
les hommes. Le mépris est une injure, et la plus grande des
injures. Il n'y a que le néant de méprisable, car toute réalité
mérite de l'estime. L'homme étant la plus noble des créatures,
c'est un faux jugement, et un mouvement déréglé, que de le
mépriser, quel qu'il puisse être. Le dernier des hommes peut
être élevé à la souveraine puissance ; et les premiers Rois que
Dieu a donnés aux Israélites ont été pour ainsi dire tirés de
la lie du peuple. Saül, de la dernière famille, de la plus petite

1. Var. Ces devoirs. (1684.)

des douze tribus, trouve la royauté en cherchant les ânesses
de son père. *Numquid non filius jemini ego sum, de minima tribu
Israel, et cognatio mea novissima inter omnes familias de tribu
Benjamin*, disait-il à Samuel, qui lui promettait le royaume.
Et David, le plus jeune des enfants d'Isaïe, est pris, comme il
le dit lui-même, de derrière les troupeaux pour être mis à la
tête du peuple choisi de Dieu, *De post fœtantes accepit eum pas-
cere Jacob servum suum, et Israel hæreditatem suam* [1].

III. Mais l'Evangile nous donne encore bien d'autres vues.
Il nous apprend que les pauvres sont les membres et les frères
de Jésus-Christ [2], que le royaume des cieux leur appartient [3];
et qu'ils ont le pouvoir de recevoir leurs amis dans les taber-
nacles éternels [4]. Car, quoique les riches par le baptême soient
lavés aussi bien que les pauvres dans le sang de l'Agneau, ils
se souillent en tant de manières dans la volupté qui les enivre,
et par l'ambition qui leur fait oublier leur qualité d'enfants de
Dieu, que Jésus-Christ toujours irrité contre eux les maudit
sans cesse dans l'Evangile. *Malheur aux riches, car ils ont leur
consolation dans ce monde qui se renverse* [5]! *Que le pauvre se glorifie
de sa grandeur* [6] dit l'Apôtre saint Jacques. *Que le riche au contraire s'humilie de sa bassesse, il passera comme une fleur. Riches,
dit-il encore, pleurez, jetez des cris et des hurlements dans les
misères qui tomberont sur vous. Vos richesses sont corrompues par
la pourriture, la rouillure a consumé votre or et votre argent, et
cette rouillure portera témoignage contre vous-mêmes, et dévorera
votre chair comme un feu. Voilà le trésor de colère que vous avez
amassé pour les derniers jours. Agite nunc divites, plorate ulu-
lantes in miseriis vestris quæ advenient vobis, divitiæ vestræ pu-
trefactæ sunt*, et le reste.

IV. Il ne faut pas seulement estimer, et donner des marques
d'estime aux pauvres et aux derniers des hommes : mais encore aux pécheurs et à ceux qui commettent les plus grands
crimes. Leur vie est abominable, leur conduite est méprisable,
et il ne faut jamais l'approuver, quelque éclat de grandeur qui
la relève. Mais leur personne mérite toujours de l'estime. Car

1. *Ps.* LXXIX, 70. (Note marginale de M.)
2. *Math.* v, 3. (*Id.*)
3. *Luc.* XVI, 9. (*Id.*)
4. *Luc.* XVI, 9. (*Id.*)
5. *Luc.* VI, 24. (*Id.*)
6. *Jac.* I, 10. (*Id.*)

rien n'est digne de mépris que le néant et le péché, néant véritable qui corrompt la nature, qui anéantit le mérite, mais qui ne détruit point l'excellence de la personne [1]. Le plus grand des pécheurs peut devenir, par le secours du ciel, pur et saint comme les Anges : il peut jouir éternellement avec nous des vrais biens et nous précéder dans le royaume de Dieu. Il faut avoir compassion de sa misère : non de celle qui l'afflige, mais de celle qui le corrompt ; non de ses douleurs, mais de ses désordres, qui le mettent hors d'état de posséder avec nous des biens dont il peut jouir sans nous en priver.

V. Mais de plus, quel droit a-t-on de juger des intentions secrètes ? Dieu seul pénètre les cœurs. Celui qui commet un crime le fait peut-être sans vouloir le faire. Son esprit faible et troublé, ses passions allumées l'ont peut-être privé dans ce moment de l'usage de sa liberté. Mais qu'il ait agi librement, son cœur contrit et humilié en a peut-être obtenu le pardon, ou l'obtiendra demain, jour heureux pour lui et peut-être fatal pour vous par votre chute irréparable en punition de votre orgueil.

VI. Enfin le mépris qu'on fait des personnes n'est pas seulement injuste ; mais il met encore celui qui est assez imprudent pour en donner des marques, hors d'état de lier un commerce de charité avec la personne méprisée, et de pouvoir jamais lui être utile. Car enfin les hommes ne forment point de société avec ceux qui les méprisent. On n'entre naturellement en société avec les hommes, on ne leur fait du bien, que dans l'espérance du retour. On ne se met point dans un commerce, quand on s'attend d'y perdre toujours et de n'y gagner jamais rien, et l'on ne s'attend pas de recevoir du secours des personnes qui ont l'injustice de nous mépriser ; parce que le mépris n'est pas seulement une preuve certaine qu'on manque actuellement de charité et de bienveillance, mais encore qu'on se trouve fort éloigné d'en avoir jamais.

VII. A l'égard de nos ennemis et de nos persécuteurs, il est certain que l'estime est un devoir plus général que celui de la bienveillance. On peut ne pas vouloir de certains biens à ses

---

1. Malebranche n'attache certainement pas à ce mot de personne toute l'importance que la philosophie lui donne depuis Kant. Il s'agit bien cependant, et la phrase qui va suivre achève de le prouver, de la personne considérée comme agent moral, capable de mérite et de démérite, capable d'être « justifiée » et sauvée par Dieu. D'accord ou non avec l'ensemble de sa doctrine, Malebranche croit fermement que c'est là ce qui fait la valeur de la personne.

ennemis, parce que l'amour que l'on se doit à soi-même oblige, ou du moins permet de ne pas désirer qu'ils aient le pouvoir de nous nuire. Ainsi nous pouvons en quelque manière manquer de bienveillance pour nos persécuteurs, sans manquer à nos devoirs à leur égard. Car il n'y a que les vrais biens que l'on doive toujours souhaiter à ses ennemis [1]. Mais la persécution que nous font les gens ne doit point par elle-même diminuer l'estime que nous leur devons. Elle doit au contraire l'augmenter en ce sens, que nous devons leur en donner des marques plus sensibles et plus fréquentes. On peut passer devant son ami, ou même son père, sans le saluer, ce n'est point là lui faire insulte. Mais on insulte à son ennemi lorsqu'on ne lui rend point ce devoir, parce qu'il n'a pas pour nous les mêmes sentiments que les autres hommes. Il a sujet de croire que c'est mépris, et nos amis jugeront bien que c'est pure inadvertance [2].

VIII. Mais de plus, il n'y a rien qui désunisse si fort les hommes que le mépris : car personne ne veut être compté pour rien dans la société qu'il fait avec les autres : personne ne veut faire la dernière partie du corps qu'il compose avec eux [3]. Ainsi des esprits déjà irrités, des hommes déjà séparés par quelque inimitié, ne peuvent jamais se rejoindre, quand le mépris est évident. Mais par une raison contraire, les inimitiés mortelles peuvent se dissiper lorsqu'on se rend mutuellement des devoirs d'estime, et que l'on marque par là que, bien loin de prétendre un rang supérieur dans la société qui se veut former, on le défère volontiers aux autres, et qu'on leur rend justice et à soi-même, selon le jugement qu'ils portent de notre mérite et du leur. L'amour-propre et l'orgueil secret ne permettent guère qu'on regarde longtemps comme ennemi celui qui nous donne volontairement des marques qu'il est persuadé de notre propre excellence.

IX. Si on manque aux devoirs d'estime à l'égard de ses en-

---

1. Cette phrase n'était pas dans l'édition de 1684.

2. Quand nous ne les saluons pas, eux, nos amis.

3. « Lorsque nous considérons quelque chose comme partie de nous-mêmes, ou que nous nous considérons comme partie de cette chose, nous jugeons que c'est notre bien d'y être unis : nous avons de l'amour pour elle, et cet amour est d'autant plus grand que la chose à laquelle nous nous considérons comme unis nous paraît une partie plus considérable du tout que nous composons avec elle. » (*Recherche de la vérité*, liv. V, chap. v.) Voyez aussi même ouvrage, liv. IX, ch. XIII. 1.

nemis ou des personnes qui n'ont aucun lustre, on excède dans ces mêmes devoirs à l'égard de ses amis ou des personnes qui sont relevées par leur naissance, leurs richesses, ou quelque autre qualité éclatante. Le cerveau est construit de manière, pour le bien de chaque particulier et pour celui de la société, par rapport à la vie présente, que le corps prend machinalement un air d'estime et de respect pour tout ce qui part de nos amis et de ceux qui sont en état de nous faire du bien. L'estime qu'on fait des personnes se répand sur tout ce qui les regarde. *Dives locutus est,* dit l'Écriture, et *omnes tacuerunt, et verbum illius usque ad nubes perducent*; *pauper locutus est, et dicunt, quis est hic* [1]? Notre machine est montée sur ce ton-là. Deux luths d'accord rendent un même son. Lorsqu'ils sont en présence, on ne peut toucher l'un sans ébranler l'autre. Nos amis sont aussi d'accord avec nous; qui touche l'un, ébranle l'autre. Ceux dont nous avons intérêt de posséder les bonnes grâces, ont toujours raison : ils nous ébranlent et nous les ébranlons. Ils nous trompent, et nous les trompons par une espèce de contre-coup, sans qu'ils y prennent garde, ni nous non plus. C'est la machine qui joue son jeu. Or le corps ne parle que pour le corps, c'est à quoi on ne peut trop prendre garde. Car l'opinion ou la contagion de l'imagination est le principe le plus fécond des erreurs et des désordres qui ravagent le monde chrétien [2]. Il faut à tous moments rentrer en soi-même, pour confronter ce que les hommes disent avec les réponses de la vérité intérieure. Il faut consulter la raison qui met chaque chose en son rang, et qui ne confond point l'estime qu'on doit aux personnes, avec le mépris qu'on doit avoir pour les sottises qu'ils avancent. L'approbation qu'on donne aux folles pensées de ses amis les confirme dans leurs erreurs; et le respect qu'on marque pour tout ce qui part des personnes de qualité, leur enfle tellement le courage [3], qu'ils s'attribuent une espèce d'infaillibilité et le droit de dire et de faire tout ce qu'il leur

1. Voyez dans La Bruyère les portraits du riche et du pauvre.
2. Voyez la *Recherche de la vérité,* liv. III, IV et V, et particulièrement le ch. III du livre V.
3.
          Dans Rome où je naquis, ce malheureux visage
          D'un chevalier romain captiva le COURAGE,

dit Pauline, dans *Polyeucte.*
Ce mot est pris à chaque instant dans ce même sens, par Corneille et par Molière.

vient dans l'esprit. Ce n'est pas qu'il faille les reprendre ouvertement. Leur délicatesse est extrême : on ne peut guère les toucher sans les blesser, sans les irriter. La prudence et la charité doivent régler nos devoirs à leur égard. Mais il ne faut pas les abuser par des basses flatteries, après nous être laissés tromper nous-mêmes par le rapport admirable que Dieu a mis dans notre corps et dans ceux qui nous environnent, pour le bien de la société : rapport qui de la part de l'âme s'est changé en dépendance à cause du péché, mais rapport que la raison doit régler, et dont il est nécessaire de se défier [1].

X. Afin que tous les jugements et les mouvements d'estime soient conformes à la loi divine de l'ordre immuable, aussi bien que les actions extérieures qui en sont les marques et les effets, il faut observer que non seulement les personnes, mais encore leurs mérites exigent de nous de l'estime. A l'égard des personnes rien n'est plus facile que de s'acquitter de ce devoir : car il faut rendre égalité d'estime à l'égalité des natures. Mais rien n'est plus difficile que de proportionner l'estime aux mérites des hommes. Car, outre que les vrais mérites ne sont connus que de Dieu seul, les mérites naturels ont tant de différents rapports, qui doivent augmenter ou diminuer notre estime aussi bien que nos respects et notre bienveillance à leur égard, qu'il n'est pas possible à un esprit borné de connaître précisément les devoirs qu'on doit leur rendre, et que souvent on ne sait à quoi se déterminer.

XI. Les mérites en général peuvent se diviser en libres et en naturels, en mérites d'État, et mérites de Religion. C'est le bon usage qu'on fait de la liberté qui fait la nature des mérites libres. Les mérites naturels consistent dans les qualités avantageuses de l'esprit et du corps. Les mérites d'État et de Religion consistent dans les charges dont on est revêtu et dans les qualités propres à s'acquitter de ses emplois, soit civils, soit ecclésiastiques [2]. Toute perfection est estimable en elle-même : mais il faut prendre garde, que souvent elle l'est beaucoup plus par rapport. Un diamant n'est pas si parfait qu'un moucheron ; mais il est beaucoup plus estimable à cause de l'estime

1. Var. Rapport que la Raison doit régler, et, lorsqu'il est nécessaire, qu'elle doit affaiblir, qu'elle doit gourmander. (1684.)

2. Les « grâces d'État » sont celles qui donnent la force nécessaire pour accomplir les devoirs spéciaux à l'état qu'on a embrassé.

que les hommes en font. Les êtres mêmes qui n'ont point d'autre
perfection que celle de leur nature, sont préférables à ceux qui
en ont d'acquises. Un diamant brut n'a pas tant de beauté que
du verre bien taillé et bien poli, mais il mérite beaucoup plus
d'estime, les choses étant comme elles sont. De sorte, qu'un
homme passerait avec raison pour un fou, si, voulant faire le
philosophe, il préférait une mouche à une émeraude, et regar-
dait comme un caillou un diamant brut de fort grand prix.

XII. Car il ne suffit pas, pour juger de l'estime qu'on doit
faire des choses et des personnes, de les considérer en elles-
mêmes : il faut que l'esprit s'étende aux différents rapports
qu'elles peuvent avoir avec d'autres beaucoup plus estimables.
Les bonnes grâces du Prince donnent du relief aux personnes
les plus viles, et l'estime que les hommes font des choses, doit
régler leur prix, et par conséquent notre estime extérieure et
relative, si nous ne sommes résolus à les mépriser eux-mêmes
et à nous rendre ridicules et méprisables. Ce qu'on doit seulement observer, c'est de ne se pas laisser gâter l'esprit par les
jugements qu'on fait ordinairement des choses. Notre estime
ne doit être que relative, si le mérite n'est que relatif. Car,
quoique les hommes estiment davantage l'or et l'argent que le
cuivre et le fer ou que les corps organisés des moucherons, il
ne faut pas rendre ce devoir d'estime à l'or et à l'argent, mais
aux hommes qui en portent un faux jugement. Il ne faut pas
juger des personnes ou des choses comme les hommes en jugent
qui attribuent aux objets de leurs passions des perfections imaginaires. Mais, qu'ils soient ou ne soient pas trompés dans
leurs jugements, il faut estimer d'une estime relative ce qu'ils
estiment peut-être sans raison, parce que dans la société c'est
l'estime générale qui [1] règle le prix des choses.

XIII. Comme le mérite relatif est souvent beaucoup plus
grand que le mérite personnel, et que nos devoirs se doivent
régler aussi bien sur le mérite relatif que sur le mérite personnel, rien encore un coup n'est plus difficile que de juger de ce
qu'on doit faire dans les combinaisons infinies de ces différents
mérites. C'est une nécessité dans telles ou telles circonstances :
il faut manquer à ce qu'on doit à un parent en tel degré, ou à
un homme qui nous a rendu tel service, ou qui dans la société
a tel emploi et qui rend tel service à l'État. Que faire? Quelle

____

1. Var. C'est ordinairement l'estime qui... (1684.)

sera la mesure commune pour découvrir précisément la grandeur de nos devoirs? Certainement, quoique l'ordre immuable la renferme, elle ne nous est point exactement connue : et quand elle le serait, il y a souvent tant de rapports à comparer, qu'on ne saurait encore à quoi se résoudre, si on attendait que l'évidence nous marquât précisément tout ce que nous devons faire.

XIV. On sait bien que, toutes choses égales, il faut préférer certains parents à d'autres, ses parents à ses amis, son prince à son parent et à son ami. Mais faut-il préférer un parent à quatre, ou huit amis; tel parent ennemi à tels amis en particulier? C'est là ce qui embarrasse. Car il faut dans un même temps avoir égard aux droits de la parenté, à ceux de l'amitié, à ceux de la société. De sorte qu'il arrive souvent qu'on doit préférer son ennemi à son ami : son ennemi, ami de ses parents, considéré du prince, propre à servir l'État, à son ami, personne assez inutile à l'État, ou qui n'a que de la froideur pour ceux qui nous doivent être les plus chers. Ainsi, il n'y a point de règle générale, et qui ne souffre mille et mille exceptions, pour se conduire dans les devoirs d'estime, de respect, de bienveillance qu'on doit rendre aux autres hommes. Et ce qui brouille extrèmement tout ce qu'on pourrait dire sur cette matière, c'est qu'autres sont les devoirs d'estime, autres ceux de respect, autres enfin ceux de bienveillance, et que souvent, dans une même espèce, on doit préférer tel, à l'égard des devoirs de bienveillance, à tel autre à qui on doit absolument rendre les devoirs d'estime et de respect.

XV. Comme ce sont donc les diverses circonstances qui changent et règlent l'ordre de nos devoirs, circonstances qu'il n'est pas possible de prévoir, il faut que chacun les examine avec soin, et qu'il rentre en soi-même pour consulter la loi immuable, sans avoir égard à des faux intérêts que les passions représentent sans cesse ; et que dans l'incertitude, on s'adresse à ceux qui sont plus savants que moi dans ces matières. Qu'on consulte, dis-je, ceux qui ont beaucoup de charité, de prudence et de capacité, plutôt que ceux qui ont la mémoire remplie de certaines règles générales, insuffisantes pour décider dans des circonstances particulières, et qui manquent souvent de bon sens et de charité. La seule règle générale que je m'avance de donner présentement, règle qu'on ne suit guère, et qui me paraît néanmoins la plus sûre, c'est qu'il faut préférer les devoirs de l'amitié en Jésus-Christ, et de la société éternelle, aux devoirs ordinaires d'une amitié et d'une société qui doivent finir avec la vie. Je m'explique.

XVI. Le fini, quelque grand qu'il puisse être, ne peut avoir par lui-même aucun rapport à l'infini. Dix mille siècles par rapport à l'éternité ne sont rien. Le rapport de l'étendue de tout l'Univers à des espaces qui n'auraient point de bornes, ne peut s'exprimer que par zéro. L'unité divisée par mille millions de chiffres, dont la progression serait d'un à mille millions, au lieu d'un à dix, serait encore une fraction infiniment trop grande pour exprimer ce rapport, parce qu'effectivement ce rapport est nul. C'est là mon principe. Or, on possède Dieu en l'autre vie, et on le possède éternellement. Donc, la possession de l'empire de l'univers par rapport à la possession des vrais biens, le temps de la jouissance de cet empire par rapport à l'éternité de la vie future, c'est zéro : leur rapport est nul. Tout s'éclipse et s'anéantit à la vue de l'éternité. Les grandeurs humaines et les plaisirs qui finissent avec la vie, joignez-y tout ce qu'il vous plaira pour vous contenter, tout cela disparaît lorsqu'on y pense, et qu'on sait qu'on est immortel. Tout cela n'est et ne doit être compté pour rien. C'est de quoi aussi on demeure assez d'accord.

XVII. Qu'on suive donc ce principe, et on verra que celui qui est un sujet de chute à une seule personne, est plus cruel que le très cruel Phalaris : qu'il est juste qu'il souffre, comme ce misérable prince, le même feu où il fait tomber les autres, et qu'il vaudrait mieux pour lui, comme le dit Jésus-Christ, qu'on le précipitât dans la mer, une pierre au cou.

XVIII. On verra au contraire que celui qui travaille sous Jésus-Christ à la construction du Temple éternel, le plus grand architecte qui fut jamais ne lui est nullement comparable : son ouvrage subsistera éternellement, et il ne paraît plus rien du temple du grand Salomon, la demeure du Dieu vivant, la gloire de tout un peuple.

XIX. On verra clairement qu'un corps difforme, un esprit bizarre, une imagination vive et déréglée, un homme sans honneur dans le monde, sans biens, sans amis, sans aucune qualité avantageuse, mais qui dans le fond a de la piété, craint et aime son Dieu, est infiniment plus digne de notre estime que le plus bel homme du monde, le plus chéri, le plus honoré pour ses qualités admirables, mais qui dans le fond a quelque

peu moins de religion. Certainement, on n'oserait pas dire que
Dieu juste juge préfère celui-ci à celui-là. Nous sommes donc
obligés de le préférer nous-mêmes, supposé que nous soyons
suffisamment convaincus de la différence de leur piété.

XX. Qu'on ait plus d'estime de la qualité de médecin que de
celle d'avocat, cela est assez indifférent. Cela dépend des coutumes qui changent selon les lieux et selon les temps. Mais
qu'on ait plus d'estime de la qualité de prince que de celle de
chrétien, de la qualité de gentilhomme que celle de prêtre,
selon l'ordre du Fils de Dieu, cela n'est point indifférent. Ce
n'est pas qu'il ne faille rendre à son prince bien d'autres devoirs qu'à son curé. Il a la puissance souveraine : il faut lui
rendre les derniers respects et l'obéissance en toutes choses.

XXI. J'ai deux parents ou deux amis, dont l'un est un bon
Missionnaire qui travaille utilement à l'édifice de l'Eglise ;
l'autre est consommé dans les sciences humaines, grand géomètre, savant philosophe : il sait les histoires de toutes les nations et parle leurs langues. Mais je ne vois pas que sa science
ait des suites avantageuses à la société éternelle : il me semble
même que je vois le contraire. Lequel des deux est le plus estimable ? L'un et l'autre ont besoin de mon secours, lequel sera
préféré ? Certainement ce sera ce bon prêtre, ce bon catéchiste
que le monde méprise, et non ce savant homme que le monde
adore. Je puis bien donner à celui-ci des plus grandes marques
d'estime dans beaucoup de rencontres, de peur de blesser sa
délicatesse. Car ceux qui ont de grands talents selon les apparences, ou selon le jugement des hommes, croient que tout
leur est dû : et pour ne point les offenser, on peut quelquefois leur rendre des honneurs [1] qu'ils ne méritent point :
car c'est la charité qui doit régler nos actions extérieures, et
quelquefois par condescendance aux faux jugements des
hommes. Mais pour mon estime et ma bienveillance, je la dois
à ceux qui ont le plus de rapport à la société éternelle préfé-
rablement à toute autre, fussent-ils mes ennemis déclarés, et
les derniers des hommes aux yeux du monde corrompu.

XXII. Dans telles et telles circonstances, c'est une nécessité de
scandaliser son prochain, ou de perdre l'honneur et la vie. On
ne peut bien défendre la vérité, sans rendre ridicule celui qui
l'attaque et son parti méprisable. On ne peut rendre service à

1. Var. Leur faire des honneurs. (1684.)

son ami ou même à son prince, sans blesser la charité qu'on doit avoir en Jésus-Christ pour un étranger : on sera cause de sa damnation [1]. A quoi se déterminer dans ces rencontres, et dans une infinité de semblables ? Rien n'est plus clair selon le principe que j'ai posé. Car tout ce qui a rapport à l'infini, devenant infini lui-même par ce rapport, il ne faut avoir nul égard aux droits de l'amitié ou de la société passagère, lorsqu'il s'agit de la société éternelle.

XXIII. Néanmoins il faut prendre garde qu'en préférant l'avantage spirituel à toute autre chose, on n'offense point injustement ses amis. Car il faut toujours rendre justice, avant que d'exercer la charité [2]. Il n'est pas permis de dérober pour marier une fille dont on appréhende la perte. La grâce de Jésus-Christ peut remédier à ces désordres [3]. Il ne faut pas donner à son ami sujet de rompre avec nous, en manquant aux devoirs auxquels il a droit de s'attendre, et blesser sa conscience pour guérir celle d'un autre. Il faut que la prudence règle les devoirs de charité, et tâcher de prévoir les suites de nos actions. Mais il me semble pouvoir dire en général, qu'il n'y a point de principe plus sûr et plus étendu que celui-là, d'avoir toujours égard aux droits de société éternelle, lorsqu'ils sont mêlés avec les autres, ce qui arrive presque toujours.

1. Ce sont des cas hypothétiques, bien entendu.

2. Il faut remarquer ce court précepte, souvent repris et développé dans les Traités de Morale de notre temps.

3. En nous donnant le surcroît de force nécessaire pour sortir d'une situation difficile, c'est là sans doute ce que veut dire Malebranche, et il sous-entend que cette grâce il faut la demander

CHAPITRE HUITIÈME.

Des devoirs de bienveillance et de respect. On doit procurer les vrais biens à tous les hommes, et non pas les biens relatifs. Quel est celui qui sait s'acquitter des devoirs de bienveillance. Injustes plaintes des gens du monde. Les devoirs de respect doivent être proportionnés à la puissance participée.

I. La plupart des choses que j'ai dites touchant les devoirs d'estime, se peuvent appliquer aux devoirs de bienveillance et de respect. Néanmoins il est à propos d'en dire encore ici quelque chose, afin d'en faire connaître plus distinctement la nature et les obligations.

II. A l'égard des devoirs de bienveillance ou de charité, on les doit rendre généralement à tous les hommes, et quoiqu'il y ait de certains biens particuliers, qu'on ne doive point souhaiter ni procurer à certaines personnes, ni dans certaines circonstances, les vrais biens qu'on peut donner sans s'en priver et sans en priver les autres ne doivent jamais être refusés à qui que ce soit. Il ne faut jamais cacher la vérité, nourriture de l'esprit, à ceux qui sont en état de la recevoir. Il faut donner bon exemple à tout le monde. Il ne faut jamais excepter personne dans ses prières et dans le sacrifice. Il ne faut jamais refuser les sacrements à celui qui est bien disposé à les recevoir. Ce sont là de vrais biens, et qui ont rapport à la société éternelle. Et comme Dieu veut que tous les hommes soient sauvés et viennent à la connaissance de la vérité, celui qui refuse de rendre à quelqu'un les devoirs de la charité chrétienne, résiste aux desseins de Dieu et blesse dans son principe la société que nous avons avec lui par Jésus-Christ.

III. Mais comme les biens de la terre ne sont pas proprement des biens, comme leur prix véritable dépend du rapport qu'ils peuvent avoir avec les vrais biens, comme enfin ce sont des biens qui ne peuvent se communiquer sans se partager, il arrive très souvent qu'on ne doit point en faire part à quelques personnes. Par exemple, si un père trop tendre pour ses enfants débauchés ou disposés à la débauche, leur donne de l'argent, il est la cause de leurs désordres, et fait tort aux pauvres qui auraient besoin de son secours: de même que celui qui présente une épée à un fou ou à un homme transporté de colère, est véritablement la cause du meurtre. Le prodigue vole les pauvres, et tue par ses libéralités indiscrètes l'âme des compagnons de ses débauches : et celui qui donne à un valet ivrogne la liberté de boire à discrétion, lui fait un bien que défendent les devoirs de la charité et de la bienveillance. En un mot, celui qui donne quelque puissance à des esprits impuissants, qui ne peuvent ni consulter ni suivre la Raison, est la cause de leur péché [1] et de tous les maux qui suivent de l'abus de la puissance.

IV. Ces vérités sont incontestables, et la raison en est claire. Comme l'argent, par exemple, n'est point proprement un bien, puisqu'on ne peut véritablement le posséder ni en jouir, car les esprits ne possèdent point les corps : comme c'est un bien qu'on ne peut communiquer sans le partager, l'amour de bienveillance le doit distribuer de manière qu'il soit utile et devienne un bien, ou plutôt un moyen propre pour acquérir le bien, à l'égard de ceux qui le reçoivent. Car autrement on manque doublement à ce qu'on doit au prochain : on blesse la personne à qui on donne cet argent, et tous ceux à qui on ne le donne pas et qui par les lois de la charité y ont un droit véritable.

V. Mais la douleur et l'humiliation, qui en elles-mêmes sont de vrais maux, deviennent biens en plusieurs rencontres : et l'amour de bienveillance, qu'on doit avoir pour tous les hommes, doit nous porter à affliger ceux qui le méritent, et sur lesquels nous avons autorité, afin de les retirer de leurs désordres par la crainte du châtiment. Une mère qui ne veut point souffrir qu'on coupe le bras gangrené de son enfant, est une cruelle. Mais celle-là l'est beaucoup plus, qui lui laisse corrompre l'es-

1. Var. De leur perte. (1684.)

prit et le cœur par les plaisirs et par la mollesse. Un ami qui souffre en silence qu'on détruise son ami par des intrigues secrètes, ou qui entre lui-même par intérêt dans un commerce désavantageux à l'amitié qu'il a jurée, c'est un ami infidèle, c'est un homme indigne de la société des autres hommes. Mais bien plus infidèle ami est celui, qui de peur de nous contrister et de nous affliger, nous laisse tomber dans les enfers, ou qui flattant nos passions, se joint aux seuls ennemis que nous ayons pour nous aveugler et pour nous perdre.

VI. Qui peut donc rendre au prochain les devoirs de la charité ou de la bienveillance? celui-là certainement qui connaît la vanité des biens qui passent et la solidité des biens futurs, l'immobilité de la Jérusalem céleste, fondée sur le roc inébranlable, le Fils bien-aimé du Tout-Puissant ; celui-là qui compare le temps à l'éternité, et suivant le grand principe de la Morale chrétienne, mesure les devoirs de l'amitié et de la société civile sur ceux de la société qui se lie ici-bas par la grâce et se cimente pour jamais dans le ciel, par une communion perpétuelle d'un bien qui se donnera tout entier à tous. Celui-là enfin qui pense sans cesse à la société toute divine que nous devons avoir avec le Père par le Fils dans l'unité du Saint-Esprit, amour mutuel du Père et du Fils, et principe de l'amour heureux qui nous unira à Dieu dans tous les siècles, celui-là, mais celui-là seul peut rendre à son prochain les devoirs de bienveillance. Tout autre manque de charité : et bien loin qu'il nous aime de cet amour qui nous est dû, et qui est le second des plus grands commandements de la loi des chrétiens, qu'il ne connaît pas encore ses obligations essentielles à notre égard. Le commerce qu'il a avec nous, son amitié, sa société seront plutôt la cause fatale de nos maux, que le principe heureux de notre repos et de notre joie.

VII. Qu'on dise tant qu'on voudra qu'il faut séparer les lois de la société civile de celles de la charité chrétienne, elles me paraissent inséparables dans la pratique. Le citoyen de ma ville est déjà par la grâce citoyen de la sainte Cité : le sujet de mon Prince est un domestique de la maison de Dieu. *Jam non estis hospites et advenæ*, dit saint Paul, *sed estis cives Sanctorum, et domestici Dei, superædificati super fundamentum Apostolorum et Prophetarum, ipso summo angulari lapide Christo Jesu : in quo omnis ædificatio constructa crescit in Templum sanctum Domino.* Puis-je donc entrer dans les desseins d'un ami,

qui pour se faire un établissement dans la ville, hasarde[1] celui
qu'il possède en Jésus-Christ dans le ciel? Puis-je par mes
conseils et par mes amis[2] favoriser son ambition, et le mettre,
lui qui manque de cette fermeté d'esprit et de cette intrépidité
nécessaire aux gouvernements subalternes, le mettre, dis-je,
dans une situation qui fait peur à toutes les personnes éclairées? Un ami tremble pour son ami, lorsqu'il le voit au milieu
des dangers. Une mère s'effraye, lorsqu'elle voit son enfant
grimper sur des lieux élevés. Et moi, je ne craindrais point
pour un parent, pour un cher ami en Jésus-Christ que je vois
environné de tous côtés de précipices effroyables, et qui veut
encore monter dans un lieu où la tête tourne à ceux qui l'ont
la plus forte.

VIII. La vie présente se doit rapporter à celle qui suit, et qui
ne sera suivie d'aucune autre : et la société que nous formons
maintenant n'est durable, que parce que c'est le commencement de celle qui n'aura jamais de fin. C'est pour cette seconde
société que la première est établie : c'est pour mériter le ciel
que nous vivons sur la terre. Je répète souvent cette vérité,
parce qu'il faut s'en bien convaincre. Il faut la graver profondément dans sa mémoire. Il faut la repasser sans cesse dans son
esprit, de crainte que l'action continuelle des objets sensibles
ne nous en fasse perdre le souvenir. Si nous en sommes bien
convaincus, si nous en faisons la règle de nos jugements et de
nos désirs, nous ne trouverons point si mauvais qu'on ne nous
procure point des biens que nous n'estimerons guère. Nous
ne suivrons point une conduite, qui ne tend[3] qu'à nous rendre
heureux sur la terre et avant le temps de la récompense. Nous
suivrons celle qui nous conduit où nous devons tendre, à cette
perfection qui nous rend agréables aux yeux de Dieu et dignes de
lier avec lui une société éternelle en Jésus-Christ notre Seigneur.

IX. Mais comme les hommes n'ont qu'une faible et abstraite
idée de la grandeur des biens futurs, ils y pensent rarement, et
ils y pensent sans mouvement. Car il n'y a que les idées sensibles qui ébranlent l'âme; il n'y a que la présence du bien ou
du mal qui la touche, et qui la mette en mouvement. Et au
contraire comme l'imagination et les sens sont incessamment et

1. Var. Qui se fait un établissement dans la ville et hasarde. (1684 et 1697.)
2. C'est bien ce qu'on lit dans les trois éditions. N'est-ce pas une faute d'impression, pour avis?
3. Var. Qui ne va. (1684.)

vivement frappés par les objets qui nous environnent, nous y pensons toujours, et toujours avec quelque mouvement de passion. Et comme nous jugeons naturellement de la solidité des biens par l'impression qu'ils font sur l'esprit, nous les regardons avec estime, nous les désirons avec ardeur, nous les embrassons avec plaisir. Ainsi nous croyons que ceux-là n'ont point d'amitié pour nous, qui nous arrêtent dans notre course, au lieu de se joindre avec nous pour attraper la proie qui nous échappe.

X. Les chiens se font mutuellement mille caresses dès qu'ils voient qu'on se prépare à la chasse. Ardents à la proie, ils s'excitent machinalement les uns les autres, et souvent même celui qui les conduit : et cela par des sauts, des bonds, des virevoltes qui en exigent de pareilles; toutes les machines, du moins celles qui sont de même espèce, étant faites pour s'imiter mutuellement l'une l'autre. On prend le plus ardent, celui qui fait partir le gibier de trop loin : on le renferme et on s'en va. Que de gémissements, que de hurlements, que de marques sensibles d'une douleur très cruelle! Tout cela n'est que jeu de machine. Il en est de même de ceux qui ne connaissent point les vrais biens et qui ont quelque passion en tête. Qu'on n'entre point dans leurs desseins, qu'on ne les favorise point, qu'on s'y oppose; ils ne cesseront point de reprocher qu'on manque aux devoirs de la société, de l'amitié, de la parenté, qu'on les rend malheureux, et qu'on se déclare leur persécuteur. Si on les convainc par raison, c'est qu'on veut faire le Caton. Si on prétend les retenir par la religion, on fait le dévot, on devient bigot. C'est la machine qui joue son jeu, et qui le jouera longtemps. Les dévots demeureront bizarres et capricieux, sans honnêteté, sans amitié, sans complaisance. On les fuira toute sa vie, comme des gens avec qui on ne peut lier de société, parce qu'en effet on ne peut lier de société que dans l'espérance de se procurer les mêmes biens. Or les personnes de piété cherchent les vrais biens, pour lesquels ceux-là ne se sentent aucune inclination, qui n'ont du goût et du sentiment que pour les objets de leurs passions.

XI. Comme les gens de bien sont véritablement animés de la charité, ils ne rompent jamais par ressentiment avec ceux qui vivent dans le désordre. Ils espèrent toujours les en retirer par leur exemple, leur patience, leurs conseils, favorisés de la grâce. Comme ils sont convaincus de la vérité de leurs propres sentiments, et pénétrés de la douceur des vrais biens dont ils jouissent déjà par une espèce d'avant-goût, ils ne pensent qu'à faire voir aux autres ce qu'ils voient eux-mêmes : ils voudraient bien leur donner du goût pour la source féconde de tous les plaisirs. L'horreur qu'ils ont du vice les anime, et les fait parler un langage qui désole ceux qui se trouvent heureux, lorsqu'ils suivent le mouvement agréable de leurs passions. Tout cela fait qu'un débauché, et par débauché j'entends tous ceux qui ne regardent point l'Ordre immuable comme leur loi ou la règle inviolable de leur conduite, ceux qui trouvent que la Raison est un joug insupportable : tout cela fait, dis-je, qu'un débauché regarde ordinairement les gens réglés comme des persécuteurs, qu'il évite leur conversation avec une espèce d'horreur, et qu'il ne veut point former avec eux une espèce de société, persuadé qu'il est intérieurement qu'ils ne quitteront pas les biens solides pour entrer dans ses desseins et courir avec lui après des fantômes qui se dissipent dans le moment qu'on les embrasse.

XII. Mais ces sortes de gens ne manquent pas de se plaindre qu'on confond les lois de la religion avec celles de la nature : que les devoirs ne sont bons à rien dans le monde, que ce sont des entêtés, et de fort malhonnêtes gens. Ils veulent qu'on agisse avec eux en bon parent, en bon ami, en bon citoyen, et non point en homme prévenu, disent-ils, de sentiments qu'ils ne goûtent et n'approuvent pas. Mais c'est ce qui n'est pas possible. On ne peut agir que selon ses lumières. Celui qui voit clair laissera-t-il tomber un aveugle dans un précipice sans s'écrier et le retenir ? Et cet aveugle aurait-il raison de se plaindre du service qu'on lui rend, en disant à son ami : Laissez-moi faire, pensez-vous voir mieux que moi ? Nous sommes tous des aveugles : croyez-moi, vous êtes prévenu. N'ai-je pas plus d'intérêt que vous à ma conservation ? Suivez-moi plutôt en aveugle, de compagnie : je sens bien que je suis dans le plus beau chemin du monde.

XIII. Si je rends service à mon ami selon ses désirs, je le perds, et je me perds avec lui. Voilà le préjugé qui m'aveugle. Peut-être a-t-il quelque raison de me plaindre. Mais il n'est pas raisonnable, s'il s'imagine que je renonce à l'amitié, ou s'il y renonce lui-même. Si cet ami n'était pas chrétien ni capable de le devenir, si la mort devait nous anéantir tous tant que nous sommes, je pourrais peut-être lier avec lui une so-

ciété telle qu'il souhaite, et avoir pour lui l'amitié qu'il a pour
moi. Je pourrais être bon parent, bon ami, bon citoyen, selon
l'idée qu'il a de ces qualités. Mais l'éternité change la face des
choses, et c'est la dernière folie que de n'y avoir point d'égard.

XIV. Un chrétien, un prêtre, un gentilhomme, un ami, ne
sont point quatre personnes différentes. Lorsque le gentilhomme
sera en enfer, où sera le prêtre et l'ami? Ces qualités étant inséparables dans une même personne, si le prêtre croit avoir
droit de faire le gentilhomme, il est évident qu'il se trompe; et
si je le conseille différemment selon ses diverses qualités, certainement je l'abuse. Quand des qualités sont inséparables,
c'est la plus excellente qui doit tout régler : et quoiqu'on
puisse faire des abstractions lorsqu'il n'est question que de
raisonner en l'air, il faut tout joindre ensemble quand on doit
agir.

XV. Soit donc qu'on fasse l'aumône aux pauvres, soit qu'on
visite les malades et les prisonniers, soit qu'on instruise les
ignorants, ou qu'on assiste ses amis de ses conseils, soit qu'on
fasse toute autre action de charité ou de devoir; il faut tout
rapporter au salut du prochain, et penser sans cesse qu'on vit
avec des chrétiens, et qu'ainsi on doit faire les actions qu'exige
de nous la société éternelle que nous avons tous en Jésus-
Christ. Il faut assister les pécheurs, les hérétiques, les païens
mêmes, parce qu'ils peuvent entrer dans cette société bienheureuse ; et l'on doit beaucoup plus plaindre ceux qui en sont
exclus que ceux qui sont en servitude dans une terre étrangère. On doit travailler avec plus d'ardeur à les y faire rentrer,
qu'à conserver cette vie misérable : vie, dis-je, qu'on ne doit
beaucoup estimer, que parce que c'est un temps qui a rapport
à l'éternité, et qui la peut mériter par la grâce que Jésus-
Christ souverain prêtre des vrais biens distribue aux hommes
pour les solliciter à entrer avec lui en communion d'une même
félicité.

XVI. A l'égard des devoirs de respect ou de soumission extérieure et relative, comme ils sont dus à la puissance, il ne dépend point de nous de les proportionner au mérite [1] des personnes, ni de les régler selon nos lumières par rapport aux
besoins de la société éternelle que nous avons en Jésus-Christ.
Il faut suivre les coutumes et les lois de l'État, où Dieu nous a

---

1. Var. Aux mérites. (1684.)

fait naître. C'est un devoir de justice, que de rendre le respect et le tribut à ceux à qui Dieu a donné pouvoir sur nous. Qu'ils soient ou ne soient pas gens de bien, ni même chrétiens ; qu'ils abusent ou n'abusent pas de nos contributions, cela n'importe. La Raison en est que c'est Dieu qu'on honore dans leur personne, parce que tout honneur est relatif, et ne doit s'arrêter qu'à celui qui possède véritablement la puissance. Ainsi, on commet une injustice contre son prince, lorsqu'on refuse de lui rendre les respects qui lui sont dus, et c'est une désobéissance formelle au Roi des Rois, que de refuser de se soumettre et de donner des marques sensibles de la soumission à ceux qu'il a établis pour tenir sa place dans le monde. Les premiers chrétiens ont rendu aux empereurs romains, qui même persécutaient cruellement Jésus-Christ dans ses membres, tout le respect, toute la soumission, tout l'honneur relatif qui était dû à leur puissance participée : sachant bien que l'honneur n'est proprement dû qu'à Dieu, et ne se rapporte qu'à lui selon ces paroles de saint Paul : *Regi sæculorum immortali et invisibili, Soli Deo honor et gloria* [1] ; sachant bien que les devoirs de respect ne doivent point se proportionner à l'utilité de l'Eglise, ou plutôt qu'ils s'y doivent rapporter, puisque c'est là le grand ou plutôt l'unique dessein de Dieu, mais que cela ne se fait jamais mieux, que lorsque les chrétiens les rendent avec toute l'exactitude possible, parce qu'en effet c'est là le moyen que les souverains, toujours jaloux de leur gloire et de leur autorité, favorisent les chrétiens plutôt que les autres sociétés de leur empire. Mais il faut expliquer plus au long nos devoirs par rapport aux différentes conditions de la société que nous formons avec les hommes.

1. I *Tim.* i. (Note marginale de M.)

CHAPITRE NEUVIÈME.

Des devoirs dus aux souverains. Deux puissances souveraines. Leur
différence. Droits naturels de ces deux puissances. Droits de concession. De l'obéissance des sujets.

I. Tous les devoirs qu'on doit rendre aux puissances parti-
cipées se réduisent en général aux devoirs de respect et aux
devoirs d'obéissance. Les devoirs de respect dépendent des lois
et des coutumes observées dans l'État ; ils consistent en certaines marques sensibles et extérieures de la soumission que
l'esprit rend à Dieu en la personne des supérieurs. Ces devoirs
sont différents selon les circonstances des lieux et des temps.
Quelquefois on se prosterne devant le souverain : quelquefois
on se met un genou en terre ou tout à fait à genoux : souvent
on ne fait que se baisser profondément, et demeurer découvert ; et quelquefois même on demeure couvert en sa présence,
sans perdre le respect qui lui est dû. Ce ne sont là que des
cérémonies arbitraires et qui sont réglées par l'usage.

II. Mais ce qui est essentiel à la morale, c'est que l'esprit
lui-même doit être dans le respect en la présence du prince,
image de la puissance véritable : et cela à proportion que le
prince exerce actuellement l'autorité [1] qu'il a reçue, ou qu'il se
revêt, pour ainsi dire, de la puissance et de la majesté de Dieu.
Car on doit plus de respect au Roi séant en son lit de justice,
qu'à lui-même dans mille autres circonstances ; à l'évêque faisant les fonctions épiscopales, qu'en toute autre rencontre.

---

1. Qu'il est, suivant le langage du droit contemporain, « dans l'exercice de ses
fonctions. »

Aussi se trouve-t-on naturellement porté à mesurer le respect dû à la grandeur et à la puissance, à proportion qu'elle se fait sentir. Certainement lorsqu'on est en la présence du Tout-Puissant, il faut que l'esprit se prosterne. Or quoiqu'on soit toujours devant Dieu, on se met en sa présence d'une manière particulière, lorsqu'on aborde son supérieur qui en est l'image. Il ne suffit donc pas de prendre au dehors un air respectueux et craintif. Mais il faut encore que l'esprit s'humilie, et respecte la grandeur et la puissance de Dieu dans la majesté du prince.

III. Comme il n'en coûte guère de rendre aux Puissances les devoirs de respect, et que même le cerveau est construit de manière que l'imagination s'abat volontiers à l'éclat qui les environne, il n'est pas fort nécessaire que j'en parle davantage. Mais comme l'obéissance exacte à leurs ordres est un sacrifice continuel, bien plus difficile à faire que celui d'égorger des victimes, l'amour-propre en est un ennemi irréconciliable. Peu de gens s'acquittent chrétiennement de ce devoir, ou dans l'attente que celui [1] qu'on honore en la personne du Prince soit leur unique récompense. Presque tous se dispensent autant qu'ils peuvent, de rendre une obéissance qui les incommode; et quelques-uns obéissent mal à propos à des commandements injustes, pour ne pas connaître exactement l'ordre de leurs devoirs. Car, comme les Puissances différentes [2] ont des droits séparés, leurs différents intérêts se mêlent de manière qu'il y a beaucoup de difficulté à reconnaître à qui il faut obéir : et dans ces rencontres chacun suit son humeur ou son utilité particulière, faute des principes qui règlent leurs actions. Je vais tâcher d'en expliquer quelques-uns qui pourront donner quelque ouverture à l'esprit, pour reconnaître plus distinctement ces devoirs.

IV. Il n'y a dans le monde que deux Souveraines Puissances, la Civile et l'Ecclésiastique : le Prince dans les états Monarchiques [3], et l'Evêque : le Prince image de Dieu tout-puissant, et son Ministre sur la terre, l'Evêque image de Jésus-Christ, et son Vicaire dans l'Eglise. Le Prince ne tient que de Dieu

1. Dieu.

2. Var. Opposées. (1684.)

3. Dans les États non monarchiques, les représentants de la puissance civile varient, selon les constitutions et les usages. Il est clair que Malebranche ne songe pas à les exclure, et que l'exemple qu'il tire du « Prince », n'est pas, comme on dit, limitatif.

seul [1], non plus que l'Evêque, son autorité sur les autres hommes ; et l'un et l'autre n'en doivent user que comme Dieu même, par rapport à l'Ordre immuable, la Raison universelle, la loi inviolable de toutes les intelligences, et de Dieu même. Le Prince néanmoins a une puissance plus absolue que l'Evêque. Il a l'autorité de faire des lois, et il n'y est point soumis [2]. Il peut agir avec empire, sans rendre raison de sa conduite à personne : parce qu'il semble qu'il ait plus de rapport à Dieu, comme puissance, que comme Raison : à Dieu revêtu de gloire et de majesté, qu'à un Dieu fait homme et semblable à nous : à Jésus-Christ dans sa gloire, qu'à Jésus-Christ humilié sur la terre et revêtu de notre bassesse et de nos infirmités. Mais l'Evêque a plus de rapport à Dieu, comme Sagesse, comme Raison incarnée et revêtue de nos faiblesses, qu'à Dieu comme puissance absolue et indépendante : à Jésus-Christ sur la terre, conversant familièrement avec les hommes, qu'à Jésus-Christ glorieux et établi Souverain Seigneur de toutes les nations du monde. *Vous savez* [3] dit Jésus-Christ à ses Apôtres, *que les Rois de la terre agissent en maîtres, et que les grands traitent les autres avec empire* [4]. *Qu'il n'en soit pas de même parmi vous. Le Fils de l'homme n'est pas venu pour être servi, mais pour rendre service et répandre son sang pour le salut des hommes.* Ce n'est

1. Malebranche entend par là : 1° qu'il ne la tient pas de l'autorité ecclésiastique, du Pape ; 2° qu'il ne la tient pas non plus du peuple qu'il gouverne. Quant à la distinction de la nécessité absolue d'une puissance publique et de la délégation de cette puissance à tels ou tels représentants, sous certaines formes et conditions déterminées, Malebranche ne semble pas l'avoir faite.

2. Il est inutile de relever ces théories, communes à Malebranche, à Bossuet, à presque tous les écrivains du xvii° siècle.

3. *Math.* xx, 25. (Note marginale de M.)

4. Ce langage ne ressemble guère à une approbation. Mais toute cette apologie de la puissance absolue des princes n'est pas sans une nuance de dédain. Ils sont moins éclairés que les évêques, et pourtant leur pouvoir est plus étendu, voilà ce que Malebranche semble dire. Et il faut observer qu'en fait, les théologiens du xvii° siècle, à commencer par l'auteur du *Traité de la nature et de la grâce*, discutaient beaucoup plus avec l'autorité ecclésiastique qu'avec l'autorité civile. C'est que pour eux la première est tenue d'avoir toujours raison, tandis qu'on n'en saurait tant demander à la seconde. On abandonne donc à celle-ci le soin des intérêts matériels, choses de « conjecture », « d'expérience », et ne valant guère la peine qu'on résiste. A ce prix on a ou on espère avoir la paix, le seul des biens temporels qui ait quelque chose de la valeur des spirituels. « Le plus grand des maux, dit Pascal, est les guerres civiles. Le mal à craindre d'un sot, qui succède par droit de naissance, n'est ni si grand, ni si sûr. » (*Pensées*, art. v, 3, édition Havet.) — Voyez plus haut 1re partie, ch. II, par. 13. Voyez dans les *Pensées* de Pascal, article vi, fin du parag. 7 et la note de M. Havet.

pas encore un coup que les Souverains aient droit d'user sans
raison de leur autorité. Dieu même n'a pas ce droit misérable :
il est essentiellement juste, et la Raison universelle est sa loi
inviolable. Mais l'abus de l'autorité ecclésiastique est plus criminel devant Dieu, que celui de l'autorité royale : non seulement parce qu'il y a une différence infinie entre les biens spirituels et les temporels, mais encore parce que la puissance
ecclésiastique, qui agit avec hauteur, dément le caractère
qu'elle porte de Jésus-Christ, toujours Raison, et Raison humiliée, et proportionnée à la capacité des hommes pour leur instruction et pour leur salut.

V. La fin de l'établisssement de ces deux puissances est fort
différente. La puissance civile est pour conserver les sociétés
civiles. La puissance ecclésiastique est pour établir et conserver la société céleste, qui se commence sur la terre et qui ne
finira jamais. Le devoir du Prince regarde la paix de l'État, la
félicité des peuples [1] : celui de l'Évêque, la paix de l'Église de
Jésus-Christ. Le Prince doit conserver et augmenter les biens
nécessaires à la vie temporelle. L'Évêque doit par sa prédication et par ses exemples, éclairer les peuples, et comme Ministre de Jésus-Christ répandre par les Sacrements la grâce intérieure dans les membres de l'Église, et communiquer ainsi la
vie de l'esprit à ceux qui sont soumis à sa conduite. En un mot
la puissance du Prince est pour le temporel de ses sujets : celle
de l'Évêque pour le spirituel de ses enfants.

VI. Cela supposé pour le premier principe, il faut recevoir
pour le second, que comme Dieu est le maître absolu de toutes
choses, ses ordres donnent droit à tous les moyens nécessaires
et raisonnables de les exécuter. Un valet qui reçoit ordre de
son maître de porter promptement à son ami quelques nouvelles de conséquence, n'a pas droit, pour exécuter cet ordre,
de prendre le cheval de son voisin, parce que son maître lui-
même n'a pas ce droit. Mais comme Dieu est le Seigneur absolu
de toutes choses, lorsqu'il dit à saint Pierre : *Pasce oves meas*,
ou qu'il ordonne au Roi de conserver ses sujets en paix, il
donne (autant que l'Ordre le permet, car l'Ordre est une loi
inviolable [2] ;) il donne dis-je à ces deux puissances souveraines
un droit absolu sur toutes les choses qui sont nécessaires pour

____

1. Var. Le devoir du Prince ne regarde que la paix de l'État. (1684.)
2. Cette parenthèse n'était pas dans l'édition de 1684.

l'exécution de ses volontés. Ainsi les droits naturels essentiels et primitifs de la souveraineté temporelle sont, autant que l'ordre le permet, tous les moyens nécessaires à la conservation de l'État ; et les droits naturels de la puissance ecclésiastique sont tous les moyens nécessaires [1] à l'édifice de l'Église de Jésus-Christ.

VII. Mais comme l'Église et l'État sont composés des mêmes personnes, qui sont en même temps Chrétiens et citoyens, enfants de l'Église et sujets du Prince, il n'est pas possible que ces deux puissances, qui se doivent mutuellement respecter, et qui doivent être absolues et indépendantes dans l'exécution de leur charge, exercent leur juridiction et exécutent l'ordre de leur maître commun, si elles ne sont parfaitement d'accord, et si même dans certaines circonstances elles ne cèdent mutuellement l'une à l'autre quelque chose de leurs droits. C'est pour cela que le Prince par concession de l'Église a droit à la nomination de plusieurs bénéfices, et que l'Église par concession du Prince possède maintenant des biens temporels [2]. Ces sortes de droits ne sont point naturels, parce que ce ne sont point des suites nécessaires ou naturelles de l'Ordre que ces diverses puissances ont reçu de Dieu. Ce sont des droits de concession qui dépendent d'un accord mutuel, dont la fin ne doit être que celle que Dieu a eue dans l'établissement de ces deux puissances.

VIII. Comme l'Église de Jésus-Christ, le Temple éternel, est le grand, ou plutôt l'unique dessein de Dieu, puisque les sociétés et les royaumes de ce monde périront, dès que l'ouvrage de celui qui seul est immuable dans ses desseins, sera achevé, il est visible que l'État se rapporte et doit servir à l'Église, plutôt que l'Église à la gloire et même à la conservation de l'État : et qu'un des principaux devoirs d'un Prince chrétien, c'est de fournir à Jésus-Christ les matériaux propres à être sanctifiés par sa grâce, sous la conduite de l'Évêque, et à former l'édifice spirituel de l'Église [3]. C'est principalement pour

---

1. Var. Tous les moyens légitimes qui sont nécessaires. (1684.)

2. Les théologiens, en reconnaissant que l'Église ne peut posséder de biens temporels que par concession de la souveraineté temporelle, ajoutent que cette concession n'est pas « une aumône qui n'oblige à rien, mais un salaire; » non pas un bienfait pur et gratuit, mais « une solde, un honoraire payé à titre de justice » pour services ayant été ou devant être rendus à la société chrétienne.

3. Malebranche, comme ses contemporains, se place ici à ce double point de vue : 1° Que le Prince a sur ses sujets toute autorité; 2° qu'il est chrétien, et obligé de tout faire selon son pouvoir (or ce pouvoir est posé, sans discussion, comme ab-

cela que le Prince doit conserver l'État en paix, ordonner qu'on apprenne à ses sujets des sciences solides qui perfectionnent l'esprit et règlent le cœur, et faire observer rigoureusement les lois qui punissent les crimes et les injustices. Car un peuple bien instruit et soumis à des lois raisonnables, est plus propre à recevoir utilement l'influence de la grâce, qu'un peuple brutal, vicieux et ignorant. C'est pour cela qu'il doit faire servir son autorité à l'observation des ordonnances des conciles, et retenir les peuples dans l'obéissance qu'ils doivent à leur mère l'Église de Jésus-Christ. Car enfin l'Église et l'État ont ensemble une si étroite union, que celui qui trouble l'État trouble l'Église composée des mêmes membres, et que celui qui fait schisme dans l'Église est véritablement un perturbateur du repos public [1].

IX. Mais qu'un Prince ait ou n'ait point ce grand dessein de se faire une gloire immortelle en travaillant pour l'éternité, en travaillant à la construction d'un ouvrage qui seul subsistera éternellement, ce n'est pas aux particuliers à critiquer sa conduite. Et pourvu qu'il n'exige rien qu'en conséquence des droits *naturels*, que lui donne la commission qu'il a de la part de Dieu, on lui doit l'obéissance en toutes choses, quelque dignité même qu'on ait dans l'Église.

X. Ce n'est point à moi à tirer, des principes certains que je viens d'exposer, les conséquences dans lesquelles consistent en particulier les devoirs de ceux qui ont droit de commander ; et il y a même en cela plus de difficulté qu'on ne pourrait croire. Il faut avoir égard à bien des circonstances particulières, qui changent ou déterminent ces devoirs. C'est aux souverains à examiner leurs obligations devant Dieu à la lumière de l'Ordre immuable et de la loi divine, plutôt que de s'en rapporter au conseil des hommes, qui les flattent presque toujours [2]. Ils doivent aussi consulter les lois fondamentales de l'État [3], et les

soin) pour faire prospérer parmi ses sujets, comme le père dans sa famille, comme le *chef* parmi ses *membres*, la religion qu'il croit la meilleure et qu'il professe. Malebranche ne paraît pas même concevoir une situation où la souveraineté appartiendrait à un peuple tout entier et à un peuple divisé dans ses croyances.

1. Et c'est à ce titre, pense Malebranche (comme beaucoup de théologiens), que le pouvoir séculier le frappe justement. C'est une suite du point de vue que nous indiquions dans la note précédente.

2. On s'étonne que de tels esprits ne croient pouvoir rien trouver ni devoir rien placer entre la conscience du souverain et les flatteurs.

3. Qui les établit ? Qui a le droit de les modifier ? Autant de questions que le XVIIe siècle ne se pose pas.

considérer comme les règles ordinaires de leur conduite. Les Évêques de même sont obligés de suivre les règles de l'Église, qu'ils ont promis d'observer dans leur consécration, s'ils ne veulent abuser de leur autorité et de la puissance de Jésus-Christ.

XI. Mais pour les sujets, il me paraît certain qu'ils doivent obéir aveuglément, lorsqu'il n'y va que de leur propre intérêt; car, pourvu qu'en obéissant à une des deux puissances, on ne manque point à ce qu'on doit à Dieu ou à la puissance opposée, sans doute il faut obéir. C'est s'établir juge de son Souverain, que de critiquer sa conduite. C'est s'attribuer une espèce d'indépendance que de ne vouloir se rendre qu'à sa propre lumière [1]. C'est mépriser la puissance et se révolter, que de prétendre qu'elle doive rendre raison de ses actions à d'autres qu'à celui qui l'a établie [2]. Mais encore un coup, c'est lorsqu'on ne nous commande rien contre Dieu même ou contre la puissance qui le représente. Car comme l'obéissance qu'on rend au Souverain n'est due et ne se rapporte qu'à Dieu seul, il est clair qu'on peut et qu'on doit lui désobéir, lorsqu'il commande ce que Dieu défend, ou par lui-même, par la loi divine et immuable, ou par quelqu'une des puissances qu'il a établies.

XII. Mais lorsque la loi éternelle ne répond point par son évidence à notre attention, ou que les lois écrites sont obscures, et que les deux souveraines puissances nous donnent des ordres opposés, c'est une nécessité de s'instruire de leurs droits naturels, et d'en tirer les conséquences qui doivent régler notre conduite. Il faut avoir recours aux personnes éclairées, et surtout examiner avec soin les circonstances et les suites du commandement qui nous est fait. Et enfin, lorsqu'on se voit obligé, par l'obéissance qu'on doit à Dieu, de désobéir à quelqu'une des puissances qui le représentent, il faut le faire généreusement et sans crainte, mais avec tout le respect qu'on doit rendre

1. Des principes établis plus haut (Voyez particulièrement 1re partie, ch. II, parag. 13), il suit que notre propre lumière doit s'effacer devant la lumière supérieure de la Raison universelle, mais devant celle-là seule. Il semble qu'ici Malebranche joue quelque peu sur les mots.

2. Ces maximes, dans le sens où Malebranche les entend, nous paraissent aujourd'hui bien étonnantes. Elles n'ont cependant pas perdu toute vérité. Il reste vrai que ceux qui gouvernent doivent compte de leurs actes à Dieu, sans aucun doute, mais aussi à l'ensemble ou à la majorité du pays, en un mot à ceux « qui les ont établis, » et qu'il ne dépend pas d'une fraction isolée de la nation de se constituer souverainement juge du gouvernement voulu par tous.

aux personnes constituées en dignité. Car, quoiqu'il ne soit pas toujours permis d'obéir aux puissances établies de Dieu, qui ne sont nullement infaillibles, il n'arrive presque jamais qu'il soit permis de leur perdre le respect, quelque abus qu'ils fassent de leur autorité. Comme ils ne perdent point leur dignité et leur caractère par des commandements injustes, il faut toujours honorer Dieu en leur personne. Et les supérieurs de leur côté doivent se souvenir qu'ils ont un maître qui les traitera comme ils auront fait leurs sujets ; et qu'ils doivent aussi bien qu'eux se soumettre à la loi divine, à laquelle pour ainsi dire, Dieu même se soumet. Et quoiqu'ils soient peut-être persuadés du droit qu'ils ont de se faire obéir dans certaines circonstances difficiles et embarrassées, ils ne doivent point trouver mauvais qu'on hésite, ou qu'on n'obéisse pas promptement. Car il ne faut pas forcer les hommes à agir contre leur conscience : ils ne peuvent pas avoir tous un même sentiment, lorsqu'il y a de grandes difficultés à surmonter pour s'éclaircir de l'Ordre de leurs devoirs. Il faut les conduire par raison [1], et lorsqu'ils ne sont point assez éclairés pour le reconnaître, et que d'ailleurs ils ne manquent pas aux devoirs qui leur sont connus, certainement ils méritent qu'on ait pour eux de la compassion et de la condescendance.

XIII. Ce que je viens de dire des puissances souveraines se doit appliquer aux puissances subalternes. On doit à un Magistrat, à un Gouverneur, à quiconque exécute les ordres du Prince, l'obéissance aussi bien qu'au Prince : de même qu'on doit au Prince l'obéissance qu'on doit à Dieu, principe de toute-puissance. On ne leur doit pas rendre un respect aussi profond, ni une obéissance aussi générale et aussi aveugle qu'au Souverain, de même qu'on ne doit pas obéir au Souverain comme à la loi et à la puissance divine ; parce qu'ils ne sont pas revêtus de toute la puissance du Prince, non plus que le Prince de toute la puissance et de l'infaillibilité de Dieu. Mais on leur doit l'obéissance à proportion de leurs pouvoirs et de la connaissance qu'on a qu'ils exécutent les volontés de leur maître et du nôtre. Si on est persuadé qu'ils fassent sur nous des exactions ou nous obligent à des devoirs que le Prince n'entend ou n'approuve pas, on peut s'en exempter par

---

1. Cela est très bien, mais peut-on conduire les hommes par raison sans raisonner avec eux et par conséquent sans admettre la liberté de la discussion?

l'adresse [1], ou par des voies qui ne blessent point le respect
qui leur est dû, à cause de la personne qu'ils représentent. On
doit s'éclaircir du Prince même de ses volontés; et s'il est inaccessible, on doit présumer qu'il s'en rapporte à ses Ministres;
et alors il faut humblement et sans murmure, faire à Dieu le
sacrifice des biens qui lui appartiennent et qu'il nous a donnés
pour les lui offrir, et par là en mériter de plus solides et que
nulle puissance ne pourra nous ravir. Il faut avec une générosité vraiment chrétienne marquer par une prompte obéissance
le mépris qu'on fait des biens qui passent, et regarder la Croix
de Jésus-Christ, non comme l'instrument de notre supplice,
mais comme le char de notre triomphe et de notre gloire. C'est
elle qui nous doit conduire, comme notre précurseur et notre
modèle, jusque sur les Trônes éternels, d'où nous jugerons
avec lui les grands de la terre, au jour qui les privera de leur
puissance, lorsque le feu dévorera leurs richesses et fera dis-
paraître toute leur grandeur [2].

1. La protestation pacifique, par voies légales, comme aujourd'hui le pétitionne-
ment, vaut certainement mieux que cette « adresse », parente de la fraude.

2. Ainsi, avec Malebranche, le chrétien se lave les mains de tout ce qui touche
aux intérêts temporels de sa patrie : il n'a sur eux aucun pouvoir, il n'en a donc
à aucun degré la responsabilité. Nous croyons, nous, que la Morale sociale nous
fait tous participer à la souveraineté : mais en même temps que notre pouvoir
s'est étendu, nos devoirs et nos responsabilités se sont accrus. Aussi Malebranche
dirait-il aujourd'hui qu'au dernier jour chacun de nous « jugera » non pas seulement
les grands de la terre, mais soi-même, et devra un compte rigoureux de la manière dont il aura usé de sa liberté et de ses droits dans l'intérêt de la justice et
pour le bien de ses concitoyens.

CHAPITRE DIXIÈME.

I. Comme ceux qui gouvernent l'Etat n'ont point un rapport
continuel à tous les particuliers qui le composent, et qu'il se
trouve bien des gens qui dans toute leur vie ne reçoivent aucun ordre de leur souverain ni de ses ministres, ce que je viens
de dire dans le chapitre précédent, n'est pas d'un si grand
usage que l'explication des devoirs mutuels d'une femme et
d'un mari, des enfants et des parents, des maîtres et des valets,
d'un juge et de ceux de son ressort, de la société des personnes
qui se voient à tous moments, et qui ont entre eux mille différents rapports. Ainsi il faut s'instruire plus particulièrement
de ces devoirs domestiques. Je vais tâcher d'en établir les principes, afin que chacun en puisse tirer facilement les conséquences.

II. L'union la plus étroite que les personnes puissent avoir
ensemble, c'est celle de l'homme et de la femme : parce que
cette union est figure expresse de l'union de Jésus-Christ avec
son Eglise. Cette union est indissoluble, parce que Dieu étant
immuable dans ses desseins, le mariage de Jésus-Christ et de
son Eglise subsistera éternellement [1]. Cette union est naturelle,

1. Il ne faudrait pas croire qu'il n'y ait pas de raisons naturelles à alléguer en
faveur de l'indissolubilité de ce contrat, si éloigné de ressembler à tous les autres.

et les deux sexes par leur construction particulière, et en conséquence des lois admirables de l'union de l'âme du corps, ont l'un pour l'autre la plus violente des passions : parce que l'amour de Jésus-Christ pour son Eglise, et celui de l'Eglise pour son Seigneur, son Sauveur et son Époux, est le plus grand amour qui se puisse imaginer. Cela est clair par le cantique des cantiques. Car enfin l'homme et la femme sont réciproquement faits l'un pour l'autre [1]. Et si on peut concevoir que Dieu en les formant n'ait pas eu dessein de les unir ensemble, on comprendra aussi que l'incarnation du Verbe n'est pas nécessaire. On comprendra que le principal ou l'unique dessein de Dieu, qui est plus particulièrement figuré par le mariage de l'homme et de la femme que par toute autre chose, n'est pas l'établissement de son Eglise en Jésus-Christ qui en est la base et le fondement, en qui même l'univers subsiste, parce qu'il n'y a que lui qui tire tout l'ouvrage de Dieu de son état profane, et qui le rende par sa qualité de Fils, digne de la majesté du Père [2].

III. Ce principe fait assez comprendre que les devoirs mutuels de Jésus-Christ et de l'Eglise sont le modèle de ceux des femmes et des maris ; et que le mariage des chrétiens, à l'imitation de celui des premiers hommes, étant la figure de celui de Jésus-Christ et de l'Eglise, il ne doit point démentir par ses suites et ses circonstances la réalité qu'il représente. C'est pour cela que saint Paul tire de ce même principe les devoirs que les femmes et les maris doivent mutuellement se rendre. Voici ses paroles :

IV. *Que les femmes soient soumises à leurs maris comme au Seigneur : parce que le mari est le chef de la femme, comme Jésus-Christ est le chef de l'Eglise qui est son corps, de laquelle il est aussi le sauveur. Comme donc l'Eglise est soumise à Jésus-Christ, les femmes aussi doivent être soumises à leurs maris en toutes choses : Et vous maris, aimez vos femmes comme Jésus-Christ a aimé*

---

1. Indépendamment de toute figure et de tout symbolisme théologique, Malebranche croit aux causes finales et affirme (contrairement à Descartes) l'évidence de certaines causes finales dans la structure du corps humain. (Voyez la 11ᵉ des *Méditations chrétiennes.*)

2. On sait à laquelle de ses grandes théories Malebranche fait ici allusion : Malebranche professe que, sans l'Incarnation, le monde n'eût pas été digne de Dieu et n'eût pas mérité de subsister. Les théologiens n'ont pas été plus satisfaits que les philosophes, de cette conception qui rend le péché d'Adam nécessaire et enlève à la pure nature toute dignité comme tout mérite. (Voyez le *Traité de la nature et de la grâce.*)

3. *Ephes.* v. 22. (Note marginale de M.)

l'Eglise, et s'est livré lui-même à la mort pour elle, afin de la sanctifier après l'avoir purifiée dans le baptême de l'eau par la parole de vie ; afin de la faire paraître devant lui dans la gloire, n'ayant ni tache ni ride, ni d'autres semblables défauts, mais toute sainte et toute pure. Ainsi les maris doivent aimer leurs femmes comme leur propre corps. Celui qui aime sa femme, s'aime soi-même. Or jamais personne n'eut de haine de sa propre chair ; au contraire on la nourrit et on la conserve avec soin comme Jésus-Christ nourrit et conserve son Eglise, parce que nous sommes les membres de son corps : nous faisons partie de sa chair et de ses os. C'est pourquoi l'homme laissera son père et sa mère pour s'attacher à sa femme : et ils ne seront tous deux qu'une même chair. Ce sacrement est grand : et pour moi, je dis que c'est en Jésus-Christ et en l'Eglise. Que chacun de vous aime donc sa femme comme lui-même ; et que la femme craigne et respecte son mari.

V. De ces paroles admirables de saint Paul, on voit bien qu'un mari doit nourrir sa femme et lui donner abondamment toutes les choses nécessaires à sa conservation, qu'il doit l'assister et la conduire par ses sages conseils et la consoler dans ses peines et dans ses faiblesses ; qu'il doit en un mot l'aimer comme lui-même et, à l'exemple de Jésus-Christ, exposer sa vie pour la défendre. Et que la femme de son côté doit obéir à son mari comme à son Seigneur, le craindre et le respecter, ne penser à plaire qu'à lui, et ne conduire sa famille que par dépendance de son autorité et de ses desseins, pourvu que ses desseins se rapportent, ou du moins ne soient point contraires à ceux de Dieu.

VI. Or le dessein de Dieu dans l'établissement du mariage n'est pas seulement de fournir à l'Etat des membres qui le composent, qui le défendent, qui en soutiennent la gloire et la grandeur ; mais principalement de fournir à Jésus-Christ des matériaux du Temple éternel, des membres de l'Eglise, des adorateurs perpétuels de la Majesté Divine. Car les personnes mariées ne sont pas seulement les figures, mais encore les ministres naturels de Jésus-Christ et de l'Eglise. Dieu ne les a pas conjoints seulement pour figurer son grand dessein, mais encore pour y servir. Il est vrai que depuis le péché, ils n'engendrent que pour le démon, et par une action toute brutale ; et que sans Jésus-Christ notre médiateur, ce serait même un crime épouvantable que de communiquer à une femme cette misérable fécondité, d'engendrer un ennemi de Dieu, de damner une âme pour jamais, de travailler à la gloire de Satan, et à l'établissement de la Babylone infernale [1]. Mais Jésus-Christ est venu remédier aux désordres du péché; et il est permis par le sacrement, figure de son alliance éternelle, de donner, pour ainsi dire, des enfants au démon, afin que Jésus-Christ ait la gloire de les lui ravir, et de les faire entrer dans son édifice, après les avoir lavés dans son sang.

VII. Or le principal devoir des parents, c'est d'élever leurs enfants de manière qu'ils ne perdent point l'innocence et la sainteté de leur baptême. Les personnes mariées peuvent vivre en continence, comme Adam et Eve avant leur péché : Jésus-Christ ne manque point de matériaux pour construire son Temple. Combien encore de nations dans l'ignorance du mystère de notre réconciliation [2]! Mais que par leur ambition, leur avarice, leurs désordres, leur mauvais exemple, et même seulement par leur négligence à instruire leurs enfants, ils les privent de la possession des vrais biens, et les fassent retomber dans la servitude du démon, dans laquelle ils sont nés et dont ils avaient été affranchis, c'est un des plus grands crimes [3] que les hommes soient capables de commettre.

VIII. Qu'un père fasse de ses enfants l'honneur de la famille, les délices de la ville, le soutien de l'Etat : qu'il leur laisse en paix de grands biens et tout le lustre possible [4]! C'est un cruel, et d'autant plus cruel, qu'il charme leurs maux, de manière qu'ils ne les sentiront que lorsqu'il n'y aura plus de remède. C'est un impie, et d'autant plus impie, que de ce qu'il détruit du temple sacré du Dieu vivant, il en bâtit la profane Babylone; c'est un insensé, et d'autant plus, qu'il n'y eut jamais de plus insigne folie, de stupidité plus grossière, de désespoir plus brutal et plus enragé, que celui d'un père insensible à l'alternative inévitable de deux éternités bien différentes qui succéderont aux derniers moments, d'un père qui ne bâtit pour lui et pour sa famille que sur le penchant d'un précipice, sujet aux orages et aux tempêtes, et tout prêt à ensevelir pour toujours le triste sujet de sa gloire et de ses plaisirs.

1. Sans le rachat de l'humanité par Jésus-Christ, Malebranche jugerait le monde et la vie comme le jugeront plus tard les pessimistes : ces dernières paroles font penser à celles de Schopenhauer (*mutatis mutandis*).

2. Et qui n'ont point de motifs, par conséquent, d'espérer pour les enfants qu'ils mettent au monde la béatitude éternelle que cette réconciliation peut seule donner.

3. Var. C'est le plus grand crime. (1684 et 1697.)

4. Et qu'il se borne à cela, c'est évidemment ce que sous-entend Malebranche.

IX. Afin qu'un père ou une mère conserve dans ses enfants le droit inestimable qu'ils ont acquis par le baptême à l'héritage de Jésus-Christ, il faut qu'il veille sans cesse à ôter de devant leurs yeux les objets capables de les tenter. C'est leur ange tutélaire, il doit lever de terre toutes les pierres qui peuvent les faire tomber. C'est à lui à les instruire des mystères que la foi nous enseigne, et par elle les conduire peu à peu jusqu'à l'intelligence des vérités fondamentales de la religion, pour les affermir dans l'espérance des vrais biens et dans un généreux mépris des grandeurs humaines. Il doit aussi perfectionner leur esprit, leur apprendre à en faire usage. C'est par la raison qu'il doit les conduire, car il n'y a point de loi plus parfaite, que celle que Dieu même suit inviolablement. Mais il faut commencer par la Foi : parce que l'homme, et principalement les jeunes gens, sont trop sensibles, trop charnels et trop répandus au dehors, pour consulter la raison qui habite en eux. Il faut qu'elle paraisse au dehors revêtue d'un corps qui frappe leurs sens. Ils doivent se soumettre à une autorité visible, avant que de pouvoir contempler l'évidence des vérités intelligibles. Un père ne doit aussi jamais rien accorder à ses enfants de ce qu'ils désirent, mais toujours tout ce que la raison demande pour eux : car la raison doit être la loi commune, la règle générale de toutes nos volontés. Il faut accoutumer les enfants à la suivre, aussi bien qu'à la consulter. Il faut qu'ils rendent raison de leurs désirs bonne ou apparente; et on peut y condescendre, quoique peu raisonnables, pourvu qu'on juge qu'ils aient dessein de suivre la raison. Il ne faut pas les chicaner, de peur de les rebuter [1]. Mais c'est un précepte indispensable, on ne doit agir que par raison. L'esprit ne doit jamais rien vouloir par lui-même : car il n'est point à lui-même sa règle ou sa loi. Il ne possède point la puissance : il n'est point indépendant. Il ne doit vouloir que par dépendance de la loi immuable; parce qu'il ne peut penser, agir, jouir du bien que par dépendance de la puissance divine. C'est ce que les jeunes gens doivent savoir : mais c'est peut-être ce que les vieillards ne savent pas; c'est assurément ce que tous les hommes n'observent pas.

1. Ceci est très finement observé : dans leurs jeux, dans leurs démonstrations d'amitié, dans leurs questions, dans leurs tentatives d'explication, les enfants ont un raisonnement, une logique à eux qu'il ne faut pas décourager; c'est la préparation, c'est l'ébauche d'une raison qu'ils ne peuvent pas encore entendre et qu'il y aurait de l'imprudence ou ridicule à vouloir leur imposer prématurément.

X. Il faut prendre garde à ne point charger la mémoire des enfants de mille faits peu utiles, et qui ne sont propres qu'à troubler et qu'à agiter un esprit qui n'a encore que très peu de fermeté et d'étendue, et qui n'est déjà que trop troublé et trop ému par l'action des objets sensibles. Mais il faut tâcher de leur faire clairement comprendre les principes certains des sciences solides : il faut les accoutumer à contempler les idées claires; et surtout à distinguer l'âme du corps, et reconnaître les propriétés et les modifications différentes de ces deux substances dont ils sont composés. Bien loin de confirmer leurs préjugés, de prendre leurs sens pour juges de la vérité, de leur parler des objets sensibles, comme de la véritable cause de leurs plaisirs et de leurs douleurs, il faut leur dire sans cesse que leurs sens les séduisent, et s'en servir devant eux comme de faux témoins qui se coupent, pour découvrir leurs illusions et leurs tromperies.

XI. On meurt à dix ans, aussi bien qu'à cinquante ou à soixante. Que deviendra donc à la mort un enfant dont le cœur se trouvera déjà corrompu, tout plein de l'estime de sa qualité et de l'amour des biens sensibles. A quoi lui servira dans l'autre monde de savoir parfaitement la géographie de celui-ci, et dans l'éternité les époques des temps? Toutes nos connaissances périssent à la mort, et celles-ci ne conduisent à rien. Qu'il sache décliner et conjuguer, qu'il entende parfaitement, si on le veut, le grec et le latin : qu'il soit déjà savant dans l'histoire et dans les intérêts des princes : qu'il promette beaucoup pour le monde, pour lequel il n'est pas fait. A quoi bon toutes ces vanités, dont on remplit son esprit et son cœur [1]? Y a-t-il dans le ciel des récompenses solides pour de vaines études, des places d'honneur destinées à ceux qui composent un thème sans faute? Dieu jugera-t-il les enfants sur une autre loi que sur l'ordre immuable, que sur les préceptes de l'Evangile, qu'ils n'auront ni suivis ni connus? Les pères doivent-ils élever leurs enfants pour l'Etat, et non pour le ciel; pour le prince, et non pour Jésus-Christ; pour une société de quelques jours, et non pour une société éternelle? Mais qu'on y prenne garde, ce sont les mieux instruits dans ces vaines sciences qui corrompent même le plus l'Etat, et qui y excitent de plus furieuses tempê-

---

1. La réponse n'est pas difficile : à discipliner son esprit, à lui donner des idées élevées, fortes, à orner et à polir la société dans laquelle il est obligé de vivre, etc.

tes [1]. On peut apprendre ces sciences : mais c'est lorsque l'esprit est formé, et qu'on est en état d'en faire un bon usage; et on ne doit pas remettre à s'intruire des vérités essentielles dans un temps où on ne sera plus, ou du moins où l'on ne sera plus capable de les goûter, de les méditer et de s'en nourrir.

XII. Comme il n'y a que le travail de l'attention qui conduise à l'intelligence de la vérité, un père doit se servir de mille moyens [2] pour accoutumer ses enfants à se rendre attentifs. Ainsi, je crois qu'il est à propos de leur apprendre ce qu'il y a de plus sensible dans les mathématiques : non que ces sciences, quoique préférables à beaucoup d'autres, soient fort estimables en elles-mêmes, mais parce que l'étude de ces sciences est telle, qu'on n'y profite qu'autant qu'on s'y rend attentif. Car, lorsqu'on lit un livre de géométrie, si l'esprit par son attention ne travaille point, on n'attrape rien. Or, il faut s'accoutumer dès sa jeunesse au travail de l'esprit, car c'est pour lors que les parties du cerveau sont capables de toutes sortes d'inflexions. On peut alors acquérir facilement quelque habitude de se rendre attentif. J'ai fait voir [3] que c'est dans cette habitude que consiste toute la force de l'esprit. Ainsi, ceux qui se sont accoutumés dès leur jeunesse à méditer des principes clairs, et à rapporter les effets à leurs causes, sont capables non seulement de toutes les sciences, mais encore de juger solidement de toutes choses, de suivre des principes abstraits [4], de faire des découvertes ingénieuses, de prévoir les conséquences et les événements des entreprises.

XII. Mais les sciences de mémoire confondent l'esprit, troublent les idées claires, et fournissent sur toutes sortes de sujets mille vraisemblances, dont on se paye, pour ne savoir pas distinguer, entrevoir et voir. Et c'est parce qu'on s'arrête à des vraisemblances, qu'on dispute et qu'on querelle sans cesse [5]. Car, comme il n'y a que la vérité qui soit une, indivisible, immuable, il n'y a qu'elle qui puisse unir les esprits étroitement

---

1. Var. Le plus de tempêtes. (1684.)

2. Et principalement de ceux que Malebranche traitait si dédaigneusement tout à l'heure.

3. Au chapitre v, dit une note marginale de l'édition de 1684.

4. Il n'importe pas seulement de « suivre des principes abstraits », mais de s'accoutumer à saisir dans sa complexité et son harmonie le concret des choses humaines.

5. C'est pour cela que la rhétorique a été définie la dialectique des vraisemblances.

et pour toujours. Les sciences de mémoire inspirent aussi naturellement de l'orgueil; car l'âme se grossit et s'étend, pour ainsi dire, par la multitude des faits dont on a la tête pleine [1]. Et quoique l'esprit ne soit alors rempli que de vide ou de choses assez inutiles, de la situation des corps, de la suite des temps, des actions et des opinions des hommes, il s'imagine avoir autant d'étendue, de durée, de réalité que les objets de la science. Il se répand dans toutes les parties du monde; il remonte jusqu'aux siècles passés; et au lieu de penser à ce qu'il est lui-même dans le temps présent, et à ce qu'il sera dans l'éternité, il s'oublie et son propre pays, pour se perdre dans un monde imaginaire, dans des histoires composées de réalités qui ne sont plus, et de chimères qui ne furent jamais.

XIV. Ce n'est pas qu'il faille mépriser l'histoire par exemple, et n'étudier jamais que des sciences solides, qui par elles-mêmes perfectionnent l'esprit et règlent le cœur. Mais c'est qu'il faut étudier les sciences dans leur rang. On peut étudier l'histoire lorsqu'on se connaît soi-même, sa religion, ses devoirs; lorsqu'on a l'esprit formé, et que par là on est en état de discerner, du moins en partie, la vérité de l'histoire des imaginations de l'historien. Il faut étudier les langues : mais c'est lorsqu'on est assez philosophe, pour savoir ce que c'est qu'une langue, lorsqu'on sait bien celle de son pays, lorsque le désir de savoir les sentiments des anciens nous inspire celui de savoir leur langage; parce qu'alors on apprend en un an ce qu'on ne peut sans ce désir apprendre en dix. Il faut être homme, chrétien, Français, avant que d'être grammairien, poëte, historien, étranger. Il ne faut pas même être géomètre pour se remplir la tête des propriétés des lignes, mais pour donner à son esprit la force, l'étendue, la perfection dont il est capable. En un mot, il faut commencer ses études par les sciences les plus nécessaires, ou par celles qui peuvent le plus contribuer à la perfection de l'esprit et du cœur. Celui qui sait seulement distinguer l'âme du corps, et qui ne confond nullement ses pensées et ses désirs avec les divers mouvements de sa machine, est par la connaissance de cette seule vérité, plus solidement savant, et plus en état de le devenir, que celui qui sait les histoires, les coutumes, les langues de tous les peuples, mais d'ailleurs si

----

1. Ceci rappelle l'aphorisme de Montaigne, qu'il vaut mieux avoir la tête bien faite que bien pleine.

profondément enseveli, s'il est permis de parler ainsi, dans l'ignorance de son être propre, qu'il se prend pour la plus subtile partie de son corps et s'imagine que l'immortalité de l'âme est une question qu'il n'est pas possible de résoudre.

XV. Je vois bien que je ne dis que des paradoxes, et qu'il faudrait de grands discours pour persuader les autres hommes de mes sentiments. Mais qu'on ouvre du moins les yeux. Quoi, voit-on que ceux qui savent bien Virgile et Horace, soient plus sages que ceux qui entendent médiocrement saint Paul? C'est l'expérience qui doit convaincre ceux qui ne veulent pas consulter la Raison : quelle est donc l'expérience qui prouve que la lecture de Cicéron est plus utile que celle des paroles toutes divines de la sagesse éternelle? On fait lire Cicéron pour le latin, dira-t-on. Mais que ne fait-on lire l'Évangile pour la Religion et pour la Morale? Pauvres enfants! on vous élève comme des citoyens de l'ancienne Rome; vous en aurez le langage et les mœurs. On ne pense point à faire de vous des hommes raisonnables, de vrais Chrétiens, des habitants de la sainte cité. Je me trompe. On y pense : on y travaille. Mais du moins c'est la coutume de n'y point travailler assez. Saint Augustin s'en est plaint [1] inutilement, et c'est en vain que je m'en tourmente. On verra toujours les jeunes gens à la sortie du collège, lorsqu'ils devraient être savants, car ensuite presque tous n'étudient plus, on les verra, dis-je, ignorants dans la connaissance de l'homme, de la Religion et de la Morale. Car enfin connaît-on l'homme, lorsqu'on ne sait pas seulement distinguer l'âme du corps? A-t-on les premiers éléments de la Religion et de la Morale, lorsqu'on n'est pas pleinement convaincu du péché originel et de la nécessité d'un médiateur? Les enfants sont remplis des préceptes de grammairiens. Ils savent par cœur le fameux Despaustère et les termes mystérieux et inintelligibles d'Aristote [2] le discoureur. Cela suffit : ils peuvent parler pour et contre sur toutes sortes de sujets. L'estimable qualité de pou-

---

1. *Confessions*, liv. I. (Note marginale de l'édition de 1684.) Malebranche, qui condamne si sévèrement et si étroitement les lettres profanes eût pu, dit M. l'abbé Blampignon, lire dans son *Saint Augustin* cette phrase remarquable entre plusieurs du même genre : *Dies pæne totus tum in rebus rusticis ordinandis tum in recensione primi libri Virgilii peractus fuit.* (Acad.)

2. On sait que Malebranche fait remonter jusqu'à Aristote (qu'il ne connaissait guère), la responsabilité des méthodes et des théories de la Scolastique; et que cette dernière il ne la connaissait elle-même que dans sa décadence. C'est ce qui explique la sévérité de ces jugements.

voir également soutenir l'erreur et la vérité, sans les discerner ni l'une ni l'autre! Mais quoi, il n'est pas juste que les enfants en sachent plus que leurs parents ; et il n'est pas à propos qu'ils soient plus savants que quelques-uns de leurs maîtres.

XVI. Mais laissons aux précepteurs à consulter l'ordre de leurs devoirs, et à les remplir. Car je veux que les parents ne soient point obligés à instruire leurs enfants, puisque souvent ils n'en sont pas capables, et qu'ils ont d'autres affaires, qu'on ne leur persuadera jamais être de moindre conséquence que cette éducation. Mais que du moins ils tâchent de faire un bon choix. Qu'ils ne s'imaginent pas qu'un jeune homme, qui ne sait que du grec et du latin, et qui ne se connaît pas soi-même, bien loin de pouvoir se conduire, soit en état d'instruire l'esprit et de régler le cœur d'un enfant : et lorsqu'ils ont heureusement rencontré, qu'ils ne détruisent point par leurs exemples et par leurs manières ce qu'un précepteur a édifié par son assiduité et par son travail. Les enfants, à cause de leur faiblesse et de leur dépendance, sont extrêmement sensibles au langage de l'imagination et des sens, à l'air et aux manières, et principalement de leurs parents. C'est un langage naturel qui persuade sans qu'on y pense, qui pénètre l'âme, et qui répand agréablement dans l'esprit la conviction et la certitude, du moins lorsqu'il part de ceux avec qui nous avons des liaisons fort étroites [1].

XVII. Un précepteur apprend à ses disciples à juger des choses par des principes de Religion et de Raison, à faire taire les sens, l'imagination et les passions, et mépriser les objets sensibles, les grandeurs humaines, les plaisirs qui passent. Et un père indiscret parle devant ses enfants de ces faux biens, avec un air, un ton, des manières capables d'ébranler un esprit ferme, et de mettre en mouvement ceux mêmes qui sont le moins portés à l'imitation. Peut-être leur parlera-t-il aussi des vrais biens : mais son discours sera si froid et si languissant, qu'il n'en inspirera que du dégoût et du mépris. Il leur dira cent fois le jour et avec force : Tenez-vous droit, ne balancez point votre corps, ne badinez point. Il leur applaudira s'ils ont quelque grâce à déclamer des vers passionnés. Il marquera sensiblement sa joie par l'air de son visage, s'il reconnaît en

---

1. Var. Le dernier membre de phrase : du moins lorsqu'il part.... n'était pas dans l'édition de 1684.

eux quelque qualité que le monde estime : et il ne fera que rire et se divertir de leurs défauts essentiels, qui découvrent à ceux qui connaissent l'homme une corruption épouvantable. Et, si le précepteur plus chrétien et plus sensé veut éteindre en eux l'orgueil et l'amour-propre, l'approbation du père [1] ou d'une mère attendrie leur inspirera pour lui un mépris et une aversion, qui le mettra hors d'état de pouvoir jamais leur être utile. *Maxima debetur puero reverentia*, dit un auteur judicieux. L'exemple et les manières persuadent invinciblement les jeunes gens, lorsque cela s'accommode à la corruption de leur nature : et celui qui sans rien dire fait le mal devant eux avec un air joyeux et content, leur parle plus fortement que celui qui discourt froidement de la vertu, en les exhortant à la suivre. Rien n'est plus digne de réflexion que cette pensée, par rapport à l'instruction et l'éducation de la jeunesse.

XVIII. Il y a des pères qui traitent souvent leurs enfants avec empire : ils ne leur rendent jamais justice : ils les outragent sans sujet ; au lieu de les soumettre à la Raison après les en avoir éclairés, ils s'imaginent que la loi inviolable d'un enfant, c'est la volonté d'un père. Mais le père mort, quelle sera la loi du fils ? Ce sera sans doute sa volonté propre ; car on ne lui aura point appris qu'il y a une loi immortelle, l'Ordre immuable : on ne l'aura point accoutumé à y obéir. Le fils n'attendra pas même le décès du père, sa vieillesse, son impuissance à le tenir dans la servitude, pour se faire à lui-même sa loi. Il la trouvera naturellement dans ses plaisirs : car cette loi injuste et brutale vaut peut-être encore mieux que les volontés d'un père déraisonnable : du moins est-elle plus agréable et plus commode. Un jeune homme en demeurera convaincu, dès qu'il en aura goûté la douceur. Et alors, que le père soit mort ou vivant, le jeune homme trouvera bien moyen d'obéir à cette loi et de se soumettre à ses charmes. Il regardera son père comme son ennemi et son tyran, s'il a encore assez de vigueur et de fermeté pour le troubler dans ses plaisirs et l'inquiéter dans ses débauches : et convaincu par l'exemple et la conduite du père, qu'il faut que tout obéisse à nos désirs, il fera servir toutes ses puissances et toutes les personnes à qui il aura droit de commander à les satisfaire. Car encore un coup il se sentira actuellement heureux en s'abandonnant aux plaisirs, et il

1. Var. D'un père décisif. (1684.)

n'aura point assez d'éducation et d'expérience pour en appréhender les suites funestes. Il faut donc conduire les enfants par Raison, autant qu'ils en sont capables. Ils ont tous les mêmes inclinations que les hommes faits, quoique les objets de leurs désirs soient différents; et ils ne seront jamais solidement vertueux, s'ils ne sont accoutumés à obéir à une loi qui ne meurt point, si leur esprit, formé sur la Raison universelle, n'est réformé sur cette même Raison rendue sensible par la foi.

XIX. Qu'un père ne s'imagine pas que sa qualité de père lui donne sur son fils une souveraineté absolue et indépendante. Il n'est père que par l'efficace de la puissance de Dieu, il ne doit lui commander que selon sa loi. Il n'est père qu'en conséquence d'une action brutale, dans laquelle il ne sait ce qu'il fait : car ce n'est même que l'expérience qui lui apprend qu'en satisfaisant à sa passion, il conserve son espèce. Quel droit peut donner sur l'esprit et le cœur d'un autre homme, une action semblable à celle des bêtes, une action de laquelle on doit rougir et dont j'ai honte de parler. Encore une mère porte-t-elle son fruit avec bien des incommodités, et le donne-t-elle au monde avec d'extrêmes douleurs. Mais ce n'est point elle qui le forme et qui le fait croître : c'est encore moins elle qui donne l'être à l'esprit qui l'anime. Aussi, n'a-t-elle point de droit de commander à son fils que par dépendance de la Raison universelle, comme elle n'a eu aucun pouvoir de l'engendrer que par l'efficace de la puissance de Dieu.

XX. Néanmoins qu'un fils tremble lorsque ses parents sont en colère contre lui : parce que Dieu, qui lui donne et qui lui conserve l'être, Dieu qui peut le précipiter dans les enfers, Dieu qui a sur lui toutes sortes de droits lui ordonne par sa loi de leur obéir, et par ce commandement leur donne droit de lui commander. Mais que les parents n'usent point de ce droit contre la volonté de celui dont ils le reçoivent : qu'ils ne se l'attribuent pas, comme une récompense d'une action criminelle, ou du moins indécente et brutale. Qu'ils le fassent servir au grand dessein de Dieu, le Temple éternel, la fin et le chef-d'œuvre de tous ses ouvrages : et qu'ils travaillent par ce droit, non pour le temps mais pour l'éternité, pour conserver dans les membres de Jésus-Christ l'esprit de sainteté que leurs enfants ont reçu dans le baptême. Que les enfants de leur côté obéissent à leurs parents comme à Dieu même, dont ils tiennent la place : qu'ils soient devant eux dans le respect, comme étant en la présence du Tout-Puissant; qu'ils ne pensent qu'à leur plaire, et entrent dans leurs desseins autant que l'Ordre le permet. Peut-être ne vivront-ils pas pour cela longtemps sur la terre, car c'est là la récompense des Juifs. Mais ils vivront heureux éternellement dans le Ciel, avec le Fils bien-aimé du Dieu vivant, qui a été obéissant à son Père jusqu'à la mort, et à la mort infâme et cruelle de la croix.

CHAPITRE ONZIÈME.

Origine de la diversité des conditions. La Raison seule devrait gouverner [1]. Mais la force est nécessaire à cause du péché [2]. Son usage légitime c'est de ranger les hommes à la Raison, loi primitive [3]. Devoirs des supérieurs et des inférieurs.

I. C'est une vérité certaine que la différence des conditions est une suite nécessaire du péché originel, et que souvent la qualité, les richesses, l'élévation tirent leur origine de l'injustice, et de l'ambition de ceux à qui nos aïeuls doivent leur naissance. Comme l'injustice de nos ancêtres est ensevelie dans l'oubli, et que le lustre que leurs richesses et leurs dignités ont laissé dans leur famille subsiste encore ; l'éclat de la qualité, qui brille aux sens et qui frappe l'imagination, nous éblouit ; et l'injustice, qui en est peut-être le principe, ne se faisant plus sentir, nous n'y pensons point.

II. Le commun des hommes, jugeant des choses par l'impression qu'elles font sur leurs sens, regarde comme des demi-dieux ceux qui se font traîner avec un équipage magnifique ; et au lieu de fermer la vue en présence d'un appartement superbe, pour juger solidement du mérite personnel de celui qui l'habite, ils ouvrent insensiblement les yeux à la beauté qui les sollicite et qui les enchante, et unissent à la personne même tout l'or et le marbre dont la maison est embellie. Mais un philosophe chrétien regarde sans s'ébranler la magnificence

1. Var. Régner. (1684.)
2. Var. Les mots : à cause du péché, n'étaient pas dans l'édition de 1684.
3. Var. Sur la loi primitive. (1684.)

qui étonne et qui prosterne les imaginations faibles : et persuadé qu'il est que ce qui nous appartient n'est pas nous, et que la grandeur de l'âme ne peut subsister avec l'injustice et l'abus de la puissance, il ne trouve rien de plus difforme qu'une âme basse et méprisable logée dans un bâtiment élevé et que tout le monde admire. Et soit qu'il se trouve[1] obligé lui-même par sa qualité et par la coutume à se rendre tout éclatant aux yeux des autres, soit qu'il considère les vrais ornements dont les riches tâchent de couvrir leur misérable mortalité, il sent toujours sa faiblesse et celle des autres : il se resserre et s'anéantit en lui-même, et ne mesure les grands que sur le mérite qu'il remarque en eux.

III. Mais, outre qu'il y a très peu de ces philosophes, quelque philosophe qu'on soit, on se laisse toujours surprendre à l'impression sensible et aux mouvements imprévus de l'imagination qui se révolte; et la vanité dont l'homme est tout rempli favorise de telle manière les jugements naturels qui se forment en nous, sans nous, touchant les grandeurs humaines, qu'on a toujours jugé et qu'on jugera éternellement de l'estime qu'on doit avoir pour les personnes, par le train, par la magnificence, la splendeur qui les environne. Or ce sont ces jugements, que chacun prononce en faveur des personnes de qualité, ou qui en ont l'apparence, que chacun, dis-je, prononce beaucoup plus vivement et décisivement par son air soumis et ses manières respectueuses, que par ses paroles, qui inspirent l'orgueil aux hommes, et les entête de leur grandeur. C'est cela qui les accoutume à mépriser la vertu et la Raison dans ceux qui sont au-dessous d'eux, et à estimer sans discernement tout ce qui reçoit du relief et de l'éclat par la qualité des personnes. C'est cela qui fait qu'un seigneur brutal regarde ses vassaux comme des hommes d'une espèce méprisable, et que des serviteurs écoutent leur maître comme la vertu et la Raison incarnée. C'est cela enfin qui fait que les supérieurs ne rendent point à ceux qui leur sont soumis les devoirs qui sont dus à leur nature, et que les inférieurs se font un mérite d'aller contre la loi divine pour exécuter les commandements qu'on leur fait.

IV. La nature humaine étant égale dans tous les hommes et faite pour la Raison, il n'y a que le mérite qui devrait nous

1. Var. Qu'il se croie. (1684.)

distinguer et la Raison nous conduire. Mais le péché ayant laissé la concupiscence dans ceux qui l'ont commis et dans leurs descendants, les hommes, quoique naturellement tous égaux, ont cessé de former entre eux une société d'égalité sous une même loi, la Raison. La force, ou la loi des brutes, celle qui a déféré au lion l'empire des animaux, est devenue la maîtresse parmi les hommes ; et l'ambition des uns et la nécessité des autres a obligé tous les peuples à abandonner pour ainsi dire Dieu, leur Roi naturel et légitime, et la Raison universelle, leur loi inviolable, pour choisir des protecteurs visibles, qui pussent par la force les défendre contre une force ennemie. C'est donc le péché qui a introduit dans le monde la différence des qualités ou des conditions [1] : car le péché ou la concupiscence supposée, c'est une nécessité qu'il y ait de ces différences [2]. La Raison même le veut ainsi, parce que la force est une loi qui doit ranger ceux qui ne suivent plus la Raison [3]. Enfin Dieu même a approuvé ces différences comme il est évident par les saintes Écritures.

V. Mais la nécessité des remèdes marque la grandeur des maux. On doit les négliger, lorsqu'on n'en a nul besoin : et l'estime et l'usage qu'on doit faire de la force, n'est fondé que sur la misérable nécessité où nous sommes réduits par le mépris que nous avons tous pour la Raison. Ainsi il ne faut pas que ceux qui ont droit de commander et de juger des différends, tirent vanité de ce droit. Qu'ils appréhendent plutôt de profaner la puissance en la faisant servir à leurs passions. Rien n'est plus sacré, rien n'est plus divin. Le Tout-Puissant, le Seigneur naturel et légitime les traitera comme eux, puissances subalternes, auront traité leurs sujets. Ils sont amovibles *ad nutum* [4]; qu'ils y pensent sans cesse. Dieu peut les dépouiller de leur dignité, s'ils ne travaillent point à faire régner la Raison. Et tôt

---

1. Aug., *De civ. Dei*, l. XIX, c. xv. (Note marginale de M.)

2. Les différences de conditions, soit! Mais les différences de *fonctions*, qui constituent l'association et dans l'association même le gouvernement, ce n'est pas là une chose qui soit si misérable et puisse paraître une punition du péché.

3. « Et ainsi ne pouvant faire que ce qui est juste fût fort, on a fait que ce qui est fort fût juste. » (Pascal, *Pensées*, art. VI, parag. 8 de l'édition Havet.)

4. Par qui? Par Dieu seul, par son Église, par le chef de cette Église? Malebranche n'ose pas ou ne veut pas se poser ces questions. Mais remarquez bien qu'il ne s'agit pas ici de la mort naturelle ; c'est dans la phrase suivante qu'elle apparaîtra, comme venant *tôt* ou *tard*, et comme étant, elle du moins, absolument inévitable.

ou tard, la mort, cette cruelle ennemie de leur puissance, de
leurs plaisirs, les rendra semblables aux autres hommes. Elle
les présentera devant la loi vivante, qui pénètre les cœurs et
qui en éclaire tous les replis; et ils trouveront écrites dans l'ordre
immuable et nécessaire, en caractères éternels et ineffaçables, la
récompense ou la peine de leurs actions bonnes ou mauvaises.
Horrende et cito, dit le Sage, *apparebit vobis : quoniam judicium
durissimum his qui præsunt, fiet. Exiguo enim conceditur mise-
ricordia... potentes autem potenter tormenta patientur. Fortioribus
fortior instat cruciatio*[1]. Les puissances seront puissamment tour-
mentées : les plus forts auront à souffrir de plus dures peines.
Que les supérieurs se regardent donc comme les vicaires, pour
ainsi dire de la Raison, loi primitive et indispensable, et n'u-
sent de leur autorité que contre ceux qui refusent d'obéir à
cette loi. Qu'ils ne se servent de la force, loi des brutes, que
contre des brutes, que contre ceux qui ne connaissent point de
Raison et qui ne veulent point s'y soumettre : et qu'ils écoutent
favorablement, paisiblement, charitablement leurs inférieurs[2].
Car s'ils confondent leurs propres désirs avec l'Ordre, et les
inspirations secrètes de leurs passions avec les réponses de la
vérité intérieure, encore un coup cette même vérité qu'ils méprisent sera la loi sur laquelle ils seront jugés, et par laquelle
ils seront jugés, et par laquelle certainement ils seront con-
damnés, par l'efficace de laquelle ils seront éternellement tour-
mentés.

VI. *Rectorem te posuerunt*, dit l'Ecriture, *noli extolli : esto in
illis, quasi unus ex ipsis*. On vous a choisi pour traiter les autres : ne vous en glorifiez point. Vivez avec eux, un d'entre eux.
Curam illorum habe, et sic conside, continue le texte sacré; *et
omni cura tua explicita recumbe : ut læteris propter illos*[3]. Pour-
voyez à tout et ensuite prenez votre place, et réjouissez-vous
avec eux pour les réjouir eux-mêmes. Une famille, une com-
munauté, une société dont le chef ne s'applique qu'à y conserver la paix et subvenir à ses besoins, est dans un festin conti-

---

1. *Sapient.* vi, 6, 7. (Note marginale de M.)

2. Il semble bien qu'il y ait là encore quelque chose de personnel. Malebranche
ne devait pas plus aimer que Fénelon que le pouvoir séculier intervînt dans les
discussions théologiques. Il est vrai qu'il en sentait particulièrement la « brutalité », quand il craignait de l'avoir contre lui ou quand il le voyait se déchaîner
sur des doctrines peu éloignées des siennes (comme celles de Port-Royal). C'est là
un tribut payé à la nature.

3. *Eccles.* xxxii, 1, 2, 3. (Note marginale de M.)

nuel. Le supérieur ne doit prendre sa place d'honneur qu'après avoir rempli ses devoirs, et ne se mettre à la tête des autres que pour les assurer et pour les défendre, que pour les réunir entre eux et les réjouir par sa présence. Les supérieurs et principalement les souverains sont appelés dans l'Écriture et dans les anciens auteurs, les *pasteurs des peuples* : et le Roi du festin qui trouble la fête et interrompt la musique[1], représente un chef qui rompt la corde et le concert agréable de tous les membres du corps qu'il doit gouverner, qu'il doit entretenir dans une parfaite union et dans une mutuelle correspondance. La fin du gouvernement, quel qu'il puisse être, c'est la paix et la charité : et les moyens de l'entretenir, c'est de faire partout régner la Raison, parce qu'il n'y a que la Raison qui puisse réunir les esprits et les mettre d'accord et les faire agir de concert. Car enfin la Raison est une loi naturelle et générale, que peu de gens suivent en tout, mais que personne n'ose mépriser ouvertement, et que tous les hommes font gloire de suivre, dans le temps même qu'ils s'en éloignent.

VII. Ainsi le juge d'une ville, le père, supérieur naturel de la famille, le maître qui a sous lui des écoliers ou des apprentis, tout supérieur doit inspirer à ses inférieurs un esprit de raison, de justice, et de charité. Il doit suivre la Raison, comme sa loi inviolable et la leur. Il ne doit point s'attribuer d'autres droits que les moyens propres pour la faire respecter et pour obliger à s'y soumettre. Mais il ne doit point douter que tous ces moyens ne soient véritablement ses droits naturels, à proportion néanmoins de l'ordre qu'il a reçu de la puissance supérieure. Car la puissance qui donne quelque commission, donne en même temps droit à tous les moyens légitimes de l'exécuter qu'à cette même puissance, si elle-même, ou la coutume, et surtout la Raison ne prescrit rien de particulier sur ces moyens. Car le juge d'une ville ne peut punir les coupables que selon les lois, quoiqu'il puisse empêcher le mal par mille moyens que son autorité lui donne, et sur lesquels les lois ne prescrivent rien. Un père peut fouetter ses enfants, et même en rigueur les corriger avec le bâton : mais il ne peut les faire mourir, ni les estropier, et par là les rendre inutiles à l'état, dont il dépend lui-même et à qui ils appartiennent. Un maître peut fouetter un enfant, mais il ne peut l'outrager, sans offenser le père, qui

1. *Non impedias musicam*, ibid. (Note marginale de l'édition de 1684.)

ne lui a pas donné ce droit, non plus que la coutume ni l'état.
Mais, excepté ce que la coutume, la Raison, la puissance supérieure prescrivent, les maîtres peuvent regarder comme leurs
droits naturels tous les moyens propres à ranger, non à leur
volonté, mais à la Raison, tous ceux qui leur sont soumis : à
la Raison, dis-je et non à leur volonté ; car encore un coup, ni
les juges, ni les princes, ni le père, ni Dieu même, si cela était
possible, si le Verbe ne lui était point consubstantiel, s'il pouvait s'empêcher de l'engendrer et de l'aimer, ni Dieu-même,
dis-je, n'a pas ce droit de se servir de sa puissance pour soumettre les hommes, faits pour la Raison, à une volonté qui n'y
serait pas conforme.

VIII. Néanmoins un serviteur, un écolier, un sujet ne doit
point critiquer les volontés des supérieurs. Il doit leur faire
cet honneur de croire qu'ils sont raisonnables aussi bien que
lui, et beaucoup plus que lui : et lorsque l'évidence [1] ou le
commandement exprès de la loi de Dieu ne lui prescrit rien de
contraire, il est obligé d'obéir incessamment et sans murmure.
Souvent même il n'a pas droit de représenter ses raisons, pour
s'éclaircir de ses doutes. Car il ne le peut, que lorsque cette
espèce de liberté n'a nul air de mépris, et ne peut irriter la personne, en qui il doit craindre et respecter la puissance de Dieu
même. Mais il faut que les supérieurs de leur côté aient beaucoup d'égards à la délicatesse des autres hommes. Qu'ils ne s'i-
maginent pas d'être infaillibles, et que par leurs manières d'a-
gir hautes et fières, ils ne portent point ceux qui leur sont
soumis à les craindre, au lieu de craindre Dieu en leur personne. Le Dieu invisible ne fait pas tant de peur aux imaginations faibles, que l'air sensible et menaçant d'un père ou d'un
maître en colère : et souvent un supérieur animé et troublé
par quelque passion, fait commettre à ses inférieurs de plus
grands crimes qu'il n'en commet lui-même ; parce qu'une passion imprévue l'ayant aveuglé, sa faute est moins volontaire ;
mais le crime de ceux qui lui obéissent contre la Raison est
énorme, à cause qu'ils offensent Dieu librement, de peur de l'arrêter lui, et de lui déplaire [2].

1. Pour Malebranche, les théories des causes occasionnelles, de l'optimisme, des
rapports de la nature et de la grâce, tels qu'il les conçoit, sont « évidentes » ; c'est
ce qui fait qu'il n'obéit pas « incessamment et sans murmure » aux censures dont
elles sont l'objet.

2. On sait de quels scrupules Malebranche fut tourmenté pour avoir signé le

IX. Ce n'est pas qu'un maître ne doive jamais agir avec empire et se rendre redoutable. La Raison veut qu'il se mette quelquefois en colère, afin que cette passion répandant machinalement sur le visage quelque chose de terrible, son air imprime la crainte dans le cœur des méchants et les dispose à l'obéissance ; et même si cela ne suffit pas, il faut y joindre des menaces, et en venir enfin au châtiment, et à une espèce d'excès et d'outrage. Il faut absolument que la puissance soumette les hommes à la Raison et les force d'y obéir, lorsque la Raison elle-même, quoique connue, n'a pas pour eux assez de charmes pour les attirer à la suivre. Les hommes regardent la Raison comme impuissante et sans action, comme incapable de récompenser ceux qui s'attachent à sa suite et de punir ceux qui suivent le parti contraire. Il faut délivrer les hommes de cette erreur, qui est confirmée par tous les préjugés des sens, et leur faire vivement sentir par sa conduite à leur égard, qu'il n'y a point deux divinités différentes, la Raison et la puissance ; que le Tout-Puissant est essentiellement Raison, et que la Raison universelle est toute-puissante. Il faut qu'entre les hommes, ceux qui sont puissants et raisonnables [1] par le rapport particulier [2] qu'ils ont à la puissance et à la Raison divine, obligent par la force les esprits déraisonnables à redouter la Raison qu'ils n'aiment point ; de même qu'ils doivent par la Raison porter ceux qui l'aiment à s'unir à la puissance et se réjouir en elle, dans l'attente de leur bonheur, qui leur sera donné selon les ordres que prescrit la même Raison. Il faut donc menacer, punir, rendre malheureux ceux qui méprisent la Raison. Car, comme il est encore moins incommode de lui obéir sans plaisir, que de lui désobéir avec douleur ; peut-être que la crainte du châtiment, faisant comprendre aux méchants la

formulaire contre Jansénius, sans avoir acquis personnellement la preuve que les cinq propositions attaquées étaient vraiment dans Jansénius : « Je proteste donc, écrivit-il plus tard, que je n'ai souscrit au formulaire, simplement et sans restriction, principalement la dernière fois, qu'avec une extrême répugnance, *par une obéissance aveugle à mes supérieurs, par imitation et par d'autres considérations humaines qui ont vaincu mes répugnances...* » Voyez l'ensemble de cette rétractation dans M. Bouillier, *Hist. de la Philos. cartés.* 2e vol. ch. ii. Elle est signée de septembre 1873. Elle est donc antérieure au Traité de Morale, et il est visible que Malebranche s'en est souvenu en écrivant ces lignes.

1. Mais ceux qui sont puissants sont-ils toujours aussi raisonnables que puissants ?

2. Il faudrait que ce rapport fût « adéquat. »

grandeur des misères dont ils se délivreraient s'ils devenaient raisonnables, ils se trouveront plus disposés à suivre les mouvements de la grâce, sans laquelle on ne peut rendre à la loi éternelle toute l'obéissance qui lui est due.

X. Les passions ne sont point mauvaises en elles-mêmes. Rien n'est mieux entendu, rien n'est plus utile pour entretenir la société, pourvu que la Raison les excite et les conduise. Car comme les hommes sont sensibles, il faut les instruire par leurs sens, et les mener où ils doivent aller, par quelque chose qui les frappe et les mette en mouvement. Ces maîtres sages ou froids, sans vivacité et sans passion, n'avancent pas beaucoup ceux qu'ils conduisent. Car les enfants ou les serviteurs, dont l'esprit n'est point fait à la raison, marchent lentement vers la vertu, si on ne les sollicite, si on ne les pique sans cesse. Mais il ne faut jamais les frapper sans les éclairer, sans qu'ils sachent ce qu'on leur demande, et qu'ils le puissent même exécuter avec plus de facilité, que de supporter les maux dont on les afflige. Comme on ne peut se déterminer sans motif, il faut les mettre en état de pouvoir choisir avec joie, et faire volontiers ce qui ne vaut rien, s'il n'est volontaire. Il faut que leur esprit s'instruise aussi bien que leur machine, et que la crainte des maux ne serve qu'à les porter vers le bien, les approcher de la lumière, les faire contempler la beauté de l'Ordre et la leur faire aimer. C'est cette espèce d'affection qu'on fait souffrir aux hommes, en présence et à l'honneur de la Raison qu'ils ont méprisée, qui ouvre l'esprit et donne de l'intelligence : et non des châtiments de brutaux, qui ne sont propres qu'à former des brutes, qu'à dresser des chevaux et des chiens, et qu'à apprendre aux hommes à faire de leur volonté la règle inviolable de leur conduite [2].

1. S'il ne s'agissait que des criminels et de ceux qui troublent la paix sociale, on pourrait admettre ces considérations, qui rappellent celles de Platon dans le *Gorgias*.

2. Malebranche craint évidemment (il s'exprime sur ce point avec autant de noblesse que d'énergie) qu'on ne substitue au raisonnement et à la persuasion, l'emploi de la force. Toutefois il admet celle-ci comme auxiliaire ; il veut que ce soit un auxiliaire subalterne, subordonné, ne faisant rien par lui-même ; mais enfin il l'admet. Et voici la question, entre autres, qu'il néglige de se poser : Admettons que celui qui dispose de la force ne la mette qu'au service de la raison, que non seulement il en soit certain de bonne foi, mais qu'il en puisse donner à tous les hommes non prévenus la démonstration évidente et irréfutable. Il faudrait encore que celui à qui on inflige le châtiment en sentît la justice et l'acceptât, disposition

XI. Les inférieurs ne sont pas seulement obligés à une obéissance prompte et exacte aux ordres que leur signifient leurs supérieurs, mais encore à leur volonté clairement connue quoique non signifiée. Et bien que celui qui attend l'ordre exprès d'un supérieur pour lui obéir et lui satisfaire, ne méprise pas en cela sa personne et ne se révolte pas contre lui, il ne respecte point assez en lui la puissance et la majesté divine. Mais un ministre qui se rend maître de l'esprit du souverain, qui s'attire à lui l'autorité par les liaisons qu'il forme et par les créatures qu'il se fait, et met son prince en état qu'il appréhende de lui commander, mérite d'être traité comme un rebelle [1]. Un valet insolent qui par la connaissance qu'il a des affaires de son maître ou de la faiblesse de son esprit, lui ôte la liberté de lui marquer ses volontés, est souvent plus coupable qu'un serviteur paresseux et négligent qui n'exécute point les ordres qu'on lui donne. Un fils, dans la force de son âge et de son esprit, ou qui a acquis beaucoup d'honneur et de biens dans le monde, et qui par là s'est mis en état que son père humilié, faible, impuissant, n'ose lui rien commander, manque aux devoirs de l'obéissance, si, connaissant la volonté de son père, il ne la fait pas. Une femme qui se rend redoutable à son mari trop bon et trop honnête, ou qui par son humeur fâcheuse le met en état qu'il n'ose lui marquer sa volonté, est plus désobéissante, quoiqu'elle fasse exactement ce qu'il lui ordonne, que celle qui craint son mari selon le précepte de l'Apôtre [2], quoiqu'elle ne fasse pas toujours tout celui qui lui est commandé. Un religieux qui par le crédit qu'il a acquis au dehors, ou par ses qualités personnelles, ferme la bouche à ses supérieurs [3], et ne fait point ce que certainement il sait bien

qui, à elle seule, rendrait inutile l'usage de la force. Mais si le coupable est en révolte, en quoi le traitement qu'on lui inflige lui semblera-t-il autre chose qu'un « châtiment brutal » et à quoi ce châtiment servira-t-il, sinon à le rendre plus « brute? » L'emploi de la force n'est moral et n'est sans péril, à ce qu'il semble, dans nos sociétés, que lorsqu'il est indispensable pour obtenir l'obéissance à la loi, paternelle ou sociale, sans laquelle ou l'éducation des enfants ou la sécurité et la liberté des citoyens serait impossible. Encore faut-il que l'on s'efforce de réduire toujours cet emploi à son minimum.

1. Cette impopularité des ministres substituant leur action à celle du roi est un des traits curieux de l'ancien régime, avant le XVIIIe siècle.

2. *Mulier autem timeat virum suum. Ephes.* v, 33. (Note marginale des éditions de 1684 et 1697.)

3. Autrement qu'en ayant raison, veut sans aucun doute dire Malebranche, puisque c'est la Raison qui est souveraine, comme il le répète si souvent.

qu'ils demandent de lui, tombe dans la désobéissance. En un mot celui-là sort de son rang et se révolte, qui se soustrait de quelque manière que ce soit à l'obéissance qu'il doit aux autres ; et quoiqu'il se mette en sûreté auprès des hommes, et selon les lois de ceux qui ne pénètrent point les cœurs, il n'échappera pas le jugement du juste juge, qui éclaire toutes les souplesses de l'amour-propre. C'est qu'il n'est pas possible que celui qui obéit aux hommes, comme à des hommes, et non point comme à Dieu-même, ainsi que l'ordonne la Religion et la Raison, remplisse tous les devoirs de l'obéissance : et au contraire le désir de plaire à Dieu, en se soumettant aux hommes, nous conduit si heureusement, que nous faisons naturellement tout ce que l'esprit le plus éclairé pourrait nous prescrire.

CHAPITRE DOUZIÈME.

Des devoirs entre personnes égales. Leur donner la place qu'ils souhaitent de remplir dans notre esprit et dans notre cœur. Marquer
nos bonnes dispositions à leur égard [1] par l'air et les manières,
par les services réels. Leur déférer la supériorité et l'excellence.
Les amitiés les plus vives et les plus ardentes ne sont pas les plus
solides. Il ne faut avoir des amis qu'autant qu'on en peut entretenir [2].

I. La plupart des devoirs que nous rendons aux autres hommes, ne consistent que dans certaines marques sensibles, par
lesquelles nous leur faisons comprendre qu'ils ont dans notre
esprit et dans notre cœur une place honorable. Les hommes ne
peuvent apprendre, sans quelque émotion et quelque plaisir
qui les unisse à nous, que nous ayons pour leur mérite et leurs
qualités une estime particulière ; et quelque respect que nous
leur rendions au dehors, ils ne peuvent découvrir, sans un
sensible déplaisir qui les éloigne de nous, que nous ne les pla-
çons pas dans notre esprit au lieu qu'ils souhaitent de remplir [3]. C'est que le lieu des esprits ne se trouve point parmi les
corps, et que leur appartement, leur trône, leur lit de repos
n'a nul rapport à la magnificence qui frappe les sens, et qui
n'est que l'ouvrage de la main des hommes. L'esprit habite

---

1. Var. Leur marquer nos dispositions avantageuses à leur égard. (1684.)
2. Var. Il ne faut pas se faire des amis particuliers plus qu'on n'en peut entretenir. (1684.)
3. « Il estime si grande la raison de l'homme, que, quelque avantage qu'il ait
sur la terre, s'il n'est placé avantageusement aussi dans la raison des hommes, il
n'est pas content. » (Pascal, *Pensées*, art. 1, parag. 5, de l'édition Havet.)

avec honneur dans les esprits mêmes de ceux qui l'honorent, et se repose avec plaisir dans le cœur d'un ami tout plein d'ardeur pour son ami. Quelle gloire donc et quelle grandeur de posséder l'estime de la raison universelle ; et quel sera le repos et la joie de ceux que Dieu placera dans son cœur et traitera comme ses amis! La vanité des hommes doit faire naître en nous ces pensées ; et le fond d'orgueil que nous avons tous doit nous élever l'esprit à cette félicité, d'avoir dans toutes les intelligences unies à la raison et dans la raison même une place d'honneur, un trône immobile et inébranlable, et d'être nous-mêmes un Temple sacré, où Dieu habitera éternellement : car Dieu esprit pur n'habite point non plus avec plaisir dans les temples matériels, quelque magnifiques et somptueux qu'ils puissent être.

II. C'est la sagesse éternelle, c'est l'ordre immuable de la justice qui doit régler ces places spirituelles que les substances de même genre doivent remplir. Mais tant que nous sommes sur la terre, sujets à l'erreur et au péché, nous n'en méritons aucune ; du moins ne savons-nous point quelle est celle que nous méritons. Ainsi nous devons toujours prendre la dernière, et attendre qu'on nous range selon l'ordre de notre vertu et de nos mérites. Mais les hommes, sans se mettre en peine du rang qu'ils tiennent dans la raison divine, règle indispensable de celui qu'ils doivent posséder dans les esprits créés, ne travaillent qu'à usurper une élévation qu'ils ne méritent point. Ils couvrent leurs défauts : ils se montrent par leur bel endroit ; ils tâchent de séduire les autres pour acquérir une vaine gloire. Et alors qu'ils les ont trompés, ou qu'ils se l'imaginent ainsi, ils reçoivent avec un plaisir extrême les marques équivoques d'une estime, qui ne peut rendre véritablement et solidement heureux ou content, que lorsqu'elle est réglée et soutenue par la Raison, seule, encore un coup, juge souverain du mérite, seule toute-puissante à le récompenser pour jamais.

III. Quoique l'honneur et la gloire, absolument parlant, ne soient dus qu'à Dieu, les esprits y peuvent prétendre par le rapport qu'ils ont aux perfections divines, par la conformité qu'ils ont avec celui sur lequel ils ont été formés. Nous avons sujet de croire qu'ils sont du moins en partie conformes à leur modèle. Nous sommes certains que l'image du Dieu invisible, empreinte dans le fond de leur être, est ineffaçable. Nous pouvons donc, et même nous devons, tant que nous vivons avec

eux, leur donner des marques d'estime et de respect : et cela
d'autant plus que nous ne pouvons nous acquitter de l'obligation où nous sommes de conserver la charité avec eux, sans
leur rendre ces devoirs [1].

IV. Car, comme les hommes veulent invinciblement être heureux, ils ne peuvent sans une vertu extraordinaire se lier avec
tel qui les méprise; puisqu'en conséquence des lois établies
pour le bien de la société, ils sentent un extrême déplaisir,
lorsqu'ils découvrent qu'ils sont mal dans l'esprit des autres.
On fuit en hiver les lieux exposés aux vents et aux frimas,
parce qu'en conséquence des lois de l'union de l'âme et du corps,
l'âme est malheureuse dans ces lieux. Comment donc pourrait-
on, lorsqu'on fait sa loi de ses passions et de ses plaisirs, s'unir
à ceux dont le froid nous glace; à ceux qui nous affligent sensiblement par la place fâcheuse et désagréable qu'ils nous donnent dans leur esprit et dans leur cœur. Nous ne devons donc
point prétendre conserver la charité parmi les hommes, les rapprocher de nous, les lier avec nous, ni leur être utiles, que
nous ne leur rendions des devoirs qui leur persuadent qu'avec
nous ils seront contents.

V. Comme il ne dépend point de nous de répandre dans les
cœurs la grâce intérieure, qui seule apprend aux hommes à
sacrifier leur bonheur présent à l'amour de l'Ordre, nous sommes souvent obligés de nous servir de leur concupiscence ou
de leur amour-propre pour modérer leurs passions et favoriser
en eux l'efficace de la grâce de Jésus-Christ [2]. Car enfin, si dans
l'ancien Testament les anges pour conserver parmi les Juifs le
culte du vrai Dieu, ne les ont conduits que par des motifs d'a-
mour-propre, comme n'étant point eux-mêmes les dispensa-
teurs des vrais biens, ni de la grâce nécessaire pour les mériter; certainement nous devons de notre part travailler à la con-

1. Le devoir fondamental, dont tous ces devoirs particuliers dérivent, c'est donc
la charité : les autres n'en sont que la conséquence et l'expression.

2. Et nous sommes obligés aussi de leur parler agréablement pour les persuader.
C'est ce qui fait que Malebranche, si sévère (comme Pascal) envers quiconque aime
l'imagination, la poésie, le style pour eux-mêmes, est si loin (comme Pascal encore) de dédaigner l'emploi des mots colorés, des peintures, des métaphores, etc.
« O Jésus, dit-il en tête des *Méditations chrétiennes*, pénétrez mon esprit de l'éclat
de votre lumière; brûlez mon cœur de votre amour, et donnez-moi dans le cours
de cet ouvrage, que je compose uniquement pour votre gloire, des expressions
claires et véritables, *vives et animées, en un mot dignes de vous, et telles qu'elles
peuvent* augmenter en moi et dans tous ceux qui voudront méditer avec moi, la
connaissance de vos grandeurs et le sentiment de vos bienfaits. »

version des hommes par les moyens naturels, que fournissent les lois générales. Nous devons planter et arroser, et attendre du ciel l'accroissement et la fécondité. Nous devons tâcher de faire servir au bien l'instrument universel de l'iniquité, la concupiscence de l'orgueil et des plaisirs, et flatter un peu l'amour-propre pour le gagner et pour le régler. La grâce du Sauveur venant au secours changera les cœurs, et fera marcher les faibles dans les voies de la justice, que nous leur aurons enseignées en nous servant adroitement et charitablement des moyens qui sont en notre pouvoir [1].

VI. C'est donc une vérité certaine, que quoique nos devoirs ne consistent pour la plupart qu'en quelques marques sensibles, que les autres hommes ont dans notre esprit et dans notre cœur une place qui contente leur amour-propre, nous devons néanmoins les rendre exactement, dans le dessein de nous en servir, non pour notre utilité particulière, ni pour entretenir en eux la concupiscence que nous flattons par là en quelque manière, mais pour l'anéantir et la sacrifier par le secours de la grâce de Jésus-Christ.

VII. Ainsi, quoique les personnes qui nous sont égales ne représentent point sensiblement la puissance et la majesté divine, à laquelle est due la soumission de l'esprit, néanmoins nous devons les traiter comme nos supérieurs et leur donner des marques sensibles de notre respect intérieur : dans la pensée que leur mérite, leur vertu, le rapport invisible qu'ils ont avec Dieu, les rend dignes de ces devoirs ; ou que s'ils en sont indignes, nous ne pouvons contribuer à les en rendre dignes, qu'auparavant nous ne gagnions leur amitié et leurs bonnes grâces.

VIII. A l'égard de ceux qui sont au-dessous de nous, il ne faut point les traiter comme nos supérieurs, quoiqu'on puisse les regarder comme tels, selon ces paroles générales de saint Paul. *Superiores sibi invicem arbitrantes.* Mais il faut souvent les traiter comme nos égaux et nos amis. Car la fin principale de nos devoirs, c'est de conserver la charité avec les hommes, et de se lier avec eux d'une amitié tendre et durable, afin de pouvoir leur être utiles, et qu'ils nous soient utiles eux-mêmes.

1. C'est à peu près ce que Pascal expose, quoique avec plus de hauteur et de dédain, dans l'*Art de persuader*, où il conseille de chercher « les principes de plaisir » des hommes auxquels on s'adresse ; car les hommes sont tous devenus incapables d'être ramenés par la pure lumière.

Or, pour cela il est nécessaire que nos devoirs soient sincères, ou du moins qu'il soit vraisemblable que nous plaçions les autres hommes en nous-mêmes, comme nous nous en expliquons au dehors. Ainsi, qu'un supérieur s'abaisse jusqu'à traiter d'égaux ses inférieurs, ils seront contents : car il y a en cela quelque vraisemblance de sincérité. Mais, s'il se soumet à eux, ils auront sujet de croire, s'ils le regardent comme un homme d'esprit, mais d'une vertu médiocre, qu'il se moque d'eux et qu'il les joue. Ils pourront croire que cette flatterie outrée n'est qu'une feinte, qui couvre quelque dessein extraordinaire ; ou bien ils le mépriseront comme un petit esprit dans lequel, quoiqu'on possède les premières places, on ne s'en trouve pas plus élevé. Ils se regarderont tous comme sans chef, et vivront à leur fantaisie à cause de l'abaissement indiscret de celui qui a droit de leur commander et de les conduire. Car, quand le chef s'abaisse trop, on le méprise, et il ne peut se relever sans irriter les esprits. Mais lorsqu'il ne traite que d'égaux ceux qui lui sont soumis, on sent encore assez qu'on a un maître ; et on n'est point surpris de le voir reprendre le commandement et l'autorité [1].

IX. Lorsque nos égaux par vertu s'humilient devant nous, et nous défèrent la supériorité, ils ne remplissent pas pour cela leurs devoirs à notre égard. Il faut qu'ils nous défèrent l'excellence, et qu'ils nous donnent des marques véritables ou du moins vraisemblables d'une estime et d'une amitié particulière. Car, si nous ne pensons point que leur abaissement devant nous soit une marque de l'estime qu'ils ont pour nous, notre amour-propre ne peut être content. On peut par vertu se soumettre à une personne qu'on méprise. Or, celui qui nous obéit en nous méprisant nous choque plus que celui qui nous commande en nous donnant des marques véritables de son estime et de son amitié. C'est souvent la nature qui nous donne des maîtres. On peut obéir sans s'abaisser, sans se sacrifier, sans s'anéantir : mais on ne peut aimer le mépris naturellement et sans vertu. C'est de quoi l'amour-propre ne s'accommoda jamais, quelque adresse qu'il ait pour ajuster toutes choses à ses fins. Car on ne peut sans un chagrin mortel, se voir dépouiller de son excellence et de sa grandeur dans l'esprit des au-

---

1. Il est impossible de ne pas s'arrêter pour admirer la force et la finesse de ces réflexions, également vraies en éducation, en politique, dans le cloître, dans la famille, dans l'État, dans toute association ayant besoin d'un commandement.

tres [1], dans le lieu même de ses vanités et de son faste. Peut-être notre égal nous donne-t-il un grand exemple de vertu, s'il veut bien se soumettre à nous. Nous pourrons admirer son humilité : nous pourrons même l'imiter naturellement et par orgueil, car souvent les plus orgueilleux sont les plus civils et les plus honnêtes. Mais, s'il veut se faire aimer de nous, il faut qu'il nous place honorablement dans son esprit et délicieusement dans son cœur : il faut qu'il flatte notre injuste et superbe concupiscence. Alors, quoique en apparence moins soumis à nos volontés, il se fera plus propre à se lier d'amitié avec nous : et il remplira parfaitement ses devoirs à notre égard, s'il se sert de l'entrée que nous lui donnerons dans notre esprit par la place qu'il nous donnera dans le sien, pour sacrifier en nous notre concupiscence et y faire régner l'ordre immuable de la justice.

X. Il n'est pas aussi facile qu'on pourrait se l'imaginer de persuader les autres hommes qu'ils ont dans notre esprit et dans notre cœur la place qu'ils souhaitent de remplir, ni de découvrir les véritables sentiments qu'ils ont de nous. Ainsi, il faut examiner quelles sont les marques les moins équivoques et les plus sensibles des dispositions intérieures des esprits, pour connaître le fond des cœurs et convaincre les autres de notre respect pour eux et de notre amitié. Certainement, la parole toute seule est un signe équivoque et trompeur dans la bouche de la plupart des hommes. De plus, comme elle est d'institution arbitraire, elle ne persuade pas vivement les vérités qu'elle exprime. Il n'y a que les simples ou ceux qui ont une grande opinion d'eux-mêmes, qui s'y laissent tromper, peut-être encore ceux qui n'ont nulle expérience du monde. Mais l'air et les manières sont un langage naturel, qui se fait entendre sans qu'on y pense, qui persuade par une vive impression et qui répand pour ainsi dire la conviction dans les esprits. De plus, ce langage n'est point trompeur; du moins l'est-il rarement, parce que c'est un effet naturel et comme nécessaire de la disposition actuelle de l'âme. Car enfin, l'âme découvre ce qu'elle a de plus secret, par l'air qu'elle répand machinalement sur le visage; et lorsqu'on est sensible aux différents airs, on voit dans le cœur de celui qui parle, les senti-

---

1. Var. Ces mots : dans l'esprit des autres, n'étaient pas dans l'édition de 1684.

ments et les mouvements dont il est agité par rapport à nous [1].

XI. Ainsi, pour bien persuader aux hommes qu'ils ont dans notre estime et dans notre amitié le rang qu'ils souhaitent, il faut véritablement les estimer et les aimer. Aussi bien y sommes-nous obligés. Il faut en leur présence exciter en nous des mouvements qui se fassent naturellement sentir à eux par l'air qu'ils répandront sur notre visage; et lorsque notre imagination est froide sur leur sujet, parce qu'effectivement leur mérite nous paraît fort médiocre, il faut nous représenter quelques motifs qui nous ébranlent, ou du moins faire en sorte que les hommes puissent attribuer à la froideur de notre tempérament ce froid qui les rebute, ces manières peu honnêtes et peu gagnantes que nous avons en leur présence. Surtout, prenons bien garde à ne point forcer notre air, pour en prendre un qui se démente et ne puisse se soutenir, à cause qu'il ne peut nullement s'accorder avec les dispositions actuelles de notre esprit. Rien n'est plus sensible ni plus choquant. Il vaut mieux se taire que de louer les gens de cet air traître et flatteur, qui ne trahit et ne flatte que les stupides et les insensibles. La Charité et la Religion peuvent suffire pour arrêter les mouvements naturels de la machine; car la Charité et la Religion fournissent assez de justes motifs pour honorer et aimer sincèrement les hommes et nous mépriser nous-mêmes [2].

XII. Mais outre la parole et les manières, nous avons les services réels qui sont les marques les plus sûres et les plus convaincantes de l'estime et de l'amitié. C'est aussi par eux que nous devons faire des amis, et éprouver ceux que nous avons déjà. Mais, comme de tous les devoirs ceux-ci sont les plus pénibles, nous ne devons pas toujours croire que celui qui manque de nous les rendre, manque pour nous d'amitié. Car, on doit observer qu'il y a des personnes naturellement si faibles, si languissantes, si retenues, en un mot si difficiles à remuer, qu'ils ne font rien ou presque rien pour leurs amis. Mais, aussi ne font-ils rien pour eux-mêmes [3]. C'est à quoi il faut

1. « La politesse n'inspire pas toujours la bonté, l'équité, la complaisance, la gratitude; elle en donne du moins les apparences et fait paraître l'homme au dehors comme il devrait être intérieurement. » (La Bruyère, ch. *De la société et de la conversation.*)

2. Ces chapitres sont à comparer avec Nicole, *Des moyens de conserver la paix parmi les hommes.* Voyez en particulier la 1re partie, ch. XV.

3. Quelle connaissance des hommes et quelle délicatesse de touche dans l'art de les peindre!

bien prendre garde : car, qui penserait qu'ils n'ont point d'amitié, devrait croire qu'ils ne s'aiment point eux-mêmes. Au reste, je crois devoir dire qu'il n'y a point d'ordinaire d'amitié plus solide et plus durable, que celle de ces personnes qui semblent en manquer, à cause qu'elles n'ont point cette vivacité d'imagination et ce feu passager qui s'allume et qui s'enflamme dès qu'on fait cet honneur aux gens de leur exposer le besoin qu'on a de leur secours. En voici la raison.

XIII. C'est la fermentation du sang et l'abondance des esprits qui échauffent l'imagination, et qui donnent aux hommes le mouvement qui les anime et qui les ébranle. Or, ceux qui ont des passions vives et l'imagination ardente, sont inconstants plus qu'on ne saurait l'expliquer, parce que ce n'est point la Raison qui les conduit, Raison qui demeure toujours la même, mais des humeurs qui s'allument et qui se dissipent aussitôt; des humeurs dont le bouillonnement excite chaque jour des mouvements tout contraires. De plus, c'est presque toujours le corps qui parle en eux, et le corps ne parlant que pour le corps et pour les biens qui ont rapport au corps, le moindre intérêt détermine à son utilité particulière le mouvement qui ne s'était produit d'abord que pour l'utilité d'un ami, parce qu'on y trouvait quelque avantage : car il est toujours agréable de se faire et de se conserver des amis. Enfin, il n'y a point d'amitié solide et durable que celle qui est fondée sur la Religion, fortifiée par la Raison, animée et soutenue par le doux plaisir d'une mutuelle possession de la vérité. Religion, Raison, vérité, purs fantômes à l'égard d'une imagination frappée et excitée par d'autres objets. Tout cela n'a rien de sensible, tout cela n'a donc rien de solide. Tout cela n'a nul rapport au corps et à la société qui se forme par le corps, et pour le bien du corps : tout cela n'a donc rien qui flatte l'imagination, laquelle ne parle que pour le bien du corps, que pour celui qui l'anime, qui la réjouit, qui lui donne et qui lui conserve l'être.

XIV. Lorsqu'un homme a ce malheureux dessein de faire fortune, de se pousser et de s'élever en ce monde, qu'il cherche pour amis ceux qui ont l'imagination forte et vive, qu'il les ébranle et les mette en mouvement ! Leur mouvement le portera peut-être jusqu'aux plus hautes dignités : c'est l'imagination qui règne ici-bas, et qui distribue les richesses et les honneurs [1].

---

1. « L'imagination dispose de tout ; elle fait la beauté, la justice et le bonheur,

Il ne faut qu'une imagination dominante pour placer un fat honorablement dans tous les esprits, et pour couvrir de confusion et de honte le plus sage, le plus savant, le plus vertueux personnage de l'État. Que celui donc qui veut s'avancer, se mette bien dans l'esprit de ceux qui ont du mouvement, qu'il gagne leurs bonnes grâces, qu'il les excite, et qu'il les pique : ils le mèneront bien loin, ils l'élèveront bien haut ! Mais qu'il prenne garde à lui. Rien n'est plus incompréhensible, ni plus intraitable que l'imagination. Il est monté sur des machines ombrageuses et difficiles à conduire. Il doit en bien connaître les ressorts fantastiques [1] et journaliers : il doit les éprouver et les manier adroitement. Autrement, ces amis qui l'ont élevé le jetteront par terre, et le fouleront aux pieds avec d'autant plus de colère et de rage, qu'ils lui auront donné davantage de marques de faveur et d'amitié [2].

XV. Mais ceux qui, contents de leur fortune, veulent avoir de bons et véritables amis, qu'ils en cherchent parmi les amateurs de la vérité et de la justice : qu'ils établissent leurs amitiés sur une mutuelle communion des vrais biens, des biens immuables qui rendent les amitiés fermes et constantes, des biens inépuisables qui bannissent l'envie et la jalousie ; et qu'ils se persuadent que les personnes qui paraissent les moins exactes aux devoirs de l'amitié, sont les amis les plus fidèles et les plus sincères, si c'est la froideur du tempérament qui en soit la cause. Leur imagination n'est ni volage ni ombrageuse : mais qu'elle soit telle qu'il vous plaira, ils savent la retenir et la régler. Leurs passions ne sont ni vives ni emportées. Ils savent estimer et aimer par raison. Chez eux, l'amitié n'est point une passion inconstante, c'est une vertu solide : et quoique faute d'esprit [3] et de feu, ils paraissent au dehors froids et immobiles, ils ont pour nous tous les sentiments et les mouvements qu'ils doivent avoir.

qui est le tout du monde... » (Pascal, *Pensées*, art. III, par. 3, de l'édition Havet.)

1. Var. Fantasques. (1684.)

2. *Nam cupide conculcatur nimis ante metutum*, dit Lucrèce. L'analyse de Malebranche est plus profonde et plus subtile. On en veut souvent aux autres, non pas seulement de la frayeur qu'on a eue d'eux, mais des marques d'amitié par lesquelles on croit s'être humilié devant leurs personnes.

3. Var. D'esprits. (1684 et 1697.) Il est à croire que l'édition de 1707 donne : esprit, par faute d'impression plutôt qu'à dessein.

XVI. Mais, quoique souvent nous devions être contents de
ceux qui ne nous donnent point de marques sensibles de leur
amitié, nous ne devons point être contents de nous-mêmes, si
nous ne faisons vivement sentir la nôtre. Car, la plupart des
hommes, étant plus sensibles que raisonnables, ils ne seront
jamais contents de nous, s'ils ne lisent sur notre visage, et s'ils
ne sont convaincus par nos services que leurs intérêts nous
sont chers. Nous sommes par devoir obligés à faire pour eux
des pas que nous ne ferions point pour nous-mêmes. Ils ne
sentent point la peine que le mouvement nous donne; car ils se
plaisent dans l'agitation. Ils n'ont peut-être pas le même sentiment que nous des biens de la vie présente, car leurs passions
les aveuglent. Ainsi, jugeant des autres par eux-mêmes, ils
croiront que nous manquons pour eux d'estime et d'amitié, si,
pour leur rendre service, nous ne quittons des occupations plus
saintes et plus importantes [1], si nous ne faisons pour eux ce
que nous ne ferions pas pour nous-mêmes; et cette pensée ne
manquera pas d'exciter en eux quelques passions injustes et
peut-être criminelles.

XVII. C'est pour cela que la société est une pénible et fâcheuse servitude, pour tous ceux qui n'y sont point nés et qui
peuvent se passer des autres. C'est peut-être la plus rude des
pénitences [2]. C'est un commerce, où les personnes les plus
honnêtes et les plus équitables perdent souvent beaucoup plus
qu'ils n'y gagnent; ils y mettent beaucoup et retirent peu. Il
ne faut point faire de liaisons particulières qui obligent à des
devoirs, que la disposition de la machine ou d'autres raisons
ne nous permettent pas de rendre : car il ne faut point se faire
des amis pour les rendre ses ennemis. Rien n'est plus désolant
qu'un ennemi autrefois ami, et qui abuse des faveurs qu'on lui
a faites. Qu'un chacun examine donc ses forces, et ne se laisse
point surprendre au dangereux plaisir de connaître et d'être
connu; et ne lie de société qu'autant qu'il est en état et dans

1. C'est le contraire de ceux dont Malebranche parlait plus haut, qui ne font rien
pour leurs amis parce qu'ils ne font rien pour eux-mêmes. Ce dont il parle ici avec
tant de finesse est surtout le propre des dissipateurs.

2. Il ne faut pas oublier que c'est un religieux qui parle, et sachons que pour Malebranche, toute conversation avec un autre qu'avec le maître intérieur, fut toujours en effet une rude pénitence : on sait à quel point il lui était dur de converser avec un Leibniz et un Bossuet, et comment la fatigue que lui imposa une visite
de Berkeley hâta, dit-on, le dénoûment de sa dernière maladie.

la volonté d'en remplir les devoirs, qu'autant qu'il peut être utile aux autres sans se faire tort à soi-même, ou du moins qu'autant qu'il peut se faire moins de tort qu'il ne rend de service aux autres.

CHAPITRE TREIZIÈME.

Continuation du même sujet. Pour se faire aimer, il faut se rendre
aimable. Règles pour la conversation. Des différents airs. Des
amitiés chrétiennes.

1. Quoiqu'il ne faille point lier de société particulière avec
toutes sortes de personnes, principalement lorsqu'on ne se sent
point assez de force et d'adresse pour l'entretenir, néaumoins
il faut se faire aimer généralement de tout le monde, afin qu'il
n'y ait personne à qui on ne puisse être utile. Or pour se faire
aimer, il faut se rendre aimable [1]. C'est une prétention injuste
et ridicule que d'exiger de l'amitié; et ceux qui ne se font
point aimer ne s'en doivent prendre qu'à eux-mêmes. Si on
ne rend pas toujours justice au mérite à cause qu'on ne le
connaît pas et qu'ordinairement on en juge mal, tout le monde
est sensible aux qualités aimables, et ceux qui les possèdent
ne manquent jamais d'amis. Le mérite des autres efface le nôtre; et quand on leur rend justice, il semble qu'on se fasse tort.
On ne peut les élever sans se rabaisser soi-même; et lorsqu'on
les met au-dessous de soi, on croit en être plus grand [2]. Mais
quand on aime les gens, on ne se fait aucun tort. Il semble au
contraire que l'âme s'étende en se répandant dans les cœurs,
et qu'elle se revête et se pare de la gloire qui environne ses
amis. Ainsi on se fait toujours aimer, pourvu qu'on se rende
aimable : mais on ne se fait pas toujours estimer, quelque mérite qu'on ait.

1. ... *Ut ameris, amabilis esto.* (Ovide.)
2. « On est d'ordinaire plus médisant par vanité que par malice, » dit La Rochefoucauld. Et d'autre part, comme l'observe Montesquieu, « l'admiration est le propre des grandes âmes. »

II. Quelles sont donc les qualités qui nous rendent aimables? Rien n'est plus facile que de les découvrir. Ce n'est point d'avoir de l'esprit, de la science, un beau visage, un corps bien droit et bien formé, de la qualité, des richesses, ni même de la vertu : ce n'est point précisément tout cela. Car on peut avoir de l'aversion pour celui qui possède toutes ces qualités estimables. Quoi donc? C'est de paraître tel, que les autres se persuadent qu'avec nous ils seront contents. Si celui qui a de grands biens est avare, si celui qui a de l'esprit est superbe, si celui qui a de la qualité est fier et brutal, si celui-là même qui a de la vertu et du mérite prétend que tout lui est dû; toutes ces qualités, quelque estimables qu'elles soient, ne rendront point aimables ceux qui les possèdent. Les hommes veulent invinciblement être heureux. Celui-là seul peut donc se faire aimer, je ne dis pas estimer, qui est bon ou paraît tel. Or personne n'est bon par rapport à nous, quelque parfait qu'il soit en lui-même, s'il ne répand point sur nous les faveurs que Dieu lui fait.

III. Ainsi le bel esprit qui raille toute la terre, se rend odieux à tout le monde : et le savant qui fait parade de sa science, s'habille en pédant [1] et se travestit en ridicule. Ceux qui veulent se faire aimer et qui ont bien de l'esprit, en doivent faire part aux autres. Qu'ils fassent si bien valoir les bonnes choses que les autres disent en leur présence [2], qu'avec eux chacun soit content de soi-même. Que celui qui a de la science, n'enseigne point en maître les vérités dont il est convaincu. Mais qu'il ait le secret de faire naître insensiblement la lumière dans l'esprit de ceux qui l'écoutent, de sorte que chacun s'en trouve éclairé, sans la honte d'avoir été son disciple. Celui qui est libéral n'est point aimable, s'il s'élève ou se vante de ses libéralités. En effet il reproche ses faveurs à celui à qui il les fait,

---

1. On sait que Malebranche manque rarement l'occasion de poursuivre les pédants ou ceux qu'il croit tels, (comme Montaigne qu'il appelle si spirituellement un « pédant à la cavalière. ») Voici le portrait qu'il trace du pédant en général, dans la *Recherche de la vérité*, (livre III, 2e partie, ch. v) : « Pédant est opposé à raisonnable; les pédants ne peuvent raisonner parce qu'ils ont l'esprit petit, et d'ailleurs rempli d'une fausse érudition; et ils ne veulent pas raisonner parce qu'ils croient que certaines gens les respectent et les admirent davantage lorsqu'ils citent quelque auteur inconnu ou quelque sentence d'un ancien, que lorsqu'ils prétendent raisonner. Les pédants sont donc vains et fiers, de grande mémoire et de peu de jugement, heureux et forts en citations, malheureux en raisons. »

2. Var. Qu'ils fassent si bien valoir les bonnes choses qu'on dit. (1684.)

par la confusion dont il le couvre. Mais celui qui fait part aux autres de son esprit et de sa science, aussi bien que de son argent et de sa grandeur, sans que personne s'en aperçoive, et sans qu'il en tire aucun avantage, il gagne nécessairement tous les cœurs par cette vertueuse libéralité : seule, dis-je, vertueuse et charitable, seule généreuse et sincère. Car toute autre libéralité n'est qu'un pur effet de l'amour-propre, toute autre est intéressée ou du moins fort mal réglée [1].

IV. Mais celui qui nous découvre sans cesse par les endroits qui nous font honte, pour s'élever ou se divertir à nos dépens ; celui-là même, qui faute de respect pour nous, en use trop librement, et nous traite trop cavalièrement ; en un mot toutes les malhonnêtes gens nous inspirent pour eux une horreur et une aversion irréconciliable. Il n'y a peut-être point d'homme également fort et robuste par toutes les parties qui le composent ; et alors qu'on sait que tel est faible par quelque endroit, il ne faut jamais le prendre par là : on ne peut presque le toucher sans le blesser. Il faut traiter les hommes avec respect et charité, et craindre extrêmement de les heurter par ce qu'il y a de sensible en eux. Néanmoins il ne faut pas que nos manières trop affectées leur reprochent leur extrême délicatesse. On doit agir avec eux naturellement, autant que leur qualité, leurs dispositions actuelles, leur humeur nous le permettent, et ne pas trop appréhender de les attaquer du côté qu'ils ne craignent rien. On leur fait plaisir de les battre par l'endroit où ils sont forts, et la raillerie même les réjouit, lorsqu'ils sentent bien qu'elle n'est pas capable de les offenser. L'homme aime naturellement l'exercice de l'esprit, lorsqu'il en a, aussi bien que celui du corps, lorsqu'il a de la vigueur. La résistance qu'il fait, les victoires qu'il remporte, lui rendent témoignage de sa force et de son excellence, et la fait paraître aux autres : et cela lui donne en lui-même une secrète complaisance. Car enfin le mouvement nous réjouit et nous anime ; et tel, qui nous contredit mal à propos, nous choque moins que celui qui ne nous donne aucun sujet de faire montre des qualités que nous admirons sottement en nous et que nous souhaitons que les autres admirent.

V. Les hommes sont bien plus sensibles et bien plus délicats

1. « Ce qu'on nomme libéralité n'est le plus souvent que la vanité de donner, que nous aimons mieux que ce que nous donnons. » (La Rochefoucauld.)

sur les qualités qu'on estime dans le monde, que sur celles qui
sont estimables en elles-mêmes ; sur les qualités qui ont rapport
à leur état ou à leur emploi, que sur les perfections essentielles
à leur être ; sur celles enfin qu'ils n'ont pas, ou plutôt sur
celles qu'on ne croit pas trop qu'ils aient, soit qu'ils les aient
ou ne les aient pas, que sur aucune autre. Ainsi traiter de
poltron un homme de guerre qui n'a point encore donné trop
de marques de valeur, c'est l'outrager cruellement. Car on estime le courage dans le monde : de plus on le croit nécessaire
à un homme de guerre : enfin quand on en manque ou qu'on
appréhende de passer pour en manquer, on fait tous les efforts
pour cacher cette espèce de faiblesse ; car on cache avec grand
soin tout ce qui, découvert, nous couvre de confusion et de
honte. C'est la même chose de toutes les autres conditions. Si
on fait connaître à un docteur ou à un médecin ignorant qu'on
le croit tel, on ne sera jamais de ses amis, principalement si on
est assez indiscret pour dire librement aux autres ce qu'on en
pense, et que cela vienne jusqu'à lui. Si on donne sujet à une
femme de croire qu'on la trouve laide, on ne manquera pas de
l'irriter : car les femmes se piquent de beauté, comme les hommes sur l'esprit [1]. Je ne dis pas qu'elles ne se piquent point
d'esprit, ni même de science : car il y en a qui font étrange-
ment les savantes et les spirituelles, et qui le font même plus
que quelques docteurs. Il faut connaître le monde pour lui
plaire : du moins faut-il converser avec tant de retenue, d'honnêteté et de respect avec les gens, qu'ils attribuent à simplicité
ou à inadvertance le mal qu'on leur fait ; autrement il n'est
pas possible de se faire aimer. Car effectivement on n'est point
aimable, lorsqu'on blesse ou qu'on incommode les autres [2].

VI. Comme l'air et les manières parlent un langage bien plus
vif et bien plus sensible que le discours, et représentent au naturel nos dispositions intérieures à l'égard des autres, ainsi
que j'ai déjà dit, il faut avoir un soin particulier de prendre
l'air modeste et respectueux, et cela à proportion de la qualité
et du mérite connu des personnes à qui on parle : j'entends
l'air qui marque sensiblement que nous leur donnons la
droite chez nous, que nous leur accordons volontiers dans no-

---

1. Cette phrase, peu régulière, est bien ainsi rédigée dans les trois éditions, de
1684, 1697 et 1707.

2. Il faut au contraire s'incommoder soi-même, dit Pascal : « Le respect est : in-
commodez-vous ! » (*Pensées*, art. v, par. 11, édition Havet.)

tre esprit et dans notre cœur la place qu'ils croient bien mériter. L'air simple et négligé ne paraît agréable qu'aux inférieurs, et il n'est supportable que devant nos égaux. Car quoique cet air plaise, en ce qu'il marque que nous ne nous occu-
pons guère de nous, il déplaît en ce qu'il fait sentir que nous
ne nous mettons guère en peine des autres. L'air grave incommode fort. Car outre qu'il fait comprendre que nous nous
estimons beaucoup, il fait penser que nous estimons peu les
autres. Cet air n'est permis qu'aux supérieurs ; et il ne sied
tout à fait bien, que lorsqu'il représente actuellement la puissance dont l'homme est revêtu. Il sied bien à un souverain, à
un juge qui rend justice, à un prêtre à l'autel, à tout homme
qui, par son caractère ou autrement, met les autres en la présence de Dieu ; mais il rend ridicule et méprisable celui qui le
prend mal à propos, et il inspire l'indignation et une secrète
aversion pour le sot et le glorieux qui s'en couvrent [1]. Mais pour
l'air fier et brutal, il irrite les esprits plus qu'on ne saurait le
dire, car il marque d'une manière très vive et très sensible
qu'on n'a pour les autres ni estime ni amitié. Un souverain qui
le prend se rend redoutable à tout le monde : mais un particulier qui s'en couvre, paraît un monstre épouvantable et en
même temps ridicule, pour lequel naturellement on ne peut
avoir que le dernier mépris et qu'une haine irréconciliable [2].

VII. Tous les différents airs sont composés de ces quatre [3].
Ce sont tous des effets naturels et nullement libres de l'estime
que nous avons de nous-mêmes par rapport aux autres ; et
selon que notre imagination est frappée par l'apparence de la
qualité et du mérite de ceux qui nous environnent, nous prenons sans y penser, et en conséquence des lois établies pour le
bien de la société, l'air qui est le plus propre pour nous conserver, dans l'esprit des autres, la place que nous croyons mériter, je veux dire que nous nous imaginons actuellement de
mériter. Car ce n'est point la Raison, mais l'imagination qui
agit dans ces rencontres. Ce n'est point une connaissance abs-

1. « La gravité est un mystère du corps inventé pour cacher les défauts de l'esprit. » (La Rochefoucauld.)

2. Malebranche ne prononce jamais le mot de brutal, quel que soit le sens précis dans lequel il le prenne, sans être saisi d'indignation et emporté par une sainte
colère.

3. L'air modeste et respectueux, l'air simple et négligé, l'air grave, l'air fier et
brutal.

traite de nos qualités par rapport à celles des autres : c'est une vue sensible de leur grandeur et de leur bassesse, et le sentiment intérieur que nous avons de nous-mêmes, qui débande les ressorts de la machine, pour donner aux dehors du corps la posture, et répandre sur le visage les différents airs, qui découvrent aux hommes les dispositions actuelles de notre esprit à leur égard. Ainsi il est évident que pour prendre naturellement, et sans qu'il paraisse de l'affectation, cet air modeste et respectueux qui nous rend aimables à ceux-là principalement qui ont beaucoup d'orgueil, il ne suffit pas de croire que les autres ont plus de qualité et de mérite que nous, il faut que notre imagination en soit actuellement émue, et qu'elle mette en mouvement les esprits animaux, cause immédiate de tous les changements qui arrivent dans notre corps et sur notre corps.

VIII. Néanmoins l'imagination est si bizarre, et par conséquent l'esprit de ceux qui se laissent conduire à la disposition et au mouvement actuel de leur machine, qu'il arrive souvent que le même air fait dans deux personnes différentes, ou dans la même en différents temps, des effets tout opposés. Cela dépend de la manière dont l'imagination est montée, et de la qualité des esprits animaux. Un air pitoyable excite la compassion dans les uns et la haine dans les autres, ou peut-être le mépris ou la risée. Ainsi il faut ouvrir les yeux et regarder les gens au visage, pour y lire l'effet que notre air produit en eux, et former ou reformer son air sur le leur. C'est là le plus sûr. Mais c'est aussi ce que chacun fait naturellement et sans réflexion, principalement lorsqu'on a besoin du secours des autres, et qu'on désire avec passion de gagner leurs bonnes grâces. Il n'est pas à propos que j'explique davantage ce qu'il faut faire pour s'accoutumer à prendre les airs qui nous rendent aimables. Le monde est si flatteur et si corrompu, que je craindrais fort qu'on en fît un méchant usage. On n'est déjà que trop savant sur cette matière et le monde n'en va pas mieux. Car jusqu'à ce que les hommes sachent bien consulter la Raison et mépriser les manières, ils seront conduits et séduits par l'imagination des esprits vifs et adroits : parce que c'est l'imagination qui répand sur le visage et sur tout le corps les différents airs qui flattent les plus sages, et qui ne manquent jamais de tromper les simples.

IX. Lorsqu'on est riche et puissant, on n'est pas plus aima-

ble, si pour cela on n'en devient pas meilleur à l'égard des autres par ses libéralités, et par la protection dont on les couvre.
Car rien n'est bon, rien n'est aimé comme tel, que ce qui fait
du bien, que ce qui rend heureux. Encore ne sais-je si on aime
véritablement les riches libéraux et les puissants protecteurs.
Car enfin ce n'est point ordinairement aux riches qu'on fait la
cour, c'est à leurs richesses. Ce n'est point les grands qu'on estime, c'est leur grandeur : ou plutôt c'est sa propre gloire
qu'on recherche, c'est son appui, son repos, ses plaisirs. Les
ivrognes n'aiment point le vin, mais le plaisir de s'enivrer. Cela
est clair : car s'il arrive que le vin leur paraisse amer ou les
dégoûte, ils n'en veulent plus. Dès qu'un débauché a contenté
sa passion, il n'a plus que de l'horreur pour l'objet qui l'a
excité; et s'il continue de l'aimer, c'est que sa passion vit encore. Tout cela, c'est que les biens périssables ne peuvent servir
de lien pour unir étroitement les cœurs. On ne peut former
des amitiés durables sur des biens passagers, par des passions
qui dépendent d'une chose aussi inconstante qu'est la circulation des humeurs et du sang; ce n'est que par une mutuelle
possession du bien commun, la Raison. Il n'y a que ce bien
universel et inépuisable par la jouissance duquel on fasse des
amitiés constantes et paisibles. Il n'y a que ce bien qu'on puisse
posséder sans envie, et communiquer sans se faire tort. Il faut
s'exciter les uns les autres à l'acquisition de ce bien, et se joindre tous ensemble pour se le procurer mutuellement. Il faut
donner aux autres libéralement tout ce qu'on en possède déjà;
et ne point craindre de leur demander ce qu'ils ont conquis
par leur attention et par leur travail dans le pays de la vérité.
Il faut ainsi s'enrichir des trésors de la sagesse et de la Raison.
Car on possède d'autant mieux la vérité qu'on la communique
davantage. On fera de cette sorte des amis véritables, des amis
constants, généreux, sincères, des amis immortels. Car la Raison ne meurt point, la Raison ne change point. Elle donne à
tous ceux qui la possèdent l'immortalité dans la vie, et l'immutabilité dans la conduite.

X. Mais qui nous conduira à la Raison, qui nous soumettra
sous ses lois, qui nous rendra ses vrais disciples? Ce sera la
Raison elle-même; mais incarnée, humiliée, rendue visible et
sensible, proportionnée à notre faiblesse. Ce sera Jésus-Christ,
la sagesse du Père, la lumière naturelle et universelle des intelligences, et qui ne pouvant plus être celle de nos esprits

plongés par le péché dans la chair et le sang, s'est fait péché elle-même, et par la folie de la croix frappe vivement nos sens et attire sur elle nos regards et nos réflexions. Oui, Jésus-Christ, et Jésus-Christ seul, peut nous conduire à la Raison et nous réunir en sa personne divine par le ministère de son humanité clarifiée [1]. Notre nature subsiste en lui dans la Raison, et la Raison régnera par lui dans nos esprits et dans nos cœurs. Car enfin c'est pour la Raison que nous sommes faits : c'est par elle que nous sommes intelligences : c'est sur elle que nous avons été formés ; et c'est encore sur elle que nous devons être réformés. [2] Jésus-Christ attaché en croix est notre sainte victime, et le parfait modèle du sacrifice que nous devons faire de l'amour-propre à l'amour de l'ordre. Mais ressuscité, consommé en Dieu, établi Pontife selon l'ordre éternel, dont Melchisédech était la figure, il est la source féconde de ces influences célestes, qui seules peuvent nous apprendre à sacrifier, comme il a fait, notre nature corrompue, et mériter par là un être tout divin, une transformation glorieuse et incorruptible : mériter par là de nous réunir parfaitement à notre principe, et de vivre uniquement de la substance intelligible de la Raison par la charité divine, dans une paix et une société éternelle.

XI. Si nous sommes ici-bas de vrais chrétiens, nous serons des amis fidèles ; et nous ne trouverons aussi jamais de fidèle ami, que parmi ceux qui ont une piété solide. Car il n'y a point d'amitié constante et véritable, que dans l'immutabilité de la Raison ; et on ne peut maintenant [3] suivre constamment la Raison que par les forces que donne la Raison incarnée. On ne peut sacrifier les intérêts aux lois de l'amitié que par une charité inconnue à la nature, et qui ne tire son origine et son efficace que du sanctuaire véritable où Jésus-Christ exerce la souveraine sacrificature. Cét ami libertin vous a toujours été fidèle, je le veux. C'est qu'il y a toujours trouvé son compte, ou qu'il espère de dédommager quelque jour son amour-propre. Comment cet ami vous servirait-il à ses dépens, ou sans espérance de retour, que [4] les justes mêmes ne sont d'ordinaire excités à servir Dieu ou les autres hommes, que dans l'espérance d'une récompense,

1. Glorifiée.
2. Malebranche écrit tantôt réformés, et tantôt reformés, non seulement d'une édition à une autre, mais d'un chapitre à un autre dans une même édition.
3. Depuis la chute.
4. Ainsi construit dans les trois éditions.

qui flatte d'autant plus leur amour-propre éclairé, qu'elle surpasse infiniment la grandeur de leurs services?

XII. Il n'y a point d'amis désintéressés : ceux-là seuls peuvent passer pour tels, qui n'attendent point de nous leur récompense. Ceux-là donc peuvent seuls être véritablement nos amis, qui ne souhaitent rien dans ce monde qui se renverse. Ceux-là seuls sont nos bons amis, nos amis sincères, fidèles, salutaires, qui nous rendent service parce que la Raison et la charité l'ordonnent, et n'espèrent que de Dieu seul des biens capables de flatter leur amour-propre, amour-propre seul éclairé, généreux et légitime. Faisons donc choix de semblables amis ; et pour nos amitiés déjà faites, tâchons de les assurer dans l'immutabilité de la Raison, et de les sanctifier dans la sainteté de la religion. Ne nous rendons aimables nous-mêmes que pour faire aimer la loi divine, et regardons le salut de nos frères comme la récompense des services que nous leur rendons. Cette récompense sera bientôt suivie d'une autre : et notre gloire d'avoir travaillé sous Jésus-Christ à la construction de son ouvrage, subsistera éternellement. Le commerce du monde ne doit tendre qu'à établir en Jésus-Christ une société éternelle. Nous ne devons converser avec les hommes que pour travailler à leur sanctification et qu'ils travaillent à la nôtre. Certainement Dieu ne nous a mis au monde que dans ce dessein. Heureux, mille fois plus heureux qu'on ne peut s'imaginer, si entrant dans ce juste dessein de notre maître commun, nous nous rendons dignes, par Jésus-Christ notre précurseur, d'entrer dans son repos, et de jouir pour jamais de sa gloire [1] et de ses plaisirs !

---

1. C'est-à-dire de ses perfections, manifestées par toutes ses œuvres et tous ses actes.

CHAPITRE QUATORZIÉME.

Des devoirs que chacun se doit à soi-même, qui consistent en général à travailler à sa perfection et à son bonheur.

I. Les devoirs que chacun se doit à soi-même, aussi bien
que ceux que nous devons au prochain, peuvent se réduire en
général à travailler à notre bonheur et à notre perfection : à
notre perfection, qui consiste principalement dans une parfaite
conformité de notre volonté avec l'Ordre ; à notre bonheur qui
consiste uniquement dans la jouissance des plaisirs, j'entends
de solides plaisirs et capables de contenter un esprit fait pour
posséder le souverain bien.

II. C'est dans la conformité de la volonté avec l'Ordre, que
consiste principalement la perfection de l'esprit. Car celui qui
aime l'ordre plus que toutes choses a de la vertu : celui qui
obéit à l'ordre en toutes choses a de la vertu ; celui qui obéit
à l'ordre en toutes choses, remplit ses devoirs ; et celui-là mérite un bonheur solide, la récompense légitime d'une vertu
éprouvée, qui sacrifie à l'ordre ses plaisirs présents, souffre les
douleurs, et se méprise soi-même par respect pour la loi divine.
Cette même loi toute-puissante et toute juste décidera de son
sort et le récompensera éternellement.

III. Chercher son bonheur, ce n'est point vertu, c'est nécessité ; car il ne dépend point de nous de vouloir être heureux,
et la vertu est libre. L'amour-propre, à parler exactement, n'est
point une qualité qu'on puisse augmenter ou diminuer. On ne
peut cesser de s'aimer : mais on peut cesser de se mal aimer,
on ne peut arrêter le mouvement de l'amour-propre, mais on
peut le régler sur la loi divine. On peut, par le mouvement
d'un amour-propre éclairé, d'un amour-propre soutenu par la

foi et par l'espérance et animé [1] par la charité, sacrifier ses
plaisirs présents aux plaisirs futurs, se rendre malheureux pour
un temps, afin d'éviter la vengeance éternelle du juste juge.
Car la grâce ne détruit point la nature. Le mouvement que
Dieu imprime sans cesse en nous pour le bien en général ne
s'arrête jamais. Les pécheurs et les justes veulent également
être heureux : ils courent également vers la source de leur félicité. Mais le juste ne se laisse ni tromper ni corrompre par les
apparences qui le flattent : l'avant-goût des vrais biens le soutient dans sa course. Mais le pécheur, aveuglé par ses passions,
oublie Dieu, ses vengeances et ses récompenses, et emploie tout
le mouvement que Dieu lui donne pour le vrai bien à courir
après des fantômes.

IV. Ainsi l'amour-propre, le désir d'être heureux, n'est ni
vertu ni vice ; mais c'est le motif naturel de la vertu et qui
devient dans les pécheurs le motif du vice. Dieu seul est notre
fin : Dieu seul est notre bien : la Raison seule est notre loi : et
l'amour-propre ou le désir invincible d'être heureux est le motif qui doit nous faire aimer Dieu, nous unir à lui, nous soumettre à sa loi. Car nous ne sommes point à nous-mêmes ni
notre bien ni notre loi. Dieu seul possède la puissance : lui
seul est donc aimable, lui seul est donc redoutable. Nous voulons invinciblement être heureux, nous devons donc obéir inviolablement à sa loi. Car enfin, on ne peut trop se mettre dans
l'esprit que le Tout-Puissant est juste, que toute désobéissance
sera punie et toute obéissance récompensée. Maintenant, on est
heureux dans le désordre : l'exercice de la vertu est dur et pénible [2]. Cela doit être pour éprouver notre foi et nous faire
acquérir des plaisirs légitimes. Mais cela ne peut et ne doit
continuer d'être. Il n'y a point de Dieu, si l'âme n'est immortelle et si l'univers ne change un jour de face : car un Dieu
injuste est une chimère. L'esprit voit clairement tout ceci. Et
qu'en doit conclure son amour-propre éclairé, son désir invincible et insatiable de la félicité ? Qu'il faut se soumettre entièrement à la loi divine, pour être solidement heureux. Cela est
de la dernière évidence.

1. Var. conduit. (1684.)
2. Malebranche n'est donc pas épicurien, comme l'en accusèrent Arnauld, Ré-
gis et Ritter. Voyez sur ce point, Francisque Bouillier, *Histoire de la philosophie
cartésienne*, tome II, ch. v, page 93 et suiv. de la 3e édition in-12. Il faut d'ailleurs
faire attention à la distinction que Malebranche a déjà faite, et qu'il renouvelle ici,
entre le motif et la fin.

V. Notre amour-propre est donc le motif qui, secouru par la grâce, nous unit à Dieu, comme à notre bien ou à la cause de notre bonheur, et nous soumet à la Raison, comme à notre loi ou au modèle de notre perfection. Mais il ne faut pas faire notre fin ou notre loi de notre motif [1]. Il faut véritablement et sincèrement aimer l'ordre et s'unir à Dieu par la Raison. Il faut préférer à toutes choses la loi divine, parce qu'on ne peut la mépriser et cesser de s'y conformer, sans perdre le libre accès qu'on a par elle auprès de Dieu. Il ne faut pas désirer que l'ordre s'accommode à nos volontés : cela n'est point possible, l'ordre est immuable et nécessaire ; ni que Dieu ne punisse point nos désordres : Dieu est un juge incorruptible. Ces désirs nous corrompent ; ces désirs impertinents sont injurieux à la sainteté, à la justice, à l'immutabilité divine, ils blessent les attributs essentiels de la divinité. Il faut haïr ses désordres et former sur l'ordre tous les mouvements de son cœur ; il faut même venger à ses dépens l'honneur de l'ordre offensé, ou du moins se soumettre humblement à la vengeance divine. Car celui qui voudrait bien que Dieu ne punît point l'injustice ou l'ivrognerie, n'aime point Dieu ; et quoique par la force de son amour-propre éclairé il s'abstienne de voler et de s'enivrer, il n'est point juste. Il fait la fin de ce qui ne doit être que le motif de ses désirs. Qu'il invoque le sauveur des pécheurs, qui seul peut changer son cœur. Mais celui qui aimerait mieux qu'il n'y eût point de Dieu que d'y en avoir un qui se plaise à rendre éternellement malheureux ceux-là mêmes qui aiment inviolablement l'Ordre et la Raison [2], est juste ; parce que ce Dieu fantastique, injuste et cruel, n'est point aimable. La grâce même n'anéantit point l'amour-propre, comme je l'ai déjà dit ; mais elle se contente de le régler et de le soumettre à la loi divine. Elle fait aimer le vrai Dieu et mépriser le désordre et l'injustice que l'imagination déréglée peut attribuer à la divinité.

VI. De tout ceci il est manifeste, premièrement qu'il faut

---

1. Voyez plus haut 1re partie, ch. viii, parag. 14 et 15.

2. Malebranche croit donc que l'Ordre et la Raison ne sont point dépendants de la volonté de Dieu. C'est encore un point sur lequel il se sépare de Descartes. « Certainement si les vérités et les lois éternelles dépendaient de Dieu, si elles avaient été établies par une volonté libre du Créateur, en un mot si la raison que nous consultons n'était pas nécessaire et indépendante, il me paraît évident qu'il n'y aurait point de science véritable... » (10e éclaircissement à la *Recherche*.) Voyez aussi le 3e *Entretien métaphysique*.

éclairer son amour-propre, afin qu'il nous excite à la vertu ; en second lieu, qu'il ne faut jamais suivre uniquement le mouvement de l'amour-propre ; en troisième lieu, qu'en suivant l'ordre inviolablement, on travaille solidement à contenter son amour-propre ; en un mot, que Dieu seul étant la cause de nos plaisirs, nous devons nous soumettre à sa loi et travailler à notre perfection, laissant à sa justice et à sa bonté de proportionner notre bonheur à nos mérites et à ceux de Jésus-Christ, en qui les nôtres sont dignes d'une récompense infinie.

VII. J'ai expliqué dans la première partie de ce traité les principales choses qui sont nécessaires pour travailler à sa perfection ou pour acquérir et conserver l'amour habituel et dominant de l'ordre immuable, en quoi consistent nos devoirs à notre égard. Les voici en général.

VIII. Il faut s'accoutumer au travail de l'attention et acquérir par là quelque force d'esprit. Il ne faut consentir qu'à l'évidence et conserver ainsi la liberté de son esprit. Il faut étudier sans cesse l'homme en général et soi-même en particulier, pour se connaître parfaitement. Il faut méditer jour et nuit la loi divine, pour la suivre exactement. Qu'on se compare à l'ordre pour s'humilier et se mépriser. Qu'on se souvienne de la justice divine pour la craindre et se réveiller. Qu'on pense à son médiateur pour l'invoquer et se consoler. Regardons Jésus-Christ comme notre modèle : avouons Jésus-Christ comme notre sauveur : suivons Jésus-Christ comme notre force, notre sagesse, le principe de notre félicité éternelle. Le monde nous séduit par nos sens : il nous trouble l'esprit par notre imagination : il nous entraîne et nous précipite dans les derniers malheurs par nos passions. Il faut rompre le commerce dangereux que nous avons avec lui par notre corps, si nous voulons augmenter l'union que nous avons avec Dieu par la Raison. Car ces deux unions de l'esprit à Dieu, de l'esprit au corps, sont incompatibles. On ne peut s'unir parfaitement à Dieu, sans abandonner les intérêts du corps, sans le mépriser, sans le sacrifier, sans le perdre.

IX. Ce n'est pas qu'il soit permis de se donner la mort, ni même de ruiner sa santé. Car notre corps n'est pas à nous : il est à Dieu, il est à l'État, à notre famille, à nos amis. Nous devons le conserver dans sa force et dans sa vigueur, selon l'usage que nous sommes obligés d'en faire. Mais nous ne devons pas le conserver contre l'ordre de Dieu et aux dépens des autres hommes. Il faut l'exposer pour le bien de l'État, et ne point craindre de l'affaiblir, de le ruiner, de le détruire, pour exécuter les ordres de Dieu. C'est la même chose de notre honneur et de nos biens. Tout est à Dieu et à la charité, et doit être conservé, employé, sacrifié en l'honneur et par dépendance de la loi divine, l'Ordre immuable et nécessaire. Je n'entre point dans le détail de tout ceci, parce que je n'ai prétendu exposer que les principes généraux sur lesquels chacun est obligé de régler sa conduite pour arriver heureusement au lieu véritable de son repos et de ses plaisirs [1].

1. Il est clair que ces derniers mots doivent être entendus dans un sens élevé et « spirituel. »

FIN.

TABLE DES MATIÈRES

PREMIÈRE PARTIE.

DE LA VERTU

CHAPITRE PREMIER.

CHAPITRE DEUXIÈME.

CHAPITRE TROISIÈME.

CHAPITRE HUITIÈME.

CHAPITRE NEUVIÈME.

CHAPITRE DIXIÈME.

CHAPITRE ONZIÈME.

CHAPITRE DOUZIÈME.

DEUXIÈME PARTIE.

DES DEVOIRS.

CHAPITRE PREMIER.

CHAPITRE DEUXIÈME.

CHAPITRE TROISIÈME.

CHAPITRE QUATRIÈME.

CHAPITRE DIXIÈME.

CHAPITRE ONZIÈME.

CHAPITRE DOUZIÈME.

CHAPITRE TREIZIÈME.

CHAPITRE QUATORZIÈME.

FIN DE LA TABLE

IMPRIMERIE GÉNÉRALE DE CHATILLON-SUR-SEINE, JEANNE ROBERT

ERNEST THORIN, ÉDITEUR

COMPAYRÉ (G.), professeur de philosophie à la Faculté des lettres de
Toulouse. — LA PHILOSOPHIE DE DAVID HUME. — 1 vol. in-8...... 7 50
> Ouvrage couronné par l'Académie française.

DENIS (J.), professeur de littérature ancienne à la Faculté des lettres de
Caen. — HISTOIRE DES THÉORIES ET DES IDÉES MORALES DANS L'ANTI-
QUITÉ. 2ᵉ édition, 2 vol. in-8.............................. 10 »
> Ouvrage couronné par l'Institut de France (Académie des sciences morales et politiques).

DESDOUITS (Th.), docteur ès lettres, professeur agrégé de philosophie au
lycée de Versailles. — LA MÉTAPHYSIQUE ET SES RAPPORTS AVEC LES AU-
TRES SCIENCES. — 1 vol. in-18 jésus........................ 3 50
> Ouvrage couronné par l'Institut de France (Académie des sciences morales et politiques).

— LA PHILOSOPHIE DE KANT, d'après les trois critiques, 1 vol. in-8. 8 »
> Ouvrage couronné par l'Institut de France (Académie des sciences morales et politiques).

GAUTHIER (Jules). — HISTOIRE DE MARIE STUART, 2ᵉ édition, revue, corrigée et augmentée. 2 beaux vol. in-8...................... 16 »
> Ouvrage auquel l'Académie française a décerné le prix Bordin.

JEANNEL (C.-J.), professeur à la Faculté des lettres de Montpellier — LA
MORALE DE MOLIÈRE, in-8........................... 4 50

JOLY (Henri), doyen et professeur de philosophie à la Faculté des lettres de
Dijon, professeur suppléant de philosophie à la Sorbonne. — L'INSTINCT,
SES RAPPORTS AVEC LA VIE ET AVEC L'INTELLIGENCE. Essai de psychologie
comparée, 2ᵉ édition, revue, corrigée et augmentée. 1 beau vol. in-8. 7 50
> Ouvrage couronné par l'Académie française.

LOISEAU (Arthur), docteur ès lettres, professeur agrégé au lycée de Vanves.
— HISTOIRE DE LA LANGUE FRANÇAISE, ses origines et son développement
jusqu'à la fin du XVIᵉ siècle, 1882, 1 beau vol. gr. in-18 jésus........ 4 50
> Ouvrage couronné par la Société des études historiques (1ʳᵉ médaille d'or, concours de 1880).

PETIT DE JULLEVILLE (L.), maître de conférences à l'École normale
supérieure. — HISTOIRE DE LA GRÈCE SOUS LA DOMINATION ROMAINE, —
2ᵉ édition, revue et augmentée. 1 vol. in-18 jésus................. 3 50
> Ouvrage couronné par l'Académie française et par l'Association pour l'encouragement
> des études grecques en France.

RAMBAUD (Prosper), avocat, répétiteur de droit. — PRÉCIS ÉLÉMENTAIRE
D'ÉCONOMIE POLITIQUE, à l'usage des Facultés de droit et des Écoles. —
Deuxième édition. 1 vol. in-18 jésus......................... 3 »
> Ouvrage recommandé par M. le Ministre de l'Instruction publique, pour la classe de
> philosophie, pour les bibliothèques des Lycées et Collèges, etc.

ROBERT (L.), professeur à la Faculté des lettres de Rennes, agrégé des
lettres et de philosophie. — DE LA CERTITUDE ET DES FORMES RÉCENTES DU
SCEPTICISME. 1 vol. in-8................................. 5 »

STAHL (Frédéric-Jules). — HISTOIRE DE LA PHILOSOPHIE DU DROIT. Traduit
de l'allemand et précédé d'une introduction et d'une notice historique et
critique sur les œuvres de l'auteur, président du Consistoire central, professeur de l'Université de Berlin et membre de la Chambre des seigneurs,
par A. Chauffard, président du tribunal de Lavaur. 1 vol. in-8...... 12 »

SUMNER-MAINE (Sir Henry), correspondant de l'Institut de France, de
l'Université de Cambridge, membre du conseil métropolitain de l'Inde,
membre de la Société royale de Londres. — ÉTUDES SUR L'HISTOIRE DES
INSTITUTIONS PRIMITIVES, ouvrage traduit de l'anglais avec une préface,
par J. Durieu de Leyritz, avocat à la Cour d'appel. Précédé d'une introduction par M. H. d'Arbois de Jubainville, professeur au Collège de
France, membre correspondant de l'Institut. 1 vol. in-8......... 10 »

IMPRIMERIE GÉNÉRALE DE CHATILLON-SUR-SEINE — JEANNE ROBERT